上图 / 1936年，陆元九南京中学高中毕业纪念册影印

下图 / 国立中央大学航空工程系二九级同学纪念合影（后排左一为陆元九）

上图 / 1948 年秋，陆元九在美国

下图 / 1957 年，陆元九于北京

上图 / 20 世纪 80 年代，陆元九在给科研人员讲课

下图 / 1981 年 12 月 18 日，惯性导航与仪表技术专业组成员合影（前排右八为钱学森，右六为陆元九）

上图 / 1985年，陆元九（左）与研制人员一起讨论三轴平台问题
下图 / 20世纪80年代中期，陆元九（右二）与研究生在一起

上图 / 20 世纪 90 年代，陆元九在惯导中心三轴转台前
下图 / 20 世纪 90 年代，陆元九在北京惯导测试中心门前

上图 / 1980 年，陆元九（左）与他在麻省理工学院的导师、世界惯性导航之父德雷伯教授亲切交谈
中图 / 1988 年，陆元九（右）重回麻省理工学院
下图 / 1990 年，陆元九（后排右四）参观阿里安 IV 装配车间

上图 / 2004 年，陆元九（左一）等在发射场庆祝卫星发射成功合影

下图 / 2005 年，陆元九（右七）在“神舟六号”发射成功庆祝会上

上图 / 1958年，陆元九的全家照

中图 / 1995年，陆元九全家在美国合影

下图 / 2005年，陆元九夫妇在山东威海

陆元九院士传记

Academician Lu Yuanjiu's Biography

《中国航天院士传记丛书》总编委会 组织编写

刘茂胜 编著

中国宇航出版社

·北京·

图书在版编目(CIP)数据

陆元九院士传记 / 刘茂胜编著 ;《中国航天院士传记丛书》总编委会组织编写.-- 北京 : 中国宇航出版社, 2016.8

(中国航天院士传记丛书)

ISBN 978-7-5159-1167-0

Ⅰ. ①陆… Ⅱ. ①刘… ②中… Ⅲ. ①陆元九－传记 Ⅳ. ①K826.16

中国版本图书馆 CIP 数据核字(2016)第 202470 号

责任编辑　黄　莘
责任校对　王　妍　　**装帧设计**　宇星文化

出版发行　中国宇航出版社

社　址　北京市阜成路 8 号　**邮　编**　100830
(010)60286808　(010)68768548
网　址　www.caphbook.com
经　销　新华书店
发行部　(010)60286888　(010)68371900
(010)68286887　(010)60286804(传真)
零售店　读者服务部
(010)68371105
承　印　三河市君旺印务有限公司

版　次　2016 年 8 月第 1 版
2016 年 8 月第 1 次印刷
规　格　787 × 960
开　本　1/16
印　张　22　**彩　插**　8 面
字　数　299 千字
书　号　ISBN 978-7-5159-1167-0
定　价　68.00 元

《中国航天院士传记丛书》
总编委会名单

《陆元九院士传记》编审委员会名单

编审委员会

主　任　包为民

副主任　江　帆

委　员　陈学钏　周晓飞　贾　可　邓宁丰　霍明儒

　　　　王双军　白燕强

编审委员会办公室

主　任　周晓飞

成　员　张铁钧　杨利伟　戴品华　于　宁　刘　毅

　　　　李卫东　徐　睿　丁雅清　李念滨　苏大亮

　　　　黄　莘

序　一
Preface I

中国航天事业自1956年创建以来，已经走过50多年的发展历程。在党中央、国务院、中央军委的亲切关怀和英明领导下，中国航天人团结一心、顽强拼搏、勇于创新、无私奉献，不仅取得了以“两弹一星”、载人航天工程和月球探测工程为代表的辉煌成就，孕育形成了航天传统精神、“两弹一星”精神和载人航天精神，也造就了一支技术精湛、作风优良的航天人才队伍。

航天系统的中国科学院院士和中国工程院院士就是这支队伍的杰出代表。中国航天科技集团公司和中国航天科工集团公司先后有50多位科学家和航天工程专家当选为两院院士。其中，有7位院士获得过“两弹一星”功勋奖章，2位院士获得过国家最高科学技术奖。他们不仅是航天成就的主要创造者，也是航天精神的重要孕育者和忠实践行者。

中国航天事业是在新中国成立不久，工业实力、科技实力、综合国力都很薄弱，帝国主义严密封锁，苏联撕毁协定、撤走专家的情况下发展起来的。以航天院士为代表的中国航天人，自力更生，艰苦奋斗，奋发图强，顽强拼搏，在一穷二白的基础上，独立自主地创建起了中国的航天事业。

航天型号研制是复杂的系统工程，涉及很多领域，需要众人参与，必须大力协同、集智攻关才能完成。以航天院士为代表的中国航天人，在航天工程研制实践中，齐心协力，密切配合，实现了一次又一次技术突破，铸造了一项又一项辉煌成就。他们为祖国的航天事业作出了巨大贡献，却淡泊名利，不计得失，将个人利益置之度外。

航天事业属于尖端技术领域，难度大、风险高、技术复杂，在发展历程中碰到过很多难题，经历过各种坎坷，甚至遭受过重大失利。以航天院士为代表的中国航天人，在困难和失败面前不动摇、不退缩，树立百折不挠、锲而不舍、脚踏实地、严谨务实的工作作风，不断攻坚克难、勇攀高峰，取得了一个又一个胜利，树立了一座又一座丰碑。

今天，在由航天大国向航天强国迈进的征程中，航天院士的科学思想、创新意识、坚定信念和爱国情怀是全体航天人宝贵的精神财富。中国航天科技集团公司和中国航天科工集团公司决定出版《中国航天院士传记丛书》，不仅是为了宣传航天院士的科研成就，总结航天院士的成长规律，更是为了传承航天院士的宝贵精神，使之生生不息、薪火相传，为“续航天梦、筑强军梦、圆中国梦”的伟大实践提供精神动力和思想源泉。

许达哲

2014 年 1 月

序　二
Preface Ⅱ

中国航天事业创建半个多世纪以来，培养和塑造了一大批功勋卓著、德高望重的中国科学院院士和中国工程院院士。他们具有坚定的理想信念和强烈的爱国情怀，理论功底深厚，技术水平高超，善于引领科学发展和技术创新，在中国航天事业发展的关键时期发挥了重要作用，为中国航天事业取得辉煌成就、孕育航天精神作出了突出贡献。

为了全面、系统地总结航天院士的成长规律，把航天院士的科学思想和创新方法记录下来、传承下去，为中国航天事业积累精神财富，为航天强国建设提供有益借鉴，中国航天科技集团公司和中国航天科工集团公司研究决定，组织编写一套《中国航天院士传记丛书》（以下简称《丛书》）。

党的十八大描绘了坚持中国特色社会主义道路、全面建成小康社会、实现中华民族伟大复兴的宏伟蓝图，同时也为加强国防和军队现代化建设、推进我国由航天大国向航天强国迈进指明了方向。在中国航天事业“续航天梦、筑强军梦、圆中国梦”的新形势下，出版这套《丛书》，具有重大的现实意义和深远的历史意义。

记载航天历史。航天院士是中国航天事业的宝贵财富，他们的成长历程反映了航天事业的发展轨迹。这套《丛书》不仅是航天院士个人的传记，也从不同侧面记载了中国航天从技术到管理、从思想到精神的真实历史。

弘扬航天文化。宣传航天院士，就是站在科学的高度，向社会各界全面宣传航天事业，弘扬航天文化，使其成为中华民族文化宝库的重要组成部分，增强中华民族的自信心、自豪感和凝聚力，提升国家的软实力。

传承航天精神。航天精神是包括航天院士在内的几代航天人，在中国航天事业发展历程中，不断积累、提炼、传承而逐渐形成的，是民族精神、时代精神与航天实践相结合的产物，是中国航天事业之魂。《丛书》全面反映了航天院士的学术成就、科学作风和思想品格，有助于航天精神薪火相传。

培育航天人才。中国航天事业已经完成了新老交替，一代航天新人正在茁壮成长。《丛书》是泽被后世的人才工程，对于培育航天人才、发展航天事业、铸造新的辉煌将产生积极的促进作用。

总之，《丛书》是一套具有航天特色的爱国主义教材，是不可多得的精神食粮。相信这套《丛书》的出版发行，必将吸引更多的年轻人热爱航天、投身航天、奉献航天，以饱满的热情和昂扬的斗志再攀高峰，使中国航天事业后继有人，蓬勃发展，续写辉煌。

2014 年 1 月

目 录
Contents

引 子

清朝科举制度，伴随着最后一批秀才的金榜题名，退出了中国历史的舞台。

12 岁的安徽来安少年陆子章 1900 年中了末代秀才。20 年后，这位陆姓秀才 32 岁喜得贵子，因儿子的诞辰日是民国九年元月九日，所以取名“元九”。这就是本书所要叙述的主人公、留美归国学者、我国惯性导航及自动控制专家、中国科学院院士、中国工程院院士陆元九。

陆元九诞生于旧中国风雨如磐的岁月，在战乱中辗转求学，远渡大洋出国留学……

20 世纪 50 年代，陆元九冲破阻力回到祖国的怀抱，成为早期回国效力的知识分子，然而，十年动乱中却饱受冲击……

年近花甲，陆元九迎来了拨乱反正的科学的春天，也焕发了他人生的第二春……

1983 年，63 岁的陆元九夙愿得偿，成为中国共产党的一名新党员……

而今年逾九十、精神矍铄的陆元九，以坚实的步履、义无反顾地走在无怨无悔的人生之路上。他跌宕起伏的经历诉说着旧中国留美学者求索报国而又多蹇的命运，他科海沉浮的足迹是老一辈知识分子百折不挠、拼搏之旅的缩影。

时光流淌，岁月如斯。这位豁达洒脱的老科学家，常对不堪回首的磨难付之一笑。

斗转星移，青山依旧。这位年逾九十的耄耋学者，老骥伏枥，壮心不已。

他的智慧光芒，与航天发射场一次次升起的冲天火光遥相辉映。

他在陀螺、惯性导航等领域求索奋进的铿锵足音，正与我国一曲曲航天创举的凯歌交响共鸣。

陆元九

陆元九院士传记

Academician Lu Yuanjiu's Biography

第一章

昔日欧阳醉故乡

陆元九的故乡在安徽滁州（旧时称滁县）。“唐宋八大家”之一的欧阳修曾在滁州写下他的传世名作《醉翁亭记》，陆元九以故乡有这位名人而骄傲，并在这里度过了他的青少年时光。

梅花香自苦寒来。不幸和痛苦的经历是最好的学校。陆元九，这位从安徽小县城走出来、有着三院士头衔的大专家，一生饱经忧患——故乡链接着他太多的人生跌宕和心灵创伤，所以，他一般不轻易提及。

1. 山光水色育佳篇

在古代，安徽省的滁州处于重要的战略位置，是个经常打仗的地方。宋朝开国皇帝赵匡胤，曾奉命率周师攻打南唐，两军在滁州城西南的清流山下交战，最后，南唐兵败，周师平定了滁州。

滁州位于长江和淮河之间，距六朝古都南京百里上下，后修建的津浦铁路线经过滁州，使其更成为水陆交通便利之地。

滁州风光秀丽，自古文化发达。“醉翁之意不在酒”这一千古名句出自《醉翁亭记》，醉翁亭就建在安徽滁州。

古文“唐宋八大家”之一的欧阳修，是在被贬为滁州太守时写下这篇近于赋体的山水游记的。欧阳修以精炼、生动的语言，描述了自己在安徽滁州琅琊山与游客在醉翁亭中开怀畅饮的欢快情景，以及亭外“林壑尤美”“水声潺潺”“峰回路转，有亭翼然”的变化多姿的自然风光，表达了“与民同乐”的情怀。

欧阳修在治理滁州的第二年夏天，在饮滁水时感到它的甘甜，便向当地村民问询滁水的源头，得知其源头就在州城南面百余步处，“其上丰山耸然而特立，下则幽谷窈然而深藏，中有清泉，滃然而仰出”。

欧阳修上下左右，四处观赏，感到很快乐，于是疏通泉水，凿去岩石，开辟出一片空地，修建了一座亭子。日后便常与滁州人到此游玩，这就是欧阳修被贬到滁州后有感于民乐岁丰而建造的丰乐亭。在此亭建成后，他又写了抚今追昔、感怀往事的《丰乐亭记》。

陆元九的祖籍就位于文化底蕴深厚的安徽滁州附近的来安。

陆元九在这里出生并度过了他的青少年时光。滁州悠久的历史和传统的文化，给这位航天专家注入了修身、齐家、兴邦和科学救国的传统文化基因。

2. 少小离家老未回

1920 年 1 月 9 日，陆元九出生于滁州一位教员家庭。从出生直到 17 岁，陆元九基本是在滁州这块有着深厚文化底蕴的土地上度过的。

陆元九的祖父去世较早，其父亲常年在外地教书，陆元九的大部分亲戚也都在老家滁州。

“少小离家老大回，乡音未改鬓毛衰。儿童相见不相识，笑问客从何处来。”这是 1000 多年前唐朝诗人贺知章的《回乡偶书》之一，年迈的诗人贺知章 80 多岁时尚能回乡，而今，年逾九十，乡音未改、鬓发早白的陆元九，在他离开故乡之后的 70 多个年头里却从没回去过。

这种少小离家、老大未回的怅惘，一直萦绕在陆元九的心头。而这个缺憾，蕴藏着老人诸多心酸的往事。

如果说过去似有“近乡情更怯”，害怕儿童“笑问”的担忧，而今适逢太平盛世，他的心中更多的是释解乡愁、夙愿得偿的渴望。

陆元九

陆元九院士传记

Academician Lu Yuanjiu's Biography

第二章

蒙学初育陆家郎

中国家庭历来重视儿童的道德培养和知识的增长，此乃“蒙以养正”“养正于蒙”之谓也。陆元九身为秀才之子，亦是在蒙学的滋养下，在绵延几百千米的滁河水这块人杰地灵的沃土哺育下开始成长的。

陆元九的父亲作为中学数学教员，是当地少有的知识分子。家庭给了陆元九良好的熏陶，他5岁入小学，10岁入安徽省立第八中学读初中。初中毕业后，陆元九考取了有名的江苏省立南京中学。

1. 用知识改变命运

陆元九的祖父是帮工出身，曾受雇于来安县城的教书先生周月樵家，周老先生愿意让陆家一个孩子跟班读书，这样，陆元九的祖父就让其儿子陆子章在周老先生家跟班读书。通过周老先生的培养和陆子章个人的努力，12 岁时，也就是光绪二十六年（1900 年），陆子章考中了末科秀才，在当地引起轰动。

此时，民国尚未建立，闭关自守的清政府对“德先生”和“赛先生”知之甚少，所兴办的洋教育多属启蒙性质，大都从师范类学校办起。陆子章在雇主的帮助下，于光绪三十四年（1908 年）毕业于南京两江优级师范数理系（两江优级师范就是后来的中央大学，现在的南京大学和东南大学的前身）。

寒门学子陆子章用自己的经历证明了“知识改变命运”的道理，所以，他较重视子女的教育，立志有了钱，不买房子，不买地，竭尽全力把几个孩子培养成为大学生。

功夫不负有心人。陆子章的前三个孩子后来分别毕业于当时的中央大学、安徽大学、上海交通大学，最小的女儿还是中国人民大学法律系的研究生。

2. 传统文化浴童心

陆元九是陆子章先生的长子，他 1925 年上小学，1930 年毕业，也就是 5 岁上小学，10 岁毕业，中间跳了一级。

1927 年前后陆元九读小学的那几年间，滁州因处于兵家必争之地，军阀混战，各种力量交织在一起，社会非常不安定，教育根本无暇顾及。因家中经常驻兵，伤兵多且横行乡里。陆元九他们便时常“跑反”到乡下避难。

陆元九对幼时教学有很深的印象：那个时候，每个年级人很少，一个教室里同时安排了好几个班上课。为了减少年级，学校就把陆元九所在的年级一分为二，学生要么升一级，要么降一级。陆元九自我感觉语文掌握得不够好，要求降一级，但老师不同意，便升了一级。所以，陆元九 10 岁时小学就毕业了。

父亲在外面教书，鞭长莫及，家中没人能切实有效地管教孩子学习，所以课堂上经常会出现这样的一幕：老师在上面讲课，陆元九趴在桌子上睡觉。

陆元九是家中的长子，一直比较受关注。陆元九的父亲请别的先生给陆元九补习，当时的启蒙教材内容大多离不开儒家经典著作，而所谓补习无非就是咏诵这类古文。童心未泯的陆元九和同学经常拿《百家姓》里“赵钱孙李”的课文调侃：赵是先生姓赵，钱是先生要钱，孙李是先生要学生送礼。

在陆元九的印象中，他就读的私立小学除开设数学、语文外，还开设了英语等课程。之所以小学就开设英语课，是因为清政府搞洋务、学洋人，不学英文不行。小学还开设了一门与历史、地理、生物有关的常识课，由于小学阶段学生识字不多，所以，学生很难理解常识课。数学课教的是加、减、乘、除，背背考考，给陆元九印象最深的就是龟兔同笼之类的计算题，这也算是小学算术里最难的一类题目，即给出一个笼子里鸡和兔子的总数、腿数，要求学生算出笼子里关了几只鸡和几只兔。语文课自始至终都是背书，几岁的孩子不太能理解孔孟先师的话，所以，陆元九对语文课已没多少印象。不过，陆元九对数学老师的印象却很深，这也是陆元九数学理解能力强、进步快，老师也觉得陆元九数学很好的缘故。除了数学外，陆元九其他科目的成绩并不理想。

那时，陆元九所受教育主要是识字教育，数理化是口头教育，他的小学阶段，就是在这样的环境中度过的。

陆元九现在回忆说，如果不是家庭的影响，加之父亲抓得紧，自己说不定小学中途就会辍学回家。

陆元九

陆元九院士传记

Academician Lu Yuanjiu's Biography

第三章

石头城高中时光

1931 年，日寇侵占东三省，正在上初中的陆元九跟随师生上街参加学生爱国宣传活动。到其至南京读高中时，日寇更是把军舰横在长江江面以示其武力。目睹这一切，陆元九心中怀有对侵华日军的深仇大恨。

旧时学校教育根据不同阶段，划分为小学、中学和大学，但那时的教育机构又有官学、私学、家学之别。陆元九受过家学、私学、官学教育，多种教育的混杂，对其日后学习产生了间接的影响和作用。

1. 少年初识书香味

滁洲当时是一个专区，下设几个县，在那个时代背景下，教育自然非常不发达，陆元九读小学时，整个专区连一所初级中学都没有。

1930 年时情况稍微有所好转。陆元九小学毕业时，恰逢当地开始办初中，名为“安徽省立第八中学”（后改名为安徽省立滁州中学），从初中一年级开始招生，陆元九成为该校首届初中学生。

学校虽说成立了，但由于条件所限，所以并不正规，连个固定的校址都没有，就连用来上课的教室也是租来的。

陆元九年纪较小，尚不知道学习的重要性，整天就待在外面玩，放学回家看大人打牌上了瘾，麻将、纸牌也会玩儿，这个贪玩儿的陋习在陆元九求学离开家后便戒掉了。

陆元九读初中一年级时，学校校长是从外地来的，大部分教员也是这位校长从外省市聘请来的。这种地域文化的拓展、交流，对学校的发展和学生知识的丰富很有好处，但仅一年便换了一名当地的老知识分子当校长。过了一年，又一位当地人成为学校的第三任校长。从此以后，学校才开始逐渐走上正规，教员配备比较齐整，一些曾在当地做过教员的人，又被学校请了回来，其中就包括陆元九的父亲陆子章（时任教务主任）。学校教育发展得比较好，对陆元九初中时的知识积累起了奠基作用。

陆元九初中阶段便开始显示出过人的聪明。他自然科学知识掌握得较好，但断断续续的中国传统文化的启蒙教育，使他的语文没有得到系统训练。陆元九家里有一些小说，也有《古文观止》等古典名著。对于这些书，一方面，陆元九自己不太喜欢看；另一方面，父亲放假回来就叫陆元九练字，读《古文观止》，所以，他的语文成绩不好，直至初中二年级，他连一封报平安的家信还不会写，这个缺陷后来影响了他参加出国考试。陆元九并不是一次就通过了公费出国考试，而是考了三次才被录取，主要是因为考分不均衡，语文成绩把总分拉了下来。回首往事，陆元九常常告诫后辈这样两句话：在学习方面不能偏科，不能片面地认为自己可以学这个，而不需学那个；一个人素质的培养、知识的积累，应该是全面发展的。

陆元九的父亲十分注重并鼓励子女读书，陆元九读初、高中阶段，父亲常用“二月杏花八月桂，三更灯火五更鸡”的精神，教育孩子要一年到头、一天到晚，起早贪黑地刻苦学习。家庭教育对陆元九改变学习态度和树立学习的自觉性起了间接影响和作用。

而直接影响陆元九进步的，是陆元九初中三年级以及读高中阶段的寒暑假住在父亲执教学校的那个时期。陆元九的家离学校不到 300 米，开始他住在家里，后来跟家里人商量，搬到了学校住。“谈笑有鸿儒，往来无白丁。”住校后，陆元九与老师的交往自然会更多，而这种交往，对他的无形影响较大，同时，学校的教育环境也给陆元九留下了深刻的影响。

2. 钟山脚下读高中

1933年，陆元九初中毕业，因滁州当地学校没有高中部，所以，他必须到外地去读高中。

1933～1936年，陆元九进入江苏省立南京中学读高中。江苏省是全国有名的教育发达地区，陆元九所读的南京中学，在当时来说算是一所好学校。

陆元九的家庭经济条件比较好，这使他能在南京读完三年高中，其中，在高中一年级和二年级阶段，陆元九的成绩属中等偏下水平，而且各门课程发展亦不平衡。对有的学科较有兴趣，学得就比较好；对有的学科则没有兴趣，上课不用心，下课不复习，所以他没能完整、系统地学好高中的全部课程。高中三年级时，学校开了“高等物理”这门选修课，陆元九要求选修，但因成绩平平，未获老师批准，只能旁听。课堂上老师启发式的教学方法，激发了陆元九的学习兴趣，他从此改进了学习方法，学习成绩也有了起色。

陆元九读初、高中阶段，即1930年到1936年，正值中国处于特殊时期，时局动荡而多变。日本侵略东三省又侵占热河，日寇军舰在长江江面横行霸道，冀东22县独立，华北五省自治。国民党一方面对国民意识形态控制非常严，另一方面对日友善，在公开场合到处张贴“勿谈国事”的提示，一旦谁谈国事，就给扣上抗日的罪名。风华正茂的陆元九心中充满了对日本侵略者的仇恨和对国民党政府的否定。

在江西苏区，国民党几次围剿革命根据地，红军被迫长征。1935年，北平学生在中国共产党地下党的组织和领导下，发起了“一二·九”抗日救亡运动，并得到广州、南京等地学生的支持。他们相继在全国举行集会和示威游行，纷纷成立各界救国会，掀起了全国规模的抗日救亡运动，推动了抗日民族统一战线的建立，促使中国革命走向新的高潮。1936 年 5 月 31 日，沈钧儒、邹韬奋等响应中国共产党“停止内战，一致抗日”的主张，在上海成立全国各界救国联合会并发表声明，要求国民党政府停止内战，释放政治犯，与红军谈判建立统一的抗日政权。

在抗日救亡运动的影响下，正读高三的陆元九和其他同学一起，高喊着“反对内战，一致抗日”的口号，行进在广大学生的游行队伍里。他们还曾到南京中山陵哭陵。1936 年年初至陆元九毕业期间，国民党军警控制了学校，不准学生外出。陆元九这些毕业班的同学，便翻墙跑出学校参加游行，但很快又被捉了回来。

陆元九就是在这样的政治环境下读完了六年中学，也正是在这样的环境中，他的爱国情愫不断得到强化和升华。

2006 年春，陆元九在毕业 70 年后，找到了当年就读南京中学的毕业纪念册，里面留有 1936 年老师为勉励学生写的很多短文。那时候，老师、校长讲的

1936年，陆元九南京中学高中毕业纪念册影印

毕业祝词都是“国难当头如何精忠报国”之类鼓励的话。他查了一下毕业同学的名单，与他同班毕业的，就有几位是当代名人。当年陆元九只知道他们思想进步，这几位同学后来先后成为中共地下党组织的重要成员，其中包括被毛泽东誉为“一个人胜过几个师”的熊向晖。

3. 因病得福获“良方”

1936 年暑假，陆元九高中毕业。正当他准备报考大学时，脚上突生湿气。故乡滁州的医生希望用猛药尽快将其医好而不耽误升学考试，不料欲速则不达，他的几个脚趾相继发炎，连走路都很困难。因此，陆元九高中毕业那年没能参加高考，而是住在父亲教书的那个初中学校里自学复习。

不过，陆元九至今仍谦虚地认为，自己当年的高中成绩只属中等水平，即使不生病，如期参加高考，也未必能考上，即便侥幸考上，估计也上不了好学校。

陆元九的父亲当时在家乡的中学任教务主任，学校分给他一间办公室兼做卧室。陆元九读高中时，每年寒暑假从南京回来后往往不回家，多半住在父亲的房间里，学校老师亦能随时过问并指导他学习。1936 年暑假高中毕业后的一年期间，陆元九就住在父亲的这间办公室里专心复习高中课程，并得到了许多老师的个别指导。这段时间的学习条件非常好，更重要的是，在此期间，不同老师在不同学科的个别辅导过程中，发现了陆元九的学习方法存在问题，并因此根据具体情况，逐步帮他加以纠正，这使陆元九的学习方法有了质的飞跃，这对他的一生都产生了深远的影响。

陆元九在回忆这段历史时说，正是这场病，使他因祸得福，培养了自学能力，并在多位老师的指导下，通过自己摸索，逐步掌握了一套学习方法，即遇到不懂的问题问老师，经老师指点，自己再进行思考，从而解决了问题。这也使他认识到，“学问”要靠自学才能掌握。有了自学的基础，大学乃至工作以后学知识就会非常顺利。所以，他指导年轻人时，亦始终强调自学方法的培养。

陆元九

陆元九院士传记

Academician Lu Yuanjiu's Biography

第四章

兵荒马乱大学堂

陆元九把自己的志向聚焦在万里蓝天之上。他是中国内地第一批系统学习航空技术的大学生。毕业后，陆元九留校任助教，他广泛接触航空工程的方方面面，为日后从事科研工作打下了雄厚的理论基础。

1937 年，陆元九报考国立交通大学（上海交通大学的前身）和中央大学。上海沦陷使国立交通大学开学成为泡影，陆元九考入从南京迁至重庆的中央大学，成为中央大学航空工程系招收的首批本科生，也是中国内地第一批系统学习航空技术的大学生。四年中，他学习了发动机专业的必修课程和空气动力学课程，还自学了飞机结构设计等课程，并选择了飞行力学方面的毕业论文，加深了对空气动力学的理解。毕业后，陆元九留校任助教，他广泛接触航空工程的方方面面，为日后从事科研工作打下了雄厚的理论基础。

1. 三校录取选“中央”

通过一年的自学和复习，陆元九迎来了 1937 年的高考。

虽然那时全国各学校都能报考，但考试不是全国高校统一招生，而是各校分别招生，仅在大城市设考场。按区划片，陆元九只能在上海、南京等地的考场参加考试。

从 1937 年开始，南方片的武汉大学、浙江大学、中央大学联合招生，北方片的清华大学、北京大学和南开大学等联合招生，国立交通大学因为牌子较硬，所以比较特殊，可以单独招生。

当时规定，南方片和北方片的招生考试时间相同，因此考生不可能同时报考。陆元九选择三所大学报考：一所是国立交通大学，另两所是南方片的中央大学和南通纺织学院（作为保底）。专业方面，他选择了中央大学航空工程系、国立交通大学电机系和南通纺织学院纺织机械系。

考试地点各有不同。陆元九报考的中央大学，在上海和南京等地设有考点；国立交通大学在上海设有考点，在南京却没有设考点；南通纺织学院在南京设有考点。

1937 年 7 月初，陆元九报名考试时还没有发生战事，但 7 月 7 日爆发的“卢沟桥事变”，影响了北方片的招生考试。

在动荡的时局中，陆元九从安徽滁州来到上海参加高考，此时的上海已人心惶惶。7 月 28 ~ 31 日，陆元九参加了国立交通大学的招生考试，8 月 1 ~ 3 日参加了中央大学的招生考试。参加完上海的两场考试之后，他又急忙赶回南京参加南通纺织学院的考试。

考试就是在这样一种非常紧张的情况下完成的。天道酬勤，陆元九凭借个人实力，后来被三所学校同时录取。

此时的江沪一带，“八一三”事变后，驻上海的中国守军第九集团军在全国人民抗日浪潮的推动下，进行了为时三个多月的奋勇抵抗。战火纷飞，时局动荡，世事难料，在这种情况下，只要有书念就不错了，哪还顾得上挑挑拣拣。由于中央大学的开学报到通知书先到，陆元九就先办了这所学校的入学手续。如果不是战火逼迫，如果当时能从容等待，也许陆元九会选择就读国立交通大学，因为当时就理工科而言，国立交通大学电机系是最热门的专业，如真这样，或许他就与航天事业失之交臂了。

中国军民的顽强抵抗，打破了日寇几个月内妄想吞下中国的梦呓。虽然战火还没有烧到国民政府所在地——南京，但当时的中央大学校长担心战局不会在一两年内结束，南京将很难放下一张平静的书桌。于是，中央大学校长有远见地决定将校址由南京搬迁至四川重庆。迁校时，学校的仪器、图书等整整装了近3000箱。9月中旬，有了新校址，中央大学向被录取的考生发出了开学通知书。10月初，陆元九在炮火硝烟中，逆江而上，经由武汉、宜昌到达大后方重庆，借住在重庆川东师范，等待教室、宿舍建成。11月中旬，在重庆沙坪坝小山上搭建的平房里，陆元九开始了大学的学习生涯。

中央大学当时的迁校之举也不是没有压力，时局处于抵抗日寇侵华的初期，“人家没乱你自己先乱”这样的舆论不可能置若罔闻，但中央大学校长的眼光看得比较远，其对战争的估计也很准确。所以，如果不是中央大学校长搬迁自救的决策，陆元九的学习机会恐怕就没有了。抗日战争时期，战区内保护最好的就属中央大学等几所高校，大家都认为当时的决策者功不可没。后来搬迁的其他学校如撤到昆明的西南联合大学，搬到贵州遵义的浙江大学等，它们的办学物质转移程度，就没法与中央大学相提并论。

回想起来，在抗日烽火最初的四个年头中，陆元九还能有学习机会，说来很不容易。

2. 航空系内广涉猎

以往学校一个年级各个系的同学加起来，总共才 100 多人。可陆元九到中央大学读书那年，因国内战局，中央大学首先开学，所录取的三四百名学生，大部分都来报到了，以至于出现了一年级新生比二、三、四年级的学生总数还要多的情况。陆元九的同学大部分是重庆人所讲的“下江人”，即家在长江下游，家乡大都位于沦陷区，这些同学在四年的同窗日子里患难与共，结下了很深的情谊。虽几十年过去了，至今同学每年仍还聚会，忆往事，叙别情，其乐融融。

中央大学 1937 年才第一次亮出“航空工程系”的名字。此前，中央大学早就有预备办航空工程系的打算，但因日本人的阻挠，1933 年、1934 年只好招收已毕业的大学生到中央大学办的“机械特别班”（实际上是航空技术培训班）培训两年，然后送到国外深造。取名“机械特别班”是为了不触动日本人的敏感神经，因为当时日本总是唱高调地说，“在空军方面，我们可以保护你们，你们用不着自建空军”等。如果直接挂名“航空班”，日本人就会说“你对日本不友好，对抗日本的旨意”。其实，中国开始搞航空教育比这还要更早一些，但出于军事侵略和控制目的，日本一直对国民政府横加干涉，叫嚣“你们不用搞航空”。那时积弱积贫，国家就惨到这种程度。陆元九当年报考“航空工程系”时还不知道这些事情，有人因搞不清这个专业的特点，还问他“是不是考飞机驾驶员去了”。

1930 年后，日本人不断蚕食中国。为了维护统治地位，国民党政府被迫实行抗战，全国抗战形势如火如荼。蒋介石的腰杆此时稍微硬了一些，他打出了“航空救国”的旗号，意大利、德国等国支持他组建了空军，所用飞机大部分是德国或意大利飞机。

陆元九大学时期的任课教员、教授大都是“机械特别班”里先后回国的学员，以及清华大学公费留美、中英庚款留英回来的，所以，陆元九当时所学习的内容都是国际上最新的知识。当时中国的航空工业尚不发达，留学生回来无法从事研制生产等技术工作，因而大部分人回来后都选择了教书。这些教员比陆元九大不了几岁，因此，师生容易沟通，关系很融洽。陆元九在与老师的接触中，也深感出国学习是提高自己学业的一个好途径。

当时中国有一个“庚子赔款”，所谓“庚子赔款”就是 1900 年八国联军入侵中国后，中国被迫与其签订了丧权辱国的《辛丑条约》，在此条约中规定我国必须向列强赔款。1908 年美国将其所得赔款余额约 1200 万美元作为发展中国教育与文化之用，清政府用此款资助、选拔赴美留学生，并用这笔钱办起了协和医院和清华大学；英国人所归还的赔款，规定由中英庚款董事会管理，庚款董事会中有一个项目就是资助公费留英。中英庚款董事会中有位负责人来自安徽滁州，后又担任过教育部部长，陆元九就是通过这个同乡了解到，航空工程系不仅是一个新的专业领域，而且将来有出国学习的机会，于是便报考了航空工程系。

中央大学航空工程系设发动机和飞机设计两个专业。课程有三门：空气动力学课程是各专业的学生都要学的；发动机专业的学生要学发动机知识；飞机设计专业的学生要学飞机结构设计知识。

陆元九格外珍惜战争时期这次上大学的机会，虽然他选择的是发动机专业，但他对其他专业的基础课，也都非常认真地学习。

讲授发动机专业课程的老师比较喜欢陆元九，因为他聪明、能吃苦，书也念得较好。老师希望陆元九还能多学一些别的专业课程，就对陆元九说：“你选学些别人的课，对你是有好处的。”就这样，陆元九既学习了发动机专业的课程，还选择了与空气动力学密切相关的飞行力学作为自己毕业论文的题目。

当时的公费留学考试，有时以考发动机的知识为主，有时以考结构知识为主，有时还以考空气动力学的知识为主。对陆元九来说，不管什么科目，他都考。陆元九广泛接触航空工程的方方面面，航空工程系的三门课程，他都有涉猎，还没毕业，他就已经打下了两个专业知识的基础，这为日后构建知识大厦做好了充分的储备，对提高科研理论水平具有重要的意义。

一位老师曾对陆元九说：“打好基础之后，将来带你到其他大学筹备航空工程系。”后来，武汉大学请这位老师去帮助筹建航空系。1942 ~ 1943 年，陆元九跟着这位老师来到四川乐山武汉大学做了一年助教，但后因国民党教育部说该校条件不成熟，没批准其成立航空系，所以，陆元九在武汉大学待了一年，又回到中央大学。

1941 年，陆元九大学毕业，留在中央大学做助教。当时做助教不像现在要帮助导师进行研究工作，那时就是帮助老师改改卷子，偶尔代上一两节课，也没条件做实验，所以陆元九平时有较充分的时间学习，为出国考试做准备。

陆元九和他的同学作为中央大学航空工程系招收的首批本科生，是中国本土第一批系统学习航空技术的大学生，日后在不同岗位上都颇有建树。

3. 枪声炮声读书声

是抗日战争，培养起陆元九的爱国精神。自读初中那时起，陆元九心中就埋下了对侵华日军仇恨的种子，而日本飞机轰炸中央大学校园，更是给他留下了刻骨铭心的记忆。

陆元九读大学时期，从 1938 年日军占领武汉到 1941 年珍珠港开战，日本侵略者处于疯狂状态。而国民政府所在地——重庆，是日军轰炸的重点。日本飞机投下大批燃烧弹，使重庆变成一片火海；投下大批小型炸弹，造成很多人员伤亡。日军有时连续进行十几小时的疲劳轰炸，使人们只能待在防空洞里。陆元九清楚地记得，一个地方的防空洞门因关闭时间过长，硬是憋死了待在里面的几千名中国人。

陆元九就读的中央大学是文化区，按国际惯例，日军飞机不应对此区域轰

国立中央大学航空工程系二九级同学纪念合影（后排左一为陆元九）

炸，但学校至少还是被炸了三次。因为学校建在江边小山上，而防空洞在半山坡，有时遇到日军飞机突然袭击时，学生们都来不及跑进防空洞。陆元九快毕业那年，一次日军飞机搞偷袭，突然改变飞行路线，这次预警警报没按平时的警报规律，即在空袭预警警报半小时或一小时之前响起，待飞机临近时，再拉紧急警报，而是预警警报响起后不久，就直接拉起了紧急警报。陆元九和他的同学刚跑到防空洞门口，爆炸形成的气浪就把他们掀倒在地。在此之前，日军飞机还炸过防空洞。还有一次是大学教授住宅区中弹。那年月，为躲避日军飞机的轰炸，他们有时整天都躲在防空洞里。半夜里、吃饭时，也会遇上日军的一两架飞机来袭，骚扰得人日夜不得安宁。

1941年6月的一次敌机轰炸，把陆元九所在学校的部分教室夷为平地，陆元九的毕业论文也是在瓦砾堆中翻找出来的，一本《英汉字典》上还镶嵌着敌机的弹片，这个场景永远定格在他的记忆里。

陆元九的大学学业，就是在这样的境遇中完成的。

烽火硝烟里的求学经历，日军的狂轰滥炸，更激励着陆元九和他的同学们用功苦读。家中带来的钱不够了，就靠奖学金及助学贷款支撑苦读岁月，大家都希望早日成才，报效祖国。

1964年，陆元九（后排左二）参加中央大学同班同学聚会

2001年，陆元九（后排左三）与中央大学同班同学毕业60周年合影

陆元九

陆元九院士传记

Academician Lu Yuanjiu's Biography

第五章

夫妻留学在异邦

陆元九远涉重洋，到异国他乡刻苦读书，于1949年获得博士学位，并和中国姑娘王焕葆喜结良缘。在之后的几十年中，他与妻子风雨同舟，患难与共，度过了他人生的几多磨难。

在中央大学做助教的那段日子里，陆元九利用业余时间努力学习，最终获得了公费赴美留学资格。赴美留学之旅，适逢第二次世界大战刚刚结束，因日军留在太平洋上的水雷尚未排除，陆元九只能选择走印度洋和大西洋航线，旅途多延宕，经过环绕半个地球的飞机和海船的劳顿，在出门三个月后，陆元九到达美国。

1. 只身去国万里远

抗日战争前，民国政府每年都要公开登报昭告天下，招考公费留学生，如清华大学留美、中英庚子赔款留英和教育部留德、日等，然而，1937 ~ 1941 年，招生因战事中断了。

1943 年民国政府开始恢复招考，但招生名额很少，一年不过几十名，而报考的人每年一两千人，堪称百里挑一。以中英庚款留英公费生为例，抗日战争前组织考试，一般要请几个人去南方和北方的考区帮忙，考试完毕，在南京进行集中封闭式评卷。那时，陆元九的父亲每年都受聘去南京帮忙做些组织工作。也就是从那时起，陆元九开始知道学习好还有机会出国学习这样一条人生之路。

当然，自费出国的路也能走得通，但费用是天文数字，一般人家是无力承担这笔费用的，因此陆元九只能走公费出国这条路。

陆元九知道，要考公费留学生，必须考中“状元”，当年这样的憧憬一直刺激着他好好念书。

进了大学后，出国留学的目标更加清晰，似乎可望也可及。加之中央大学的老师绝大部分都是公费出国，又都在 1939 ~ 1941 年相继回国，他们中的许多人在国内外都很有名。有了考试出国这个目标，陆元九便在留校任助教期间一边工作，一边积极准备报考公费留学生。

当时正值第二次世界大战时期，英、美两国先后参战，本国青年都上了前线，当然不可能再招外国留学生。1943 年美国仍不招留学生，后经国民党政府教育部与其交涉，最终获准选派一批半工半读的中国青年到美国，以帮助美国工作为名招收助教，陆元九成为这批三四十人中的一名，但当年并没有走成。之后，美国根据战后租借法案，打算第二次世界大战后帮助中国建设工厂，因此，需要招收大批人员到美国工厂实习。1945 年招收约 2000 人，这批人大部分到 1946 年、1947 年才得以成行。

从 1945 年 8 月开始，几经波折，几批公费留学生终于先后踏上了异国求学之路，陆元九就在此行列。

按照现在中国去美国的路线，可从北京或上海经由太平洋上空，径直飞抵美国东海岸的纽约，不过十几小时的航程；从上海横跨太平洋径直航海也只需十几天便可到达。本来不费心思的路线，但在当年却颇费周折。首先是空中没有开辟出便捷的航线，没有飞机可乘；其次是东去走水路横跨太平洋异常艰险，因为日本刚投降，太平洋上日本人设置的水雷还没有完全清除。因此，赴美之路只能舍近求远，向西面走。

欧洲区域第二次世界大战结束得较早，此时在印度洋和大西洋这些区域，德国人设置的水雷已被清除得差不多了。因此，陆元九的出国路线是：从重庆径飞昆明、昆明经驼峰航线飞缅甸、再飞印度的加尔各答；然后乘船近万里，出孟加拉湾，经印度洋绕行到达印度西海岸；穿过阿拉伯湾，进入亚非之间的红海，穿过红海，经过苏伊士运河，进入欧洲和非洲之间的地中海；经直布罗陀海峡，进入大西洋；绕地球大半个圈，再经受一个月风簸浪颠的熬煎，最终驶抵美洲大陆，踏上美国东海岸的港口城市——纽约。

那时候出国只有这条路线，简单地说，赴美之路要在印度候船近两个月，再经一个多月的船上颠簸，三个月后才能到达目的地，几万里路途的鞍马劳顿之苦不可言表。几十年过去了，弱国臣民颇伤尊严的境遇在陆元九的脑子里仍记忆犹新。

当时，美国刚刚打败日本，获胜的美军要大批复员回国。由于往返的船都是美国船，所以，美国复员兵优先。因人多船少，每两个月才有一艘船搭载乘客，一艘运兵客船，定员约3000人，仅留不到300人的散客床位。陆元九这批留学生，在印度加尔各答登记后等船期，就耗时两个月。与陆元九一起在加尔各答候船的还有几批中国留学生，杨振宁比陆元九早一班船走的。在陆元九乘的那艘船上，清华大学留美学生很多，中央大学的也有，其中还有他的几名同学。

据陆元九回忆说，当年最苦的是风簸浪颠的大西洋航程，途中遇到大风暴。按理说，遇到这种大风暴，船只应避让绕行，但因同船的美国大兵归心似箭，想急忙赶回美国去过圣诞节，所以，船只没有绕太远。每当大风浪袭来时，船上的人站都站不住，物品像筛东西似的，稀里哗啦地滑过去，又稀里哗啦地滑过来。

陆元九待的是船上最差的位置——四等舱，这个姑且还能忍受，最让人忍受不了的是刚刚从战场上凯旋的一些美国兵的傲慢态度。有些美国大兵本身文化素质可能不高，加之打了几年仗，有些得意忘形。他们似乎把同船的外国人尤其是中国人当成了玩物，有时故意恶作剧地捅人一下，有时半真半假地打人一下或伸出腿绊人一下。身上的痛都不在话下，可以一笑置之，但寄人篱下那种自尊心和心灵的伤害，却让陆元九难以忘却。

1945 年年底，陆元九一行在大西洋上颠簸了一个月之后到达纽约，登上了美利坚合众国的土地。

2. 麻省理工的骄傲

1945 年，第二次世界大战结束后，陆元九到达美国，他被分配到麻省理工学院。人虽然进了麻省理工学院航空工程系的大门，但最初并未获得研究生身份。这是因为他的留学安排是经美国政府与中国教育部协商，以“助教”的名义出国的，他可兼读研究生，但获得的不是学生签证，而是访问学者的身份。原规定是 1943 年到达美国，但拖了两年才到。

1946 年年初，作为过渡时期，陆元九在学校全职工作了半年。

首先面临的问题，就是到哪个研究室工作。

陆元九在国内所学专业是飞机发动机，任助教期间，他又自学了空气动力学和飞机结构等专业课程，学习的内容又都偏重理论。从“驾轻就熟”考虑，他应该选择这方面的工作。但陆元九觉得，既然到了美国，就要学习一些新东西。他在专业名录上看到一个“仪器学”专业，在国内学习、讲课与此相关的内容是飞机仪表盘上的几种陀螺指示仪表、气压表、空速表等，而仪器学的实际内容，之前在国内听都没听过。

当时还有几名中国留学生，也向他概括地介绍说：第二次世界大战期间，麻省理工学院在雷达方面作出的突出贡献众所周知；在惯性技术应用于火炮瞄准、惯性导航方面同样也有重大贡献；航空工程系里最出名的专业就是仪器学专业等。

在了解了这些后，勇于挑战的陆元九，毅然申请参加仪器学教研室的工作，并获批准。

陆元九后来逐渐了解到，第二次世界大战期间，自动控制技术迅速发展，惯性技术已在航空、航海领域广泛应用，德国 V-2 导弹采用陀螺仪和加速度计，完成了控制导弹飞行轨道的任务。

所谓陀螺仪和加速度计，是两种惯性器件。任何一个航行过程，都要解决两个问题：一是方向，即向什么方向前进；二是行程，即走了多远。在惯性导航中，分别用陀螺来提供方向方面的信息，用加速度计来提供行程方面的信息。

加速度计的原理是直接应用牛顿第二定律，即作用力等于质量乘加速度。如果质量恒定不变，测得力的大小就获得了加速度的信息。机械式陀螺的核心是一个高速转动（例如每分钟 30000 转）的转子，根据惯性原理，如果没有任何干扰力矩作用在转子上，这个转子的转轴方向在惯性空间是不变的，可以做测量方向的基准，获得转角或角速度的信息。

上述加速度计和机械式陀螺的原理都是牛顿惯性原理，由这两种惯性器件组成的导航系统成为惯性导航系统。20 世纪后期，利用光波传播原理先后研制成功激光陀螺和光纤陀螺，改用这两种光学陀螺组成的导航系统仍沿用惯性导航系统，简称激光惯组和光纤惯组。

惯性器件的原理都很简单，主要难点是测量精度要求非常高，航行一般要求知道运动载体目前的位置和前进方向，而惯性器件直接测得的是角速度和线加速度，还要经过积分运算才能获得导航参数，积分时间一长，积累误差就比较大，这就要求惯性器件都是高精度的。机械式仪表的零部件之间有的还有相对运动，要采取气浮、液浮、磁悬浮等技术以降低相对运动引起的干扰力或力矩。此外，还要用多种特殊材料、控制技术等来提高性能。从一定意义上讲，惯性仪表的水平，代表一个国家的综合技术水平。为此，从 20 世纪 50 年代起一直到现今，这种产品的高档部分都是属于禁运范畴。

此时的惯性导航尚处于萌芽阶段。麻省理工学院的德雷伯教授力主将自动控制理论和方法应用于惯性测量技术领域，即依靠控制技术来提高惯性测量系统的精度，创立了惯性导航技术。这项技术十分关键，美国政府将其列为重要的军事研究项目，仪器学专业的实际内容就是惯性导航。

惯性导航简称惯导。“导航”就是引导人们从一个地方到另一个地方的航行过程。坐飞机、乘船是航行，开汽车从一个地方出发，走多远遇到哪一个路口要转弯等也是航行，甚至任何人一天的活动，也都包括许多航行过程。例如，早上从住处到学校或工作单位，走哪条路，看到什么路标或标志性建筑要转弯，什么地方上楼、下楼，等等。因为每天都非常习惯地完成这些航行过程，很少有人思考这些过程是如何完成的。

如果把一个人的眼睛蒙上，耳朵塞上东西，使其听不到看不见，与外界无任何联系，而且在出发前还让其坐在不规则转动的转椅上搞得晕头转向的情况下，要求其从一个地方走到另一个地方，这就是惯性导航要解决的问题。也就是说，在不与外界有任何联系的情况下，利用自身携带的“惯性器件”，完成航行任务。不难看出，惯性器件既然不依靠外界信息，外界的声、光、电等各种信号都不能对器件起到人工干扰的作用。

惯性导航系统不仅用于火箭、飞机、船舶等运载器上，在汽车、机器人等多方面也有应用。以石油钻井为例，在钻头上安装相应的惯性导航系统，就可以打倾斜转弯的井，即先垂直或倾斜下行，到了一定的深度改为水平方向前进，再经过一段，又转弯改为倾斜下行等。另外，在隧道施工中也可以用陀螺经纬仪完成测量方向的任务。

陆元九在全职工作的半年时间里，刻苦工作，再加上扎实的功底，取得了一定的成绩，得到老师们的赞赏，但他暗自思忖："我是为求学才来美国的。"所以，1946 年春，他办理了兼读研究生的入学申请。

当时正值第二次世界大战刚结束，美国有大批军人复员，他们有入学的优先权，占满了新生名额，哪可能让中国留学生攻读学位？好学的陆元九通过正常渠道的入学申请未获批准，他便直截了当地对老师说："你不让我入学，我已经获得加州理工学院的入学通知，我只好走了。"这样，在老师的"特批"下，陆元九获得了入学许可，留下来读学位。又经过一些曲折，陆元九获准跳过硕士生阶段，直接攻读博士学位。

接下来的当务之急是拟定一套基础课培训计划。仪器学专业是刚创建的一门交叉专业，老师们为慎重起见，提高了学生学习的标准，要求选读的基础课程比较多，除航空工程系的一些课程外，大部分课程是电机系的，还有一些是物理系和机械系的，加在一起，共有 20 多门课程。对于一个全日制学习的学生来说，可能需要三年时间才能完成这些基础课的学习，但在半工半读的条件下，要在两年或稍短时间内完成这一学习计划，还是有一定难度的。

陆元九铭记贝多芬那句名言："卓越的人一大优点是在不利与艰难的遭遇里百折不挠。"他对老师说："我来试试看。"鉴于自己在国内有航空工程系理论的基础，陆元九跟老师商量："航空工程系的课，我能不能少上一些？"老师回答说：“那你得通过考试。”

美国学校学分管理比较讲究实事求是，如果学生认为自己某门课合格，可以不选这门课，但必须经过严格的考试。考试内容不是死背硬记，而是考学生应该掌握的知识。

考试的方法有的是口试，有的是笔试，老师出个题目让学生回家做两天，等等。

面对艰难的学习任务，陆元九不敢有丝毫的懈怠。按规定，他每学期选两门到三门规定的课程，另外复习一门到二门课程，准备自学考试。此外，陆元九还利用暑假的短时期，选读一门必修课。

那时，他的生活轨迹基本就是教室、实验室、住处三点一线。他每天早上7点以前就起床，晚上11点以前很少休息过。

周末，学生举办的各种活动包括舞会十分盛行，但身材魁伟的陆元九都没参加过。那时的经济条件亦比较艰苦，买不起汽车，他就一个星期骑自行车到市中心买一次菜。有段时间，国民政府曾一度中断了对留学生的经费支持，陆元九还被迫在食堂打过工。正如黑格尔所言：“如欲有成就，必须专注一事，不可分散精力于多方面。”那段时间，陆元九很少出学校大门，一年放假时进城看一次电影，就算是慰劳自己了。

功夫不负有心人。用了不到两年的时间，陆元九就以全优的成绩，完成了基础课的学习。同学们赞扬他所读课程的特点是：“十分难！都是外系的课。”

“扎扎实实学习，兢兢业业做好分内工作”，不管是自己的专业，还是非自己的专业，陆元九都能很好地掌握，他的好习惯就是从那时候培养出来的。

1948年暑假前，完成了基础课程学习的陆元九，要应对博士资格考试。按学校规定，撰写论文前要通过资格考试，考试分笔试和口试两个阶段。

笔试的方法是几位老师（来自于航空工程系、物理系、电机系）分别出题，开卷考试，带回家做，一周后交卷。相对而言，笔试比较容易通过。

难的是两小时的口试，口试时研究生委员会的老师们都在，五花八门，什么问题都问。必须通过口试，才有资格做论文。

考试那天，老师们天南地北地问的大都是基础课的内容，陆元九因基础理论学得较多，胸有成竹，一点也不紧张。但后来有一位老师突然问了陆元九两个问题："飞机降落时，是前轮还是后轮先着地？""为什么前面加了轮子？"

原来，最初的飞机前面有两个轮子，后面有一个小轮。对前轮还是后轮先着地的问题，陆元九知道，但对于后面那个问题，他很诚实地回答说自己不太清楚。主管老师提醒考官说："他上大学的时候，前面加轮子的技术方案还没有研制成功呢。"

那时考试，不是专门给考生出难题，而是看考生基础扎实与否，能不能解决具体问题，或者为解决问题提供一条思路。

就这样，陆元九顺利通过了资格考试，又用了近一年的时间撰写论文。

1949 年暑假，陆元九终于通过了论文答辩，成为德雷伯教授在这个新设仪器学专业的首位博士生。在这位世界"惯性导航技术之父"的引领下，陆元九走进了该学科领域的前沿。

1946 ~ 1948 年，陆元九成为这个专业唯一的博士研究生。1948 年，他通过的资格考试，相当于闯出了一条学习这个专业的路径。此后，陆续有人申请就读这个新专业。但对此情况，陆元九自己并未渲染。

20 世纪 80 年代，那些在出国潮中到美国留学的年轻人自豪地获知，世界上第一个仪器学博士就是让美国同行也不得不刮目相看的中国留学生陆元九。

1949 年，陆元九双喜临门：一是获得了博士学位，二是与留美硕士、安徽同乡王焕葆喜结良缘。

陆元九是幸运的，正是这位女性与他风雨同舟，患难与共，才度过了他人生的几多磨难；正是这位像参天大树般的母亲，为子女遮风挡雨，使子女在她的庇荫下长大成人。

1948年秋，陆元九在美国

1949年，陆元九与王焕葆结婚照

陆元九

陆元九院士传记

Academician Lu Yuanjiu's Biography

第六章

游子思乡欲断肠

因国情巨变而无奈滞留他乡的陆元九，魂牵梦绕着回国，他深知：科学的唯一目的是减轻人类生存的苦难，有幸能够致力于科学研究的人，首先应该用自己的学识，为人民服务。

1949年，29岁的陆元九获得博士学位后，先后被麻省理工学院聘为副研究员、研究工程师，在不同的科研小组继续从事研究工作。但异国漂泊、饱受歧视的经历，使他一直“未把他乡当故乡”。为了使回国免受刁难，陆元九有意避开了敏感的专业领域。

1950年，陆元九转到一个研究原子弹爆炸破坏效应的结构动力学实验室；1954年，他又到美国福特汽车公司科学实验室任研究工程师和主任工程师，暗自做着回国的准备。

1. 天翻地覆人两难

陆元九博士毕业后，学生身份结束。按照美国法律，他可以留在美国实习一年半，单位也希望他帮助干一年活。陆元九的护照合理合法，但1945年国民党政府发的护照有效日期到了，延期还是不延期，这个问题迫在眉睫。

1949年中华人民共和国成立，国民党退到台湾，此时如果把“中华民国”所发的护照延期，就意味着陆元九是国民党的人。同意不同意？如果不同意，又会失去合法身份，美国移民局就会随时随地传讯陆元九。

最简单的办法是把问题“升级”，申请政治避难，因为国家执政者变了，回不去了，可这又等于否定中华人民共和国这一新生政权。陆元九不可能同意！

陆元九无所适从，陷入了两难的境地。

在此期间，美国为了与苏联、中国、东欧等国对抗，在国内掀起了“非美调查活动”，也就是掀起政治上或思想上是否有反对美国的调查，使相当一批思想进步的人遭到迫害。在这种背景下，不肯去台湾，又没有合法身份的中国留学生遭受多方刁难，就不足为奇了。

美国政府规定：抗美援朝期间，中国人作为“交战国”的公民，没有合法身份，必须每三个月到移民局报到一次，而且还要警察局证明这三个月内本人没有从事任何“不法活动”。

陆元九在美国失去合法身份后的那段日子里，移民局对他进行调查，每三个月就要求他去移民局一次。

移民局的盘问像审讯一样。盘问的时候是一人一个小房间，慢慢旋转的磁带录音机把双方所有的话都录下来，录音之后还要受讯人签字。

移民局官员问陆元九：“这三个月都干了什么？”

陆元九答：“在单位工作。”

“在美国参加了什么活动？”

“中国科技工作者协会，时间不长。”

“那是什么组织？”

“完全是学生交流活动的团体。”

“还有呢？”

“还有中国基督教青年会。”

“你信基督教？”

“我不信教。”

“不信教为什么参加基督教的组织？”

“它是中国学生借此聚会的地方。”

“你对国民党有什么看法？”

“我对国民党腐败现象有些不满意。”

“你认为共产党怎么样？”

“不知道。”

“家里有人受迫害吗？”

“不知道。”

“共产党国家为什么与联合国对抗？”

“不知道。”

陆元九有时一问三不知。

调查和盘问的见面日期是提前约好的，第一次盘问的时间比较长，后来盘问的内容比较简单，再后来的盘问内容近乎谈话性质：

“现在你可以去台湾，为什么不去？”

“你究竟对共产党怎么看，对国民党怎么看？”

美方希望从这些问话里，套出陆元九当时的思想情况。

2. 成竹在胸去意坚

那时，陆元九参加了麻省理工学院的中国学生会，还有中国基督教青年会，而且还是其中的小干部，当时进步的组织还有中国科技工作者协会。

1950 年夏，陆元九（中）与友人在美国

1951 年夏，陆元九与美国波士顿区中国同学聚会（二排左三为抱着大女儿的陆元九，左四为陆元九夫人王焕葆）

麻省理工学院的中国学生会由华侨学生和留学生组成，里面什么人都有，大家相互交流，但不问政治。中国基督教青年会和中国科技工作者协会组织因不同程度地受到地下党的影响，举行了一些介绍新中国成立后国内情况的活动。陆元九当时参加这些组织活动，动机不是很明确，但确实受到一定的积极影响。这些思想基础，对陆元九 1956 年回国效力，起到了一定的促进作用。

此前，陆元九参加了这些社会组织举行的部分活动，但自移民局调查盘讯时起，他便不再参加这几个组织的活动了，主要是怕惹来麻烦，养不起家里人。陆元九结婚之后，1950 年有了第一个孩子，1953 年有了第二个孩子，1955 年有了第三个孩子。夫人王焕葆为了照顾家庭，没有出去工作，所以，如果陆元九丢了工作，就等于全家人没有饭吃。

在美国有了孩子又有工作，为了免受移民局的审问，陆元九办了绿卡。1954 年年底前后，美国移民局人员又找上门来说："你们的孩子生在美国，你在美国居住的时间已超过 7 年，可以申请加入我们美国的国籍。"陆元九回答说："我考虑一下。"

陆元九回国后，家人向他提供了一些情况。抗美援朝中美在日内瓦谈判时，中国政府提出了不要阻止自愿回国的中国留学生回国的问题。陆元九在多年的家信中都表达了要回国而不能成行的实际情况。1954 年年底，美国移民局到陆元九家中了解情况，可能与此有关。

虽然拿到了美国绿卡，但从陆元九的角度来讲，那个绿卡是因护照签证过期，美国逼着他拿的。1950 ~ 1953 年，陆元九上了美国的黑名单，这是大学里的教授告诉陆元九的。当时学校让陆元九留校，是准备调他从事保密性比较高的工作。当学校给陆元九办理申请时，密级低的通过了，密级高的却没能通过。美方政府相关人员说："这个人思想有问题。"迫于无奈，学校才想办法帮助陆元九办了绿卡。绿卡拿到之后，一方面移民局对陆元九施加压力；另一方面陆元九所在的工作单位也感到了来自政府方面的压力，因此为了避免麻烦，动员陆元九升级为美国公民。

陆元九心里十分清楚：如果拿了美国公民证，自己一家人就不能轻易离开了。

1954 年，陆元九已经有了两个孩子，生活基本稳定，工作半安定，但却因是黄种人，想租房子，别人不租；想买房子，别人不卖。陆元九夫妇及其孩子在那种环境里备受歧视，别看陆元九在学校受人尊敬，出了学校就不一样了，因此，他的精神压力较大，矛盾重重，这强化了他回国的念头。

陆元九想，不能再让孩子跟自己一样受歧视。孩子们一天天长大，大女儿已上两年托儿所，英语学得很好，陆元九担心孩子越晚回国，越难适应。同时，他内心十分清楚，再迟几年，恐怕想回国都回不去了，这使他更加明确了自己的抉择：尽快回国。

在此前后，为了减少回国的阻力，陆元九开始主动远离敏感的工作领域。他为此换了好几个地方，先是调到学校土木系的一个研究室，这个实验室的学科名称是结构动力学，实际上是研究抗拒原子弹爆炸之后的结构设计。陆元九的工作是从事测量仪器、试验设备、基础研究等，他本人的工作成果、图纸资料，甚至连自己写的科技报告，亦被定为不同程度的密级材料，不能个人保存，离开时，只能空手而走。

为了使回国更加方便，1954 年，陆元九决心离开大学实验室，到福特汽车公司的科学实验室进行民用科技研究。那时的福特汽车公司很风光，同时研究三种汽车的发动机：一种是如现在用在飞机上的涡轮发动机，一种是气垫式汽车上的发动机，还有一种是自由活塞式的气体发生器，而且研究经费充足。福特汽车公司当时的政策是：凡投资科研的，可以享受免税待遇。福特公司工程研究中心聘用陆元九，给他的任务是研究进行这些汽车装置试验时所需的专用测量仪器设备。期间，陆元九参与了多项先进科技项目的探索，其中包括世界上第一辆气垫式汽车的研制。

陆元九

陆元九院士传记

Academician Lu Yuanjiu's Biography

第七章

万里归舟多延宕

“我是炎黄子孙，要回去为中国做事。背井离乡近20载，也应该回家看看父老乡亲。”抱着这样的信念，陆元九踏上了归国的路程。归去来兮，然而回国之旅好事多磨。

为了回国更加顺利，陆元九主动远离保密工作，来到福特汽车公司科学实验室工作。优越的科研条件和自身的努力钻研，使陆元九的学术水平和实际工作能力都得到提高。他在动态测量仪器及设备、涡轮发动机自动控制和自寻最优点控制等方面，进行了探索性的工作。1956年5月，陆元九颇费周折，终于携全家乘船取道东京、马尼拉、香港，历时23天回到了祖国。

1. 春来无客不思家

身居美国10多年，陆元九甚少看到中文信息。1955年年底前后，一次，他途经邮局，贴在公告栏上追拿逃犯通缉令边上一个小小的、用中英两种文字的公告使他眼睛一亮，公告大意是：

“根据中美两国日内瓦达成的协议，在美国的中国人包括留学生，自愿回国的现在可以回去，如果有困难需要帮助，可以找印度驻美国的大使馆接洽……”

中美发表的联合公报还告知双方达成的协议：“愿意回去的可以离开美国，不愿意回去的，不能强迫他们回去……”，这样的协议同样也适用于抗美援朝中的美国战俘，从一定意义上讲，这是美国用中国留美学生换回战俘。

自从看到可以回国的公告后，陆元九心中好一阵激动，但他同时又半信半疑。为了证实这个消息，他打电话给在波士顿的中国同学，从他们那里得到了肯定答复。

此前不久，为了配合中美日内瓦谈判，22 名中国留学生在美国举行记者招待会，揭露美国当局扣留中国留学生不让回国的行径。

归心似箭的陆元九立即作出回国的决定，随即开始办手续、订船票。但他没有想到在回国的历程中却遇到了一大堆麻烦，常有山穷水尽的威压，少有柳暗花明的奇遇。

首先是订船票需要办护照的难题。

陆元九酝酿回国时，三个孩子中最大的只有 5 岁，都还没到发护照的年龄。即使能办理护照，陆元九夫妇持的还是过期的国民党时代的“中华民国”护照，不可能据此给孩子补办“中华民国”护照。后来经过多方努力，通过各种关卡，国内方面帮忙，以及印度驻美大使馆开具证明，1956 年二三月，陆元九全家照了一张全家福，并用这张全家福代替护照，总算解决了订船票的护照难题。

1956年，陆元九一家
代替护照的全家照片

2. 行到山头天又远

几经周折，陆元九办好了回国手续，开始订船票。

即将启程时，陆元九又接到航运公司的通知，所有上船的人都要有防疫证。而且为预防天花，还要求小孩必须有接种过牛痘的防疫证明。

在这方面，陆元九的两个大孩子问题倒不是太大，可最小的儿子不到半岁，且当时正患湿疹。医生怕因接种牛痘疫苗而引起湿疹并发症，故不同意给他的小儿子接种，当然小儿子也就无法获得牛痘防疫证明。

船方坚持说:“登船后万一得了天花，途中没有预防和医疗设备，没办法隔离，只能将病人扔到海里去。”

这个过于冷血的规定，让陆元九内心不寒而栗。没办法，找各方人员帮助，医生才同意开具证明：小孩在 1 岁以前能从母体获得免疫能力，不会患上天花。陆元九一家这才买到了回国的船票。

那个时候，印度人表面帮忙，但在具体事务上，他们也很难帮到忙，真正需要帮忙的事情，还是需要在国内办理，办完之后由国内写信给陆元九。材料齐备之后，陆元九一家才得以登船。

这样又拖了一段时间，直到 1956 年 4 月底，陆元九夫妇才带着三个孩子，登上了返回祖国的轮船。

他们的归国路线是从美国旧金山上船，绕经南面的洛杉矶和太平洋上的檀香山，先到日本东京，再绕道菲律宾的马尼拉，然后到香港。乘坐这艘客船的中国人不多，与陆元九一同返程的留学生还有另外两家的三个人。这艘船一路走走停停，23 天后才到达香港。

陆元九 11 年前的出国路线是取道阿拉伯湾，穿越亚非之间的红海，驶过欧洲和非洲之间的地中海，再横渡万里波涛的大西洋，历时一个月，绕行东西两半球大半个圈。而这次回国是横渡太平洋，跨过地球的另外大半个圈。一去一回，陆元九出国、回国整整绕地球转了一圈，风簸浪颠的船上生活，使他这辈子都刻骨铭心。

当客船停靠菲律宾马尼拉时，按船上规定，有合法护照的可以下船活动。陆元九等三家中国留学生却不能登岸，他们被集中到一间船舱里看管，一整天都不准离开，连上厕所都有人跟着，主要是怕他们非法偷渡入境。事先，船上已有人给陆元九打过招呼，说对看管他们的人情况不了解，要陆元九一行提高警惕。

当船从马尼拉起航驶抵香港时，又出了一个新波折。香港那时是英属殖民地，看管他们的人怕陆元九一行到香港后赖着不走，为防偷渡，香港方面也不准许陆元九等三家人上岸。

客船到香港的时间是在上午，可是在靠岸前，也就是早上五六点钟，陆元九一家被提前叫醒，看管人要他们到行李舱里认行李，把东西整理好，然后从船上的吊桥下到一个小船上。小船到码头后，陆元九等三家人上岸，他们手提行李在中间走，两旁至少有五六个香港警察押运，五个大人、三个小孩，就这样被一直押运到九龙火车站的一个房间里等待过关，而且规定在等火车时，谁也不准离开那个房间。

陆元九一行早上到达九龙火车站，直到下午四五点钟才坐上火车。他们被安排坐在火车专门的车厢部位，一些带武装的人就坐在陆元九一家的前前后后。就这样，在港英当局派出的警察的押解下，陆元九一行坐了一两个小时的火车，终于到达罗湖口岸。这边是英属香港，那边是中国深圳，中间是罗湖桥。陆元九一行走过了九龙关口，武装押解他们的警察才离去。

九龙关口铁门“哗啦”关上的声音，成为陆元九一生中永远的记忆。那道“铁门”隔开了两个世界，误解、歧视、限制自由的归途磨难，都统统被关在“铁门”的那一边，陆元九从此开始了新的生活、新的人生。陆元九一家终于踏上了自己的国土，看到五星红旗，他情不自禁地喊了一声：“我们回家了！”许多年来悬着的心，总算落了地。

时间定格为 1956 年 5 月 23 日。

陆元九站在祖国的土地上，回望身后的归途，不禁百感交集：回国的路看似平常，却竟然走了 11 年！

回想在国外没有身份、受人欺侮的经历，他无比激动：

结束了，游子的生活终于结束了！

回家了，终于回到了祖国母亲的怀抱！

出国 11 年，再经过 23 天的海上颠簸，今天，陆元九才有了到家的感觉！

遭受白眼，忍受屈辱，一个堂堂正正的中国学者，一腔报国情愫不被人尊敬，反被人像防贼一样看管，屈辱，误解，几近变成泪水，冲破意志的大堤一泻千里，冲刷心中的块垒……

曾经沧海难为水，除却巫山不是云。作为西方之首的美国都禁锢不住陆元九的归国情怀，途中还能有哪个地方能拴住他回家的脚步？！

“欲取名琴弹，恨无知音赏”，没有共鸣，不被理解，归国途中遭受的屈辱，是他心中难以言表的愤懑。个性倔强的陆元九，终于踏上了祖国的土地。有强大的祖国做依靠，他才恢复了身为中国人的尊严，一吐长久郁积的愤懑和委屈。

“回来了！总算回来了！”人到中年，拖儿带女，安徽寒门学子陆元九不断地在心底默默地自语，庆幸自己回国的选择。

从深圳到广州，陆元九一家休息了几天，在办理完回国的必要手续后，陆元九带着全家乘火车来到武昌，经陆元九小妹妹（在武汉大学工作）和学校的安排，全家在武汉大学停留两天，夫人王焕葆终于有机会回母校拜见她的老师和老同学，感谢老师多年来的培育之恩。王焕葆回到童年居住过的小楼（抗日战争前称“校长公寓”），回忆童年的快乐时光，勾起对先严先慈的无限怀念，悲恸至极几近昏厥。

之后，陆元九一家从武昌乘车到北京。在前门车站，陆元九的父母和弟弟，加上在北京的大妹妹和一些近亲，大家一起聚集在车站站台迎接他们一家。陆元九一下火车，高声呼喊爹娘、爷爷奶奶、哥哥弟弟妹妹之声混杂着喜极而泣的号啕大哭，大家相拥相抱在一起，泪水浸湿了肩头。19 年思念、团聚的喜悦，无法言表，刻骨铭心。

回想 1937 年，在日本飞机轰炸的威胁下，陆元九的父母、弟弟、妹妹到滁州火车站送他这个尚未成年的中学毕业生去南京并经由武汉赴重庆读大学时的情景。离家 19 年，其中经历了抗日战争、解放战争、新中国成立、抗美援朝战争，陆元九与家人中间曾几度音信全无，生死不知，思念亲人，只能在梦中相见。现在，陆元九一家五口终于平安地回到了北京，全家相聚，此情此景，只有亲身经历者才能感知其中的酸甜苦辣！这亦是陆元九那代人在当时的历史条件下人生历程的一个缩影。

1993年春节，陆元九夫妇（右一、右二）与弟弟、妹妹等在一起

1993年春节，陆元九夫妇（左三、左四）与弟弟、妹妹等在一起

3. 锦笺难写回乡书

“云天雁过，锦笺难写回乡书。”陆元九当年回国的决定，并不是轻而易举作出的，而是有过反复的思考。

第二次世界大战结束后，美国希望尽量多地吸纳中国人才，对此，美国有些单位以提高薪酬来挽留陆元九。就在陆元九买好船票即将启程回国时，他还收到麻省理工学院发来的邀请函，学院给他留着较好等级的教授位置，让他暑假去上课。陆元九回国后，很客气地回信谢绝并告知：“我已回到了中国。”

之后，美国报上刊登了陆元九回到中国的消息，而福特汽车科学实验室竟然以“你们中国人不可靠、留不住”为由，把其他几位中国人解雇了。

陆元九作出回国的决定，首先是他的爱国情怀起了主导作用。1949年陆元九拿到学位后，在美国参加中国留学生的活动比较多，其中有的组织受到了中国共产党地下党员的影响，他也因此在一定程度上受到了先进思想的熏陶。

其次是在陆元九回国之前，面临工作生活的迷茫和矛盾，回去还是不回去，很让他费思量：

如果不回去，孩子一天天长大，语言、生活习惯逐渐定型，回去再改会比较困难；孩子在异国他乡要像自己一样遭受歧视……

如果回去，陆元九对共产党不了解，回国后，自己及家人会受到怎样的对待，对此心里没底；刚从旧中国走出来的新中国，会艰苦到什么程度，陆元九对此并不知道……

其实，对生活的困难，陆元九经历得太多，他不怕吃苦，回来就准备吃苦，怕吃苦就不会回来，但孩子们能适应吗？

回国会怎么样？不回国又会怎么样？1954 年，是陆元九思想矛盾和斗争最关键的一年。

以时尚惯用的逻辑，从形而上学的概念出发，把那一批知识分子当年回国的抉择全都定位在伟大的人生观、世界观使然，把他们的思想境界拔得比天高，陆元九认为这显然不符合事实。

当时许多人对新中国的认识，不可能像文人们所写的那样深刻，因为从唯物辩证法“实践第一”“存在决定意识”的哲学原理出发进行思维，陆元九出国前，多年受国民党教育和宣传的影响，又有着在美国 10 多年的经历，离开祖国 10 多年，对刚刚成立的新中国，如果真有很高的认识，这种成熟的认识又是从哪里来的呢？人的正确认识应该是从实践中来的，而不是从天上掉下来的。

陆元九当年的朴素观点是：自己是中国人，回去为中国人做点事情；近 20 年没回家，应该回家看看父母；孩子逐渐长大，希望将来别再像自己那样受歧视。

一向刚直不阿、襟怀坦白、敢讲真话的陆元九，一生为坚守自己的人生价值，付出了太多的代价，在回国的思想定位上又一次展现了他实事求是的品质。

陆元九

陆元九院士传记

Academician Lu Yuanjiu's Biography

第八章

一犁好雨趁春耕

1956年6月，陆元九满怀建设新中国的远大抱负，从大洋彼岸回到了自己的祖国。在艰苦创业的条件下，他专心致力地搞“惯导”。“文革”中新作遗失是陆元九心中永远的痛，成为永远无法挽回的损失。

回国后的陆元九在科研和教学中取得了可喜成绩，他被分配到中国科学院，参与筹建中国科学院自动化研究所，先后任研究员、研究室主任、副所长，同时参加了惯性导航技术方面的研究开发和队伍建设等工作。

1. 艰苦创业写辉煌

20世纪40年代的中国，战火绵延，山河破碎。令陆元九记忆犹新的是他在国内上大学时用的铅笔、橡皮都是外国货，所以，1956年回国途中经过日本时，他还特意买了几个竹制计算尺。回国后，陆元九看到有那么多的国货，大喜过望。

回国后的生活与美国相比肯定有一定的差距，相对艰苦一些，但与其出国时相比却好多了，那时，连能否吃饱饭都成问题。所以，陆元九回来后精神振奋，心里特别有满足感。国民党时期出国，共产党时期回国，国民党怎么样，共产党怎么样，这个评价用不着宣传。新中国成立才几年，在这么艰苦的条件下，共产党把国家经济搞得怎么样，事实胜于雄辩。

回国不久，住处附近发生的一件小事，使陆元九受到强烈的震撼。那时，他住在中关村，因为没有晒衣服的地方，只能是将衣服搭在室外的铁丝上。有一次，风将衣服吹到地上。一个捡破烂的人路过此地，想把衣服捡走，旁边一个 10 岁左右的小孩看到后连忙上前制止，对捡破烂的人讲了一大番话，讲得头头是道，内容大约是教育和制止捡破烂的人。这件事对陆元九的触动特别深。在共产党的教育下，一个 10 岁左右的小孩就能有如此高的思想道德觉悟，这对陆元九来说，无疑是个无形的教育。

为了加深陆元九对新中国的认识，安排他工作之前，接待回国留学人员的单位让他到外地参观，亦让他参观了清华大学、北京航空学院（现在的北京航空航天大学）等几所大学。陆元九发现这些学校比以前规模大多了，面貌也大变。离开祖国 11 年的大变，主要是新中国成立后的大变，给了他耳目一新的感觉。陆元九对于共产党治理国家，亦有了初步的印象。

回国后，陆元九对工作从不讨价还价，勤勤恳恳，以身许国的情怀被不断强化。

这时期，正是中国科学发展史上最重要的时期。

1956 年 1 月 14 ~ 20 日，中共中央在中南海怀仁堂召开知识分子问题会议，就进入全面建设社会主义时期，如何正确估计、对待知识分子和发展科学文化问题进行了决策。参加会议的代表有 1279 人，分别为中央委员、候补中央委员及中央各部委、各省市等党的负责人。

会议当天，周恩来代表中央作了题为《关于知识分子问题的报告》，提出了制定“十二年科学技术发展远景规划”、向现代科学进军的任务，还提出要采取几项措施，其中的第四条是“用极大的力量来加强中国科学院，使它成为领导全国提高科学水平、培养新生力量的火车头”。

20 日，毛泽东发表讲话，号召全党努力学习科学知识，同党外知识分子团结一致，为迅速赶上世界科学先进水平而奋斗。

会议结束10天之后，也就是1月31日，国务院召开了有中国科学院、国务院有关局、高校领导和科技人员参加的动员大会，接着请了大批苏联专家。经过6个月的工作，1956年8月，完成了“十二年科学技术发展远景规划”的制定。

“十二年科学技术发展远景规划”从13个领域提出了57项重要科学技术任务，突出了其中12个带有关键意义的研究重点，包括喷气技术、生产过程自动化和精密仪器等几个重点，它们都与陆元九的专业有密切的关系。

在制定“十二年科学技术发展远景规划”的过程中，为了发展计算技术、半导体、无线电电子学和自动化这四个在现代科学技术发展中具有关键作用的新学科领域，使其在短时期内改变现状，接近国际水平，科学规划委员会提出了《发展计算技术、半导体、无线电电子学、自动化和远距离操纵技术的紧急措施方案》，这就是被科技界简称的《四大紧急措施》。

《四大紧急措施》实施方案上报到国务院后，周恩来亲自过问审议、立即批准，并同意由中国科学院迅速集中科技力量，着手筹建有关研究机构。1956年7月28日，中国科学院决定成立包括自动化和远距离操纵研究所在内的四个研究机构的筹备委员会，除了把中国科学院现有的几个学科的有关研究人员集中到上述研究单位以外，还从产业部门和高等学校调集有关学科的研究人员。在制定“十二年科学技术发展远景规划”时，自动化组还请了一些苏联专家和国内的专家，这些专家从事的工作领域多为工业背景，所以，“十二年科学技术发展远景规划”中的自动化，可以说是工业背景的自动化。

《四大紧急措施》的及时实施，为中国在计算技术、半导体、电子学、自动化等一系列高新技术的发展奠定了基础，为工业和国防现代化提供了必要的科学技术支撑。

陆元九在这样的科技形势下回国并被分配到中国科学院参加《四大紧急措施》的工作，其内心感到无比自豪。许多单位也想请陆元九去，但他在回国之前就已定好了自己的方向。

参加筹建中国科学院自动化研究所不久，陆元九还请在他之后归国的留美人员杨嘉墀、屠善澄一同到自动化研究所创业。不久，屠善澄和陆元九都成为人造卫星控制系统的技术领导者之一，杨嘉墀成为我国著名的“863”计划的四位发轫者之一。

陆元九参加筹建中国科学院自动化研究所，对我国的自动化研究和发展起了开拓性的作用，但实践探索过程却异常艰难曲折。说起当年的艰苦条件，陆元九至今仍记忆犹新，恍若昨日。

1956 年 8 月，陆元九到北京中关村科学城，也就是现在的中国科学院化学所大楼的第五层报到。中国科学院拿出两间房子，借给自动化研究所做筹备用房。先于陆元九报到的，有从力学所调来的何善堉和戴汝为（现为中国科学院院士）。直到 1956 年 10 月左右，陆元九及其同事们都是在这里办公。

就这样，筹备自动化研究所刚开始只有 3 人。长春机电研究所中有一个研究室，20 人左右，主要研究遥测、电力拖动、控制理论等，都与自动化有关，组织上决定将这些人调到北京，但苦于没有房子，所以他们一时还没过来。参

1957年，陆元九于北京

1958年，陆元九的全家照

加自动化研究所筹备的还有新分配来的大学毕业生，这些学生都是各校推荐到这里来的好学生。开始的基本规模就这60多人，技术工作只能说是纸上谈兵，一是人员没到齐，二是没有实验室。

那时候的中关村大操场的北面有两排三层楼的房子，靠南一排分给了中国科学院微生物所、天文台，北面一排一半分给力学所，另一半分给自动化研究所。有个教室，力学所和自动化研究所两家共用。

两个月后，自动化研究所的办公用房总算定下来了，又分配了几间平房做单身宿舍，60 多人全到齐，有男有女，房子不够住，办公室就成了临时宿舍。为了使办公桌及宿舍摆放空间更经济紧凑，陆元九带了把尺子去量单身宿舍的面积。宿舍中间走路的地方只能斜着身体穿行，这样的拥挤状况，一直持续到 1959 年自动化研究所的大楼盖好，大家才算居有定所。

开始工作时，没有资料、仪器、设备，什么都没有。尽管长春机电研究所带来了近 20 台仪器，但这些仪器是普通电源、仪表等一般性的设备。

依据“十二年科学技术发展远景规划”的《四大紧急措施》内容，前三项即计算技术、半导体、无线电电子学是学科性的，目标明确，比较好办，唯有自动化发展方向是什么，颇费周折。规划方向定的是工业自动化，但内定却是搞国防，这个问题一直延续到 1968 年。把自动化研究所由一个研究所分为两个研究所后，才将自动化发展方向的分工搞清楚。

1956 ~ 1958 年，陆元九等积极筹建工业应用自动化研究所。他们白手起家，艰苦创业，一边筹备建所，一边买设备，准备机械加工车间。

1956 年 12 月，为落实《四大紧急措施》，中国科学院组织了一个由 30 多人组成的代表团（分 6 个小组，包括一个自动化小组），去苏联考察。陆元九参加了自动化小组，在那里待了两个月。那时候，“自动化”的概念还不太成熟，基本方向是工业自动化，搞工业生产过程自动化工程方面的比较多，带头的几乎全是苏联人。所以，代表团在苏联，主要是到从事“工业”或“理论”研究的有关单位参观学习。

1957 ~ 1958 年“大跃进”前夕，自动化研究所又先后请了 6 位苏联专家到中国，他们每人在中国待了一个月，给研究人员讲课，介绍自动化方面的知识。

在当时那样的国情及工业基础之下，大家对自动化到底应该具体搞什么，谁都难以说清楚。陆元九从苏联考察回来后，就在全国各地到处跑，进行调查研究，了解发电厂需要什么样的自动化，冶金、石油、化工等行业各自需要什么样的自动化。苏联的规划里重点讲的是冶金化工，那是基础工业，为配合这些基础工业，自动化要进行些什么工作，当时没有一个人能真正说明白。

1958年“大跃进”开始，中国科学院自动化研究所的任务由原来的工业自动化转向探空火箭、卫星方面，主要方向改变了，工业自动化的方向被淡化。

苏联、美国相继发射人造地球卫星之后，竺可桢、钱学森、赵九章等建议中国也要开展人造地球卫星的研制工作。在一次动员大会上，钱学森首先发言，他讲了发射人造卫星的有关问题，陆元九接着提出：“要进行人造卫星自动控制的研究，而且要用控制手段回收它。”这是世界上较早提出“回收卫星”的概念。

时任中国科学院领导的张劲夫将这些意见反映到在武昌召开的中央全会上。早在1958年5月17日，毛泽东在中共八大二次会议上发出“我们也要搞人造卫星”的号召。中央政治局开会研究，同意以中国科学院为主研制人造卫星，聂荣臻委派张劲夫、钱学森、王诤（国防部五院副院长）负责卫星规划。

当时计划卫星研制分三步走：第一步，发射探空火箭；第二步，发射小卫星；第三步，发射大卫星。具体分工是：运载火箭以国防部五院为主，中国科学院配合；探空火箭的探空头（仪器舱）及其中的观测仪器和卫星等工作以中国科学院为主，国防部五院配合。其中的绝大部分工作，交给了中国科学院去筹备，这涉及陆元九的专业领域——自动控制和惯性导航。从那以后，陆元九便专心进行国防方面的工作，其人生奋斗方向也就锁定在航天的目标上。

1958年8月中国科学院召开会议，决定成立三个设计院：第一设计院负责卫星总体设计与运载火箭的研制，设在由钱学森任所长的中国科学院力学所内；第二设计院负责控制系统的研制，称中国科学院自动化研究所二部，吕强任主任，陆元九、屠善澄、张翰英为技术领导；第三设计院负责探空仪器与空间物理研究，称地球物理研究所二部，赵九章等为技术领导。

经过两个月紧张的组织工作和试验研究，运载火箭结构图和一个探空火箭仪器舱的模型完成了。另外，高能燃料和高温合金方面的研究工作也取得了进展。

为使院内各单位相互了解，中国科学院与院外有关单位积极加强协助，并向中央和各有关部门汇报工作，1958 年 10 月 5 日至 11 月 9 日，举办了自然科学成果展览会，445 家单位近 4 万人参观了展览。

在 3000 余件展品中，由陆元九及其同事组装的我国第一个探空火箭仪器舱模型分外引人注目。毛泽东、刘少奇、周恩来、朱德、陈云、邓小平等先后到场参观，陆元九荣幸地担任了这次展览的讲解工作。

1959 年 1 月 16 日，张劲夫在中国科学院党组会上传达了中共中央书记处书记邓小平的指示：“卫星明年不放，与国力不相称。”随后，中国科学院领导召开会议，认真总结了“大跃进”以来火箭研制的经验教训，提出“大腿变小腿，卫星变探空”的工作方针，决定调整任务，收缩机构，停止研制大型运载火箭和人造卫星，把工作重点转向研制探空火箭。

这次调整不是任务下马，而是着重打基础，先从研制探空火箭着手，开展高空探测活动，同时开展人造卫星的有关单项技术研究以及测量、试验设备的研制，为发展中国航天器技术和地面测控技术作准备。

这无异于是一个紧急刹车，任务暂停，但服务国防的方向并没有改变。

实践证明，这次调整是完全必要的。因为当时国家经济、技术力量有限，只能先保证研制导弹和原子弹，同时，中国刚开始仿制近程导弹，技术上还不具备自行设计大型运载火箭的能力。因此，先开展探空火箭和卫星单项技术的研究，创造必要的研究试验条件，确实为后来发展空间技术打下了良好基础。1965 年国家决定发射卫星时，条件已经成熟，中国科学院为卫星规划以及在短期内研制和发射卫星作出了重要贡献。

2. 专心致力搞“惯导”

陆元九一直根据中国科学院的部署开展相关工作。他将主要精力倾注在探空火箭的仪器舱及人造卫星控制、空空导弹及其导引头的研制上，还主持了飞行器自动控制研究、稳定系统研究以及陀螺及惯性导航等工作。除了总体规划外，陆元九还对一些杂活亲自过问。在自己的祖国工作，即使再苦再累，他也觉得很快乐。

1956 ~ 1965 年，研制项目顶层设计没搞好，变数很多，上级领导也是摸着石头过河，基层工作更是难做。当时的情况是，有方向而无任务，只能是自己到处找任务、谈合作，虽有一些零星活，但未形成一定气候。在此情况下，陆元九一方面自己先练内功，积蓄力量，等待起跳，另一方面在方向、任务尚未完全确定期间，在自动化研究所开展飞行器自动控制、空空导弹控制、液压气动执行机构、星光导航、红外未制导及其导引头技术等方面的研究。此外，还开展了陀螺和惯性导航工作。由于当时没有加工条件和仪器设备，陆元九他们便只能做一些零星工作，对个别部件研究比较深入。

1962 年 11 月 17 日，刘少奇在中央政治局会议上宣布：中央成立“中央十五人专门委员会”（简称“中央专委”），领导原子弹、导弹、卫星的研制工作。

1965 年 5 月 14 日，载有空投原子弹的轰炸机按时起飞，将其准确地投向靶标，在预定高度爆炸，中国第一颗原子弹试验取得圆满成功。同年，中国第一台独立设计研制的大型晶体管数字计算机面世，表明中国跨上了电子计算机的第二个台阶（一代为电子管，二代为晶体管，三代为集成电路）。

根据国家经济建设和国防建设的需要，1965 年，“中央专委”批准了卫星规划方案，同时向中国科学院下达了几项任务，包括设立一个卫星设计院（代号“651”设计院）；设立一个代号为“157”的工程（陆元九是技术负责人）；在长春光学精密机械研究所内筹建我国第一个液浮惯性器件研制基地。

为了实施“157”工程，1965 年秋，中国科学院自动化研究所有关人员 30 多人、电工所少数人、长春光学精密机械研究所近 20 人，加上新分配来的大学生，集中在长春光学精密机械研究所，由陆元九主持组建中国科学院液浮惯性技术研究室，并兼任研究室主任，带领团队相继开展了我国单自由度液浮陀螺、液浮摆式加速度计和液浮陀螺稳定平台的研制。同时，在陆元九的主持下，我国第一台大型精密离心机在长春开始进行研制。

在此期间，陆元九参与编写了中国科技大学飞行控制专业教材等工作，还参与了我国船舰惯性导航系统方案的制定和技术力量的培养，提倡“元件为主，测试设备先行”的研制方针，对我国惯性技术的发展起到了积极的作用。

1966 年“文化大革命”开始，陆元九的组织关系暂时没变，研究工作却不得不中断：1968 年，自动化研究所一分为二，业务涉及卫星的那部分研究人员划归 502 所，隶属第七机械工业部（简称七机部）；民口部分为现在的自动化研究所，隶属中国科学院。陆元九所在的长春“157”工程任务组，直接划归七机部。

陆元九一生一直为惯性导航呕心沥血地工作着。回顾历史，可以说，陆元九总是以发展航天的最佳岗位为前提，坚守自己的定位。

1956 年，陆元九到工作岗位不久，有人就想调陆元九到航天系统工作，但陆元九不愿意离开中国科学院，他认为许多航天的工作都有中国科学院参与，自己没必要离开这个“科技的火车头”。

1968 ~ 1978 年，陆元九名义上被编入七机部 502 研究所任研究员，但组织上并未安排他从事实际工作。

1978 ~ 1983 年，陆元九又被调到七机部（后改为航天工业部）13 所工作，任研究员、所长。1984 年后，陆元九先后任航天工业部（后改为航空航天工业部、中国航天工业总公司、中国航天科技集团公司）总工程师、科技委常委、科技委顾问等。至今，90 多岁的陆元九院士始终与中国的航天事业连在一起，从 1937 年读航空专业开始，他已经在这个领域耕耘了 70 多个春秋。

鉴于陆元九突出的学术成就，1980 年，他被推选为中国科学院学部委员（1993 年改称中国科学院院士）；1985 年成为国际宇航科学院院士；1987 ~ 1990 年，当选为国际宇航联合会副主席；1994 年 6 月又成为首批中国工程院院士。

3. 新作遗失成心痛

“十二年科学技术发展远景规划”制定后，科技事业得到蓬勃发展，但科技人才缺乏，从高等学校分配来的毕业生，远远不能满足中国科学院的需要。参照苏联中国科学院新西伯利亚分院、新西伯利亚大学研究所与大学里的所系相结合的经验，中国科学院在得到中央书记处批准的 3 个月后，1958 年 9 月 20 日，一座新型的高等学校——中国科技大学在北京西郊玉泉路正式创建，中国科学院院长郭沫若兼任中国科技大学校长。中国科技大学建校时间虽短，但已位列中国十大名校之一，足见当年这所新大学发展之快。

中国科技大学在专业设置上着重考虑中国急需但又薄弱、空白的学科，特别是与原子能和空间科学技术以及与《四大紧急措施》有关的系和专业，其中有些专业在国内还是首次设置。

按照“全院办校，所系结合”的方针，中国科技大学聘请了中国科学院内及各研究所著名的科学家 30 多人，兼任基础课教师，以及校、系、教研室负责人。华罗庚任数学系主任，钱学森任力学系主任，钱三强任理论物理系主任。1958 ~ 1965 年，陆元九兼任中国科技大学自动化系副主任、教授，成为中国科技大学创业者中的一员。

陆元九讲授物理课中的力学部分，此外，他在自己的研究所里还有繁重的工作，每天工作十几个小时。1961 年，中国科技大学自动化系第一届学生要开设专业课，由于没有合适的教材，需要教师自己编写。陆元九一般都在夜间睡觉前写讲稿，然后油印成讲义。1962 年年初，他去广州参加知识分子会议，出发前整夜未眠，连夜赶写讲稿，天亮后从办公室直接赶到火车站。最初讲稿经扩充内容写成第二稿，仍采用油印方式，作为中国科技大学第二届学生的教材。之后，陆元九又用了一年左右的时间，撰写了《陀螺及惯性导航原理（上册）》专业用书。写书时，陆元九还有许多其他工作要做，交稿时间又催得很急，他只能是忙里偷闲。写书最紧张的阶段大概有半年多的时间，他都是玩命地干。为防止思路被外界打断，陆元九短时间内把自己反锁在房间，只有个别人知道他在屋里。为此，他与找他的人事先约定好暗号，只有非要找他不可时，才可以敲门，如果没有大事，要找他的人是不会打扰他的。陆元九在如此艰苦的条件下，完成了上册书稿的写作，而这却成为“文革”批判陆元九“为了成名成家关起门来写书”的罪状。

1964 年，《陀螺及惯性导航原理（上册）》一书出版。该书是我国惯性技术最早的专著之一，对我国惯性技术的发展起到了重要的推动作用。陆元九又在中国科技大学两次讲稿的基础上，于 1964 ~ 1965 年，继续撰写该书的下册并基本完成。因工作地点调动，陆元九把手稿带到长春光学精密机械研究所，继续检查修改。不幸的是，手稿的主要部分在“文革”抄家中遗失，成为无法挽回的损失。

陆元九

陆元九院士传记

Academician Lu Yuanjiu's Biography

第九章

不畏浮云遮望眼

世上如没有能独立思考、独立判断、有所发明、有所创造之人，时代的进步和社会发展便是不可想象的。陆元九因坚持独立思考和判断，为之付出了代价，但他对此只是一笑带过，因为他知道自己坚持的理由。

陆元九的爱国之情，源于从旧中国到新社会的亲身经历。正当陆元九准备以更高的热情投入工作时，十年浩劫开始了。对于那些挨“批斗”、蹲“牛棚”的日子，他只是一笑了之。

1. 曾被培养当领导

陆元九在兵荒马乱的岁月里启蒙，在兵燹战火中读书和出国。出身寒门，在那种艰苦的环境中，在学校只埋头读书不问政治，高中时代的饭堂酒肆到处张贴着“莫谈国事”的警示，在这种环境之下，陆元九对共产党知之甚少。

1957 年年初，时值“反右”的前夜，中国科学院自动化研究所组织政治学习，大家让陆元九谈谈对共产党的认识。刚刚回国不知深浅的陆元九竟冒失地实话实说:“刚开始不知道共产党，知道共产党是从国民党宣传里得知的。”而且表述时所用的语言，都是国民党的那一套。陆元九虽然谈的是真实情况，但这是不合时宜的话。如果说“存在决定意识”，他从读书到 1945 年出国，对共产党的认识，能从哪里来呢?

然而，陆元九是幸运的，否则就凭这样的言论，他当年就躲不过成为“右派”这一劫。所幸的是，当时中国科学院的张劲夫是位受人爱戴的领导。1957年夏天，当“反右”运动进入高潮时，为了使中国科学事业健康发展，经中国科学院党组研究决定，张劲夫冒着极大的政治风险，向毛泽东主席谏言：中国向科学进军，要靠科学家。物以稀为贵，老科学家是“国宝”，对他们要采取保护措施。

经毛泽东首肯，张劲夫又将此思想向邓小平汇报。邓小平指示中国科学院党组代为起草一份中央文件，据此，1957年9月8日，中共中央发出了《关于自然科学方面“反右派”斗争的指示》(简称《指示》)。

《指示》首先阐明，对于自然科学方面的“反右派”斗争，策略上要更加细致，应当按照不同的情况区别对待。特别是对于那些有重大成就的自然科学家和技术工作人员，除了个别情节严重、非斗不可者外，应一律采取坚决保护过关的方针。文件划定了一些具体政策界限，如指出：在高级自然科学家中，有一部分人，此次有一些反党反社会主义言行，但一向埋头于科学研究工作，并有较高的科学成就，我们在今后还要用他们的专长进行科学工作，对于这一部分人，不可轻易地将他们划为“右派”分子；有些具有突出成就的自然科学家，在国内外相当著名，平素不大关心政治，在这次鸣放中按其言论，有的应划为“右派”分子，对他们应由负责人找其谈话，指出其错误，但不要拿到群众中去斗；对在1954年日内瓦会议以后争取回国的一批科学家，不列入政治排队，对他们要采取长期在工作中考察和耐心教育改造的方针，以利于进一步争取海外留学生回国参加建设。陆元九当然属于回国专家之列。

从20世纪60年代初开始，中国科学院党组织每个月至少组织一次重要的政治学习，除了院长、副院长，各学部主任外，还有几位年轻的一线工作研究人员参加，陆元九也是其中的一员。所以，那个时候，他可谓是重点培养对象。

陆元九当时除了参加具体课题组从事具体研究工作外，还担任了副所长一职，遇到了诸如如何带好几百人的团队、搞好工作，如何让青年人更快成长，如何制定政策等组织和管理上的问题。

中国科学院的领导也尽量创造机会让陆元九参加这方面的讨论。陆元九多次参加制定《关于自然科学研究机构当前工作的十四条意见（草案）》（简称《科学十四条》）的工作，在实践中摸索，增长了才干。至今，他仍十分感谢党组织当年对他的培养。

1962年1月11日至2月7日，中共中央召开扩大中央工作会议，即著名的“七千人大会”。会议较系统、初步地总结了“大跃进”以来经济建设工作的基本经验教训，对待缺点错误的态度比较实事求是，会议上表现出来的民主精神和自我批评精神，使全党受到鼓舞。

2月15日至3月10日，国家科委在广州召开全国科学技术工作会议（简称广州会议），这次会议原定的主题是讨论1963～1972年十年科学技术发展规划制定的有关问题。中国科学院建议能否借此机会进一步了解和贯彻《科学十四条》的情况，听取科学家们的意见。

追溯至1961年年初，毛泽东号召全党大兴调查研究之风，并要求各条战线总结出方针政策性的条条来。据此，全国第一个政策性文件《农业六十条》和《科学十四条》相继出台。

在当时的历史条件下，《科学十四条》中最关键、最敏感的问题有四条，其中之一就是尊重科学家、保护科学家，另一条是认真贯彻“双百”方针，区分政治问题和学术问题、思想问题和行动问题的界限。邓小平认为《科学十四条》应该成为“科学工作中的宪法”。周恩来说“要向我们的干部讲清楚，我们为科学家服务好了，科学家就能更好地为社会主义服务。”

1961 年 7 月 19 日，中共中央以正式文件下发了《科学十四条》。中央认为，这个文件不仅适用于中国科学院，也适用于一切有知识分子的地方，所以文件下发的范围较广，被广誉为“科研机构的宪法”。

广州会议召开之时，《科学十四条》的文件尚在审议中，所以，到会的科学家提出“资产阶级知识分子”的帽子压抑了广大知识分子的积极性。后来，陈毅受周恩来的嘱托，做了为知识分子“脱帽加冕”的讲话:“你们是人民的科学家、社会主义的科学家、无产阶级的科学家，是革命的知识分子，应该取消‘资产阶级知识分子’的帽子，今天我给你们行‘脱帽礼’。”广大科学家为此欢欣鼓舞，他们的主人翁责任感大大加强。

陆元九有幸参加了广州会议，此时他正值 40 出头，年富力强，中国科学院有意给他加任务、压担子，意在培养他们这批科技骨干。

广州会议结束后，陆元九回单位介绍了会议的情况和主要精神，强调了“脱帽加冕”等生动内容。在“文革”期间，这又成为了他的一大罪状，说他篡改了会议精神，给“臭老九”脸上涂脂抹粉。

受 1957 年 9 月中共中央发出的《关于自然科学方面“反右派”斗争的指示》的惠及，陆元九在 1957 年“反右”时受到政策保护，未被殃及。1962 年，他与大伙还接受了“脱帽礼”，又免受了不少磨难。但 1966 年“文革”的到来，使陆元九厄运缠身，没有人能保护他们这些“国宝”了。20 世纪 80 年代中期，时任国务委员的张劲夫见到陆元九，仍不忘询问、了解他在“文革”中的情况，并说自己当年亦受到冲击，对陆元九他们未能起到帮助、保护作用而深表歉意，这更使陆元感到党对知识分子的关爱。

2. 曾经挨整蹲“牛棚”

在“文革”怀疑一切、横扫一切的日子里，陆元九的出国经历最容易让人引发疑问。

1943年年底前后，陆元九出国前，按当时国民党的规定，所有出国人员都要到中央训练团参加出国培训，受训1～3个月后才能出国。中央训练团是国民党对“高级干部”的培训机构，对一般人来说，这是一个“光荣”的受训场合。进入的学员或经过培训的人员，毫无例外地都是国民党党员。据说，当时西方美、英等国，对派往他们国家的留学生还要培训，“进行改造”，提出意见。陆元九他们这批留学生的培训地点改在国民政府教育部所在地——重庆的青木关，培训期间，要求受培训的人员集体加入国民党。在履行集体加入国民党的手续时，陆元九和其他几个人借故“逃”走，因此，他未履行加入国民党的手续。

那时办理出国手续很麻烦，今天让你到这个单位填表，明天到那个单位谈话，两三个月时间，陆元九前后跑了十几个单位，连他自己都搞不清楚那些单位是干什么的，有的是去领钱，有的是去领材料，有的是去见面，有的是去填表，反正人家让他去，他就去。至于到那里要办什么事，他并不十分清楚。有的找他谈话，让他填个登记表，即填他本人的历史情况。就这样，陆元九糊里糊涂地填了一大堆表。他当时哪能怀疑到这些东西另有用意。现在看来，国民党为了加强对出国人员的控制和争夺，其间不可避免地掺杂了一些特务机构的活动。

就是这一段出国办手续的经历，把陆元九整个历史问题复杂化、扩大化了。在“文革”清理阶级队伍阶段，这些成为陆元九挨整的原因，之后他多年不能工作，主要根源也出于此。

“文革”初期，陆元九刚开始只是作为陪斗，专门批斗陆元九时，也只是批斗他的反动思想等，让他挂“大牌子”“戴高帽子”“坐飞机”还相对比较客气、比较掌握政策，所以，开始时，他还感到无所谓。

最让陆元九感到受罪和痛苦的，是 1968 年开始的清理阶级队伍。那时候，单位门口的传达室，一个不到 10 平方米的小房间，放了 3 张双层铁床，关了 6 个人，一天到晚，大家在里面学习、交代材料，接受审查。

审查或审问时，工作人员问陆元九：“你参加了特务组织，知道吗？”陆元九回答说：“不知道。”

几十年了，陆元九哪能记得当年出国填的哪个表是参加特务组织的。

对其中确实记不清楚的，耿直的陆元九也不争辩，任人说去，反正“身正不怕影子歪”，因为无论自己说什么，人家也不会相信，对有人诬陷他参加了什么特务组织，他也懒得争辩，到后来，干脆人家问什么，他全都承认。

当时在中国科学院系统中，有两个冤假错案发源地都是长春，一个是光学精密机械研究所，另一个是应用化学研究所，后来扩大到上海乃至全国，牵扯到上千人。专案人员说某个机构是特务机关，提供给陆元九很多情况，然后倒过来暗示让陆元九承认、写基本材料，那些特务机关的名字，陆元九连听都没有听过。

专案组根据主观臆断，认定陆元九是“特务”，理由为陆元九全家五口不可能自愿回国，陆元九是以全家做掩护，被美国派遣回来的特务。

“美国的条件那么好，你干嘛还回来？不是做特务是做什么？”

燕雀安知鸿鹄之志哉。听到如此问话，陆元九一般是以沉默应对。

陆元九的家多次被抄，家里所有东西都被翻了个遍，存款则被当成了特务经费。

“根据了解，你每月一直有900元的活动经费。你还有钱存在哪里？你一定还有。”

这可是实质性的大原则问题，对此，陆元九始终没被屈打成招。

“根据我们了解，你还有一部电台。”

“电台是个实实在在的东西，如果我有，你们一定能找到。”

最后，陆元九家里那个老式的无线电收音机和电唱片组合机被说成是电台。

“根据我们调查，你这里有接线，可以改装成电台。”

“我还没有那么高的技术。”

“后来你又到苏联干什么去了？”

“跟着代表团参观考察学习去了，还从苏联请了许多专家来我国讲学交流。”

陆元九有个中央大学的同学，被说成是日本特务。因为他们都从美国回来，且都住在中关村，平时也非常熟，因为这个缘故，陆元九又被说成是日本特务。

欲加之罪，何患无辞？在那种情况下，陆元九最初还说老实话，后来实在无法忍受了。那时，除了审问，就是被逼着写交代材料。一个人被关在房间里，一张书桌，一沓稿纸，日复一日，月复一月，陆元九的精神受到摧残，内心无法承受，思想几近崩溃，根本无法实事求是，只能根据专案人员提供的情况，只言片语，一知半解，仿佛写推理小说，作为交代材料。“虱子多了不怕痒”，戴一个特务帽子是戴，戴三个特务帽子也是戴。后来无论专案组说什么，陆元九都懒得争辩了，反正已经承认了，干脆什么都承认，承认了就一了百了。

“文革”期间，陆元九除了被说成是特务之外，还被说成是反动学术权威。批斗他，当然要围绕“学术”问题出难题考他。那时的二极管一端是正极，另一端是负极，用万用表测二极管，正负极不能搞错，这当然难不倒知识渊博而且动手能力很强的陆元九，而这些居心叵测的人竟然故意从别处找来一个稳压管，硬将它说成是二极管，让陆元九测，这无异于拿一本小说却硬将它说成是唐诗，让陆元九按七言或五言断句并读出平仄和韵律来。

更为可笑的是，造反派还从外单位请来一位工人师傅考陆元九：“速率陀螺的性能不好，如何处理？”陆元九回答得很理论：“影响性能的因素是间隙不一样！”工人师傅说：“不对！我们从外面一夹就好了。”其实就是这么一夹，使间隙变小而与原来不一样了。这恰恰证明了陆元九经典理论的正确。但那是个指鹿为马的年代，不可理喻的事情，陆元九碰上的远不止这几件。

“文革”后期，是陆元九最难熬的岁月，这给他留下了诸多不堪回首的回忆。是非颠倒，人妖混淆，平素眼里容不下沙子的陆元九，此时的忍耐力受到了极大的挑战，精神折磨使他几近崩溃，生不如死，以至于后来在路上看到汽车，他都想往车轮下钻。

冥冥中，波斯诗人萨迪的诗句飘来：

“你虽在困苦中也不要惴惴不安，

往往总是从暗处流出生命之泉。

不要因为时运不济而郁郁寡欢，

忍耐虽然痛苦，果实却最甘甜。”

冷静下来的陆元九坚信“莫道浮云总蔽日”，冬天终将过去。他还想起孟子的哲学名句：“天将降大任于斯人也，必先苦其心志，劳其筋骨，饿其体肤，空乏其身，行拂乱其所为，所以动心忍性，曾益其所不能。”

他时常思忖：这难道就是要担当大任前必受的磨难？大任在哪里？磨难何时能结束？

3. 曾因需要被“重用”

“文革”军管期间，陆元九也有被“重用”的时候，他曾干过一些军工系统的任务。

大概在1969年、1970年，航海方面的惯性导航系统有一个讨论会，军管干部让陆元九到天津参加会议，名义上有一个人陪他一同去，实际是押送陆元九去开会。

开会时，有人让陆元九发言。陆元九半真半假地说：

“不行，我是特务，不管说什么，都可能被说成是搞破坏。”

主持会议的该单位的军管领导说：“是我们请你来的，你有什么话直说，有责任我们负。”另外还有三次，也是因为技术问题，外单位有人真诚地来找陆元九帮忙，还是通过军管，这才让陆元九放下了包袱，大胆地与来人讨论。

1971～1972年期间，陆元九还帮解放军总后勤部的一个被服厂搞技术革新，参与研制自动裁剪衣服的机器。工厂在东郊朝阳门一带，陆元九家住中关村，下班后别人回家了，陆元九一个星期才能回家一次，基本上是住在厂里的招待所，几个人一个房间。

正如美国生理心理学家沃尔特·坎农所言：“一个研究人员可以居陋巷、吃粗饭、穿破衣，可以得不到社会的承认。但是只要他有时间，他就可以坚持致力于科学研究。一旦剥夺了他的自由时间，他就完全毁了，再不能为知识作贡献。”那时，陆元九总想找一点具体工作干，不愿空耗宝贵的时光。那时他已 50 多岁，厂里同龄的工人都到了退休年龄，而他还戴着“特务帽子”，但他仍然十分珍惜工作机会，在那种境遇下仍拼命地工作。意想不到的是，军工厂还给陆元九评了个积极分子。那时候，谁也不知道将来能不能平反，平反后还能不能工作，陆元九心中很是迷茫，但无论谁叫他干活，他都不推辞，而且要干好。

陆元九还有一件值得“荣耀”的事就是接待外宾。20 世纪 70 年代，继李政道、杨振宁回国受到周恩来总理接见后，陆续有人来华访问。外宾在国外已了解中国同行中哪些人学术造诣很深，他们来后就指名道姓地希望见到这些人，其中就有陆元九。无奈，单位只好派陆元九出来接待，但事先上边对“该讲的讲，不该讲的不要讲”等注意事项已有交代，还有人到时“帮忙”，帮忙的人其实就是在一旁监视。

1972 年，一个由 6 名华裔教授组成的代表团来华，团长是被誉为世界“生物力学之父”、美国加州大学圣地亚哥分校的冯元桢教授。他是陆元九在中央大学航空工程系的同班同学，两人又是同批赴美的公费留学生。据此，领导指示，让陆元九参加接待。当时陆元九虽在七机部 502 研究所，但没有工作，只好以中国科学院自动化研究所人员的身份接待外宾。代表团在国外早已了解陆元九的工作处境，只是不便当面说穿他身份的秘密。三四个月后，仍让陆元九接待外宾。当陆元九假说自己在中国科学院自动化研究所工作时，外宾善意地笑道：“老兄，我这里有一份详细材料。”原来，对从国外回到中国来的人员，他们早

1997年，陆元九(左)与同班同学冯元桢(右)在一起

2006年，陆元九(右)与杨振宁教授(左)在香港

有一份书面材料，里面介绍了国内一些人员的情况，比如，现在干什么，境遇怎么样……

外宾对陆元九说："我们知道，你现在还没有出来工作，你对外的名义是中国科学院自动化研究所的人，现在已调到第七机械工业部。"身份被"揭穿"，陆元九哭笑不得。

外宾有时还提出想去陆元九家里看看，这又是一件令陆元九尴尬的事情。陆元九回国时，单位分给他一套四室一厅的房子，这在当时是最好的房子。陆元九在“文革”中受冲击后，有两户人家搬进来和他们一起住。房子被占，生活有诸多不便，同在一个屋檐下，陆元九对此很宽容，也很善解人意：“人家没有地方住嘛。话又说回来，在‘文革’前，我们这类人是显得有些特殊。”而这些实际情况，又不便对外宾说，只能另想变通办法。与陆元九一家同住的两户人家，一户是外单位的，因此组织上要求这户虽不用搬家，但也不能回家，临时在外躲一躲；另一户是本单位的，则被要求先搬出去。之后，再从别处临时搬来一套沙发，布置出一个客厅，待接待完外宾后，再将沙发搬走，让那户人家搬回来。

那时候，陆元九还没有平反，也没有工作，但因外宾点名要见陆元九，所以不能不让他出面接待。其实那时候外宾可能什么都知道，陆元九真不愿这样作假给别人看，不实事求是，这样做有违陆元九的做人准则。

陆元九当年的脾气特别大，问及原因，他说：“在大学念书时，脾气大的问题不突出；在国外工作时，脾气便渐渐大起来。那时候受外国人欺负，明明你做得对，他硬说你不对。那时候就怕被人欺负，所以个性很强，脾气不好，吵嘴、对骂都干。”

无论对什么人，陆元九都敢发脾气，哪怕对方是领导干部，他也不怕，这也因此让他在“文革”期间受罪较大，他说：“这只能怪自己的脾气太大，有时候说话让别人下不了台，这都是在外国心理受欺负之下养成的，回到国内应该改过来，但当时没有人指点，后在‘文革’中接受了教育，才学会了忍耐。”

车尔尼雪夫斯基曾说：“既然太阳上也有黑子，人世间的事情就更不可能没有缺陷。”陆元九认为，任何事情都应是一分为二的，个性很强，有意见敢于坚持，也不能说一无是处。因为从事研究工作，探索未知，不坚持，很难出成果。

在那段不堪回首的日子里，百无聊赖的陆元九只能让灵魂在知识的原野上游荡，但那时不知道看什么书好，他漫无目的地什么书都看，唯一不看的，就是国防技术方面的书籍，特别是与陀螺惯性导航有关的专业书，陆元九怕触景生情，看了这些书后想工作而又不能工作，内心更痛苦，真可谓是“欲看不能，欲罢不忍”。“文革”期间，陆元九挨批斗的次数不算太多，对皮肉之苦，他能置之度外，但精神枷锁却无法解脱，苦不堪言。

1968年秋，陆元九被关进了“牛棚”，直至1969年5月前后才被放出来，前后大概蹲了8个月“牛棚”。陆元九在“牛棚”里被逼着交代各种材料，然而对几十年前发生的事情，他哪里还能记得这么清楚，但他对交代过的东西，从不改口。对那些冤假材料，单位说“陆元九没有否认，这些都是他自己交代的”，陆元九则针锋相对地指出：“是他们逼我，暗示我这样写的。”后来让陆元九改写他交代的材料，倔强的陆元九不屑这种翻手为云、覆手为雨的做法，他坚信，事实胜于雄辩，历史终将把颠倒的事实颠倒过来，让始作俑者自己去还原历史的本来面目吧，于是，他自信地说：“你们调查去吧！”

1970年，“文革”中的陆元九

所以直到最后，陆元九都没改写过那些被诬陷、逼供出来的假材料，直至全面落实知识分子政策后，一切不实之词才被推翻。当时的军管干部都赞赏陆元九刚直不阿的人品。

陆元九

陆元九院士传记

Academician Lu Yuanjiu's Biography

第十章

城门失火殃池鱼

城门失火，殃及池鱼。在“十年”动乱中，陆元九不仅个人饱受冲击，他的亲属也受到了株连。逆境中的一家人明白：成功只是时间早晚而已，只要有成大事的目标，绝不能放弃。

假使在途中遇上了麻烦或阻碍，都要去面对并解决它，然后再继续前进。“人最难战胜的是自己，成功的最大障碍不是来自于外界，而是自身。”

在一步步向上攀登时，千万别对自己说“不”，因为“不”也许会导致你决心的动摇，放弃你的目标，从而前功尽弃。

—— 陆元九一家在逆境中，每人都立志做强者，并最终学有所成。

1. 煮豆燃萁相煎急

正如陆元九夫妇所担心的那样，回国后，几个孩子因水土不服，先后生病，然而更大的厄运，还在等着他们的孩子。

1966 年，“文革”开始头一年，陆元九大女儿初中毕业，二女儿小学毕业，儿子刚进高小，还有一个小女儿在上幼儿园。被称为“反动学术权威”的陆元九被“揪”了出来，在中国人民大学附中读书、正待初中毕业的大女儿也跟着成为了另类。那时候，全班人马风风火火地“闹革命”，只有她和两三个命运相似的同学，被抛到“滚滚的革命洪流”之外，这对豆蔻年华的少女而言，其心灵受到的创伤是无法言状的。

1968年，陆元九的大女儿下乡，在东北兵团一待就是6年。这期间，因父亲“反动学术权威”的关系，对如工农兵上大学、回城当工人这样的好事，自然都没有她的份。直到1974年，根据中央的政策，大女儿才按照国家归侨政策，从黑龙江军垦农场调回北京当工人。1978年，在陆元九朋友和同事的共同努力下，大女儿又从北京远郊的工厂调回到陆元九曾经工作过的第七机械工业部502研究所工作。陆元九夫妇工作都很忙，大女儿回来，可以帮助他们照顾一下弟弟妹妹，身边也算多了一位帮手。她所在的502研究所课题组，没有给她安排特别多的工作，只是让她专心复习考试。凭着个人的勤奋努力，大女儿最终考上了502研究所的中央电视大学班，她的考分比当年的录取分数线高出30多分。考取后，同事们又帮助她学习。对陆元九的大女儿来说，初中毕业后即在东北兵团和北京工厂待了10年，失去了接受高中教育的机会，最终能以一个初中生的水平，接受中央电视大学全日制的高等教育，已实属不容易。

陆元九的二女儿小学毕业后，1966～1969年在北京大学附中读初书，初中毕业还不到16岁，便上山下乡去了东北兵团。东北冰天雪地的恶劣环境，使她患上了严重的哮喘病。陆元九夫妇想给二女儿办病退，可兵团不许。直到1974年，孩子的姑父、姑姑托人将其关系从兵团转到湖北农村，二女儿很快成了插队知青的带头人、老大姐（她比一般知青年长5岁）。她不仅劳动突出，而且热心帮助军人队长料理工作。因表现突出，二女儿半年后入了党，后来被推荐到武汉大学，成为一名工农兵学员。

与两个姐姐相比，陆元九的儿子是家中受教育较为系统的人，初中毕业那年，学校正好开始办高中，陆元九便在家中辅导他高中课程。尽管小时患上的过敏性哮喘，一直折腾到他读高中时才痊愈，但这也没耽误他的学业。1975年高中毕业后，因两个姐姐全在东北，妹妹年纪又很小，为了照顾父母，当时的政策允许陆元九的儿子留在城里分配工作。起初他被分配去做电力网巡线路工，也就是野外查线工作，但供电局单位离家太远，坐车单程就要一个半小时，根本无法照顾家庭。北京八一中学管分配的老师十分体谅陆元九家里的困难，最后将陆元九的儿子分配到位于白石桥的北京第二汽车厂（简称二汽）做铣工，当时学校工宣队员就来自二汽，二汽算是个很热门的单位。

2. 逆风飞扬终成才

改革开放后，国人开始出国留学。在美国出生的二女儿凭借工农兵学员的学历，得到了陆元九夫人所在的美国母校——蒙荷利山大学全额奖学金，出国留学。“文革”时期，学校把阶级斗争当成一门主课，工农兵学员多是“大学的牌子，中学的教法，小学的水平”。陆元九二女儿虽初中毕业于北京大学附属中学，但那时大学培养出的未必都是合格人才，更何况初中毕业的。

陆元九二女儿凭着出国前只会“Thank You”“Good Morning”的语言基础，1981年到美国读正规大学的数学系，其语言等方面的困难可想而知。当她读到一半，感觉实在难以继续下去时，陆元九在美国的中国老师、同学，一次次到学校对她予以鼓励，要她咬牙坚持下去。在许多人的鼓励和帮助下，二女儿最终完成了学业，后又换了一所学校，继续攻读研究生，获得了硕士学位。

1977年秋，新中国教育史上出现了一个奇观：为尽快弥补“文革”给高等教育带来的耽搁和不利影响，国务院批转教育部《关于1977年高等学校招生工作的意见》，正式恢复了高等学校招生统一考试制度，并决定在当年冬季进行大学招生。这是十年浩劫结束后，在中国老百姓中引起巨大反响的第一件事。在1977年冬和1978年夏的几个月时间内，神州大地出现了有史以来声势最浩大的一次考试，全国参加考试的人数达1160余万人之多。

陆元九当了两年工人的儿子，也加入到了千万人之众的考大学之旅。1977年恢复高考之后的第一次大学招生，他背负着父辈的期望，凭着当年高中阶段的认真学习，幸运地考取了清华大学化工系，大学毕业后又考取了中国科学院的研究生。1984年，在他写论文阶段，二姐从陆元九在美国的一些老同学处借了一些钱作为保证金，帮助弟弟办好了到美国自费留学的手续。到学校后，导师了解了他的情况，即与学校商议，免去了他的学费。这之后不到一个月，导师又发现他的学习基础较好，便安排他任助教，半工半读，使他有机会安心求学。

陆元九的大女儿亦在这段时间办理了自费出国手续，她完全是靠打工以及美国国家的助学贷款，艰苦地读完了研究生，并获得了硕士学位。

陆元九最小的女儿也很幸运，中学读的是北京八一中学，因参加高考前的几次模拟考试都考出了高分，所以，她第一志愿报了清华，但没被录取，所报第二志愿的学校又落空，最后读了一所不太理想的大学。大学毕业后，她被分在北京电视大学教书。因小女儿非名校出身，在20世纪80年代，要想考上研究生，实属蜀道之难。两个姐姐和一个哥哥均在国外，虽在经济上仅属温饱一族，但他们还是尽量帮助小妹妹到加拿大继续深造。

陆元九的子女们现在都很有出息。大女儿在美国获得了电子工程硕士学位；二女儿在美国获得了计算机科学硕士学位；儿子在美国获得了化学工程博士学位，后又在夜校读完了经济管理硕士学位；小女儿在加拿大获得了电机工程硕士学位。

陆元九的子女们谦虚地认为：“我们在国外学习，学业上皆非出类拔萃，但还算是按部就班地完成了学业。这些成绩和我们父母的聪明才智相比，实在是不足挂齿，但个人读书中的艰辛还是难以忘怀的。”

历史的教训值得汲取。1956年、1957年回国参加建设的知识分子，没过几年安稳日子就开始了一个接一个的政治运动，“文革”期间，正是他们出生于国外的子女原本可以在国外正常读书的时期，却因为父母回国，他们也遭受了动荡而被迫中断学业。

他们中的很多人，因为父母的厄运遭到株连，在父母平反后更加努力地学习，争取到去国外深造的机会。20 世纪 50 年代前后回国的一大批知识分子，他们的子女多是通过这样的途径出国留学，他们努力奋斗，成为令父辈欣慰的一代。

陆元九子女们艰难的求学经历，堪称同代人中不屈不挠、逆风飞扬的写照。

陆元九

陆元九院士传记

Academician Lu Yuanjiu's Biography

第十一章

一生真伪复谁知

不能称心如意的现实，有时就像生活的牢笼，束缚手脚和身心，只有真正成大事的人，方能在现实中磨炼自己，成为强者！身为末代秀才的陆子章先生，就是生活的强者，他给儿子陆元九的成长带来很大的影响。

出身贫寒却学有所成的陆元九父亲陆子章先生，饱经人生颠沛流离之苦，矢志不渝教书育人、科学强国，“服人以理，感人以德”，但却受到了不公正对待。不畏浮云遮望眼，善恶自有天镜鉴。改革开放之后，陆子章先生得到了应有的肯定和褒扬。

1. 寒门学子成秀才

陆元九的父亲、寒门学子陆子章，以自己的经历验证了“知识改变命运”的道理，所以，他格外重视自己子女的教育。他立志，有了钱，不买房子，不买地，竭尽全力把几个孩子培养成为大学生，同时也想效法教书人家周氏，给予穷家子弟切实的帮助。

光绪三十四年（1908 年），陆子章先生从南京两江优级师范数理系毕业后，回到家乡——安徽来安县张山集，先任小学校长，后又到安徽各地任中学教员和省立滁州中学教务主任。

1939 年春，为解决因国难而失学的家乡青年的读书问题，陆子章先生在离沦陷区不远的张山集北边的关帝庙内，创办了安徽来安县有史以来的第一所中学——来安县立初级中学。1940 年春，组织上派了三名党员来校工作，分别担任教务主任和教员。

内忧外患，战事多变。1940 年 5 月，日寇第二次占领来安县城前夕，迫于动乱的形势，学校不得不于 6 月发了转学证，来安县立初级中学解散，大部分学生随进步教员参加了抗日救亡工作，成为革命队伍中的一员。

1945 年冬，学校恢复教学工作，陆子章先生再次回到来安县，继续担任学校校长。1948 年新中国成立前夕，学校南迁，陆子章先生离开学校，寄居滁洲。新中国成立后，62 岁的陆子章改名陆士庸，随子女生活，先后居住在苏州、天津和北京。

陆子章先生一生都“服人以理，感人以德”，虽说是清末秀才，后来因接受了新式教育，具有反帝反封建的爱国思想。五四运动时期，陆子章先生在省立芜湖第七女子中学任教，曾带领学生上街演讲、游行；抗日战争期间，他始终不涉足沦陷区，表现了爱国知识分子应有的民族气节；1932 年到滁州中学任教务主任，首先推行男女同校，成为全安徽第一批这样办学的中学之一。

陆子章先生常给学生宣传“天下兴亡，匹夫有责”的道理，并曾指定全校语文老师和二年级以上的英语老师，开学第一课都要选上《最后一课》，旨在让学生认清国难当头，随时有当亡国奴的危险，激发学生的爱国热情，同时让学生认识到学习机会来之不易，激励学生努力读书。

陆子章先生青年时期曾受教育救国主张的深刻影响，立下终身从事教育事业的志愿。为了办学，他不计个人得失，拿的薪水比教员还低；为了办学，他放弃优厚待遇，离开家人，自愿到条件艰苦的地方办学；为了办学，他以年过花甲之躯，组织学生砍伐毛竹、茅草，自建茅屋教室；为了办学，在担任校长和教务主任期间，他仍坚持兼课，遇有老师请假，便主动顶班代课。

自 1952 年起，陆子章先生不断给在美国的长子陆元九写信，晓之以民族大义，激发其爱国情怀，希望儿子尽早回国，同时了却父母期盼团聚的心愿。

按照旧社会的习俗，爷爷在世时，其孙子、孙女的名字要由爷爷决定。陆子章先生给陆元九 3 个在美国出生的孩子起名为怀来、怀新、怀中，即希望子孙怀念家乡安徽来安县，怀念新中国，期待陆元九一家早些归去来兮！

1954 年，周恩来总理和陈毅副总理出席日内瓦会议，并就中国留学生回国问题与美国政府代表团进行谈判。美方声称，是中国留学生自愿留居美国，美国政府从未刁难。为了揭露美方谎言，我国政府号召留学生的家属提供材料，陆子章先生冒着亲人在美国可能遭受迫害的危险，将陆元九的历年来信交给政府，为中方谈判提供了有力的证据。

耳濡目染，陆子章先生精忠报国的思想，对陆元九产生了很深的影响。

2. 善恶自有天镜鉴

和许多旧中国的知识分子一样，由于历史条件的限制和政治活动的裹挟，加之陆子章先生中学校长的身份和秀才的名望，使他难免成为旧中国标榜开明政治的道具。陆子章先生作为一名雇农的儿子，苦读成才，可谓家乡闻名遐迩的名人。1941 年国共合作时期，他和一些人在安徽省第五临时中学集体加入了国民党。1947年下半年，又因口碑好、声望高，被乡亲们推选为县参议员。这些虽不是他主动谋取的，但在新中国成立后那个以“阶级斗争为纲”的年代里，陆子章先生的境遇和遭受的委屈可想而知。

1956年报上刊登了陆元九回国的消息，地方政府顺着陆元九的线索找到了陆子章先生，当时他正住在北京陆元九的家中，当地来人要把他带走。时任中国科学院的领导张劲夫派人到当地了解情况并就其情况进行了介绍和沟通，然而，就因此事，“包庇反革命”“保护坏人”的帽子，还是戴到了爱护人才、实事求是的张劲夫等中国科学院领导头上。1962年，北京市海淀区人民法院还是给陆子章先生戴上了“历史反革命”的帽子，让其在陆元九的家中接受两年内部管制，直到1964年才由上述单位宣布撤销。

“运交华盖欲何求，未敢翻身已碰头”。仅仅过了两年安宁日子,1966年“文革”动乱开始，陆子章先生再次受到冲击，被以不适合居住在北京为由，遣送回原籍。四处漂泊、桃李满天的陆子章先生，原籍无房无地，早无立身之处。8月27日，在政治形势压迫和恐吓下，79岁高龄的陆子章先生与老伴儿一起从北京乘坐火车，千里迢迢，被赶回安徽滁州，寄居在滁州其内弟家中。火车上，陆子章夫妇还被红卫兵残酷虐待。陆元九的母亲被打得头破血流，头上一直留着一块伤疤。回到滁州后，滁州造反派游街、揪斗、毒打这两位古稀老人，没过几天，陆子章先生就永远离开了这个他洒下过心血和汗水、创办过小学和中学、接济和哺育出万千栋梁之材的滁州，永远离开了那个多灾多难的“文革”岁月。而陆元九当时因在长春出差，没能看到父亲回乡的那一幕，这一别，父子竟成永诀。

父亲过世后，母亲一人每日承受着“文革”的暴虐。母亲被要求每天打扫城内大街，其罪名是国民党残渣余孽的家属。母亲是个连学都未上过的家庭妇女，她的父亲重男轻女，让儿子们全都接受了良好的教育，女儿中只有陆元九母亲的妹妹进了大学。母亲虽没上过什么学，但靠自学，扫除了文盲，可以流利地看报、读书。母亲一辈子未过上什么好日子，但她出身书香门第，又嫁给了以教书为生的父亲，耳闻目睹，心气很高。她每日凌晨二三点钟就起床，趁街上无人，把扫大街的任务完成。待早晨街上人来人往时，她便回到家里闭门不出。她以这种方法，抵御红卫兵对她的人格侮辱。

母亲脾气极好，为人慈祥，家里人从未见她发过脾气，哪怕是瞪瞪眼睛这样的表情也未曾有过。她生活俭朴，心地善良，一生未曾享受过富贵的日子。她亲眼看到了“文革”浩劫的末日，看到自己终于又可以名正言顺地回到京城，看到了孙辈一个个进入大学，最终在20世纪80年代初，以85岁的高龄，安祥地离开了人世。

1959年年初，陆元九夫妇（后排右三、右一）与父母（中排右二、右三）、弟弟、妹妹及下一代合影

白居易有诗:“赠君一法决狐疑,不用钻龟与祝蓍。试玉要烧三日满,辨材须待七年期。周公恐惧流言日,王莽谦恭未篡时。向使当初身便死,一生真伪复谁知?”

如大浪淘沙,金子沉在江底,千淘万滤,淘尽沙时始见金。

直到1986年前后,安徽来安县在整理当地的教育历史材料后,陆子章先生才得到了应有的肯定和褒扬。

2000年,曾在陆子章先生创办的小学和中学读书、现在美国生活的几位年逾花甲的学者相约回国。回到上海后,他们商量要做的第一件事就是到陆子章老师的坟前祭扫,然后给恩师立碑、设立陆子章教育基金。这些当年受过陆子章先生教育和救济的穷苦学生,至今还保存着刻骨铭心的记忆,这就是陆子章先生的恩泽哺育了他们成长、成才。

事过几十年之后,已是耄耋之年的陆元九,仍不愿触及心灵中那处关于父亲往事的深深的伤痕。

陆元九

陆元九院士传记

Academician Lu Yuanjiu's Biography

第十二章

莫愁前路无知己

20世纪70年代，当命运之神再次光顾陆元九时，他已年近花甲。为了一生钟爱的事业，陆元九用第二个青春岁月的憧憬和拼搏，在航天科技领域和报效祖国的人生舞台上，展示了自己的忠诚和智慧。

"沉舟侧畔千帆过，病树前头万木春"。粉碎"四人帮"后，时任第七机械工业部部长的宋任穷来到陆元九家中了解情况，陆元九借此提出希望组织给他安排工作，并希望到国内相关单位进行考察。随后，发生了几件改变陆元九命运的关键事情：参加全国科学大会并在主席台就座；在长沙国防科技大学考察期间，接到参加第五届全国政协会议的通知；调往第七机械工业部13所任所长。这一切都发生在他还没平反的日子里。

1. 春风又绿江南岸

陆元九终于迎来十年动乱结束的日子。

十年冰封的中国大地，春雷滚动，摧枯拉朽，预示着冬去春来和陆元九命运之春的降临。

由于陆元九过去写了承认"参加敌特组织""参加反动社团"等"交代"材料，加上他自己又不改口，"是你们提供给我的材料，你让我这样写，你没改口，我改了不是反驳你们了吗？"所以，基层领导不便重新为他作出拨乱反正的结论，所以，陆元九的冤案一时无法得以平反。

1977 年年中，中国科学院一名干部知道陆元九还没有恢复工作，便找到他，做他的思想工作："502 所不能待，你能不能换个地方？能不能回到中国科学院系统工作？"陆元九回答说："组织对我还没有下结论。只要可以工作，领导分配我去哪儿，我就去哪儿。"

从中国科学院干部找他的些许信息中，陆元九觉察到春之将至，他想，翻身的日子也许不会太远了。

1977 年秋冬季节，第七机械工业部新领导在 502 所召集所内高级技术人员座谈会，陆元九在会上讲述了自己在"文革"期间的经历。会后不久，这位领导为进一步了解情况，到陆元九家造访。这位领导就是时任第七机械工业部部长的宋任穷。据陆元九回忆，宋任穷部长说，他刚接任部里工作不久，对情况还不是十分清楚，初步了解一下技术工作方面的情况，所关心的第一个问题就是有没有冤假错案，有没有受委屈的。

那时，在惯性技术学术情报网的开会名单里，502 所没人敢列陆元九的名字，因为他还没获得"解放"和重新出来工作。极"左"思潮使人们杯弓蛇影、讳莫如深，但上级和同行知道陆元九的学术造诣，许多会议都是由上面指令请陆元九作为列席代表参加。

宋任穷部长在陆元九家中坐了半个多小时，离开时表示："我们尽量给你安排工作。"

1978 年 1 月初，中国科学院上海分院召开大会，宣布"四人帮"及其党羽在中国科学院上海一些科研机构中制造的"两线一会"特务集团纯属假案、冤案，对遭受迫害的同志予以彻底平反。陆元九的厄运就是受到这类案件的影响，这是"文革"后最早得以平反的冤假错案之一。

1978 年 3 月 18 ~ 31 日，中共中央在北京召开了具有划时代意义的全国科学大会，在开幕式上，邓小平发表了重要讲话，阐述了两个重要观点："科学技术是生产力，科技工作者是工人阶级的一部分。”陆元九参加了这次大会，小组讨论时，他讲了自己的情况，指出重点是没有工作，还谈到自己曾多次给1968年2月成立的七机部五院领导写了很多信，但均没获得任何回复。

参加会议的第七机械工业部副部长王纯当时还兼任北京市副市长，他关切地询问了陆元九回国的时间以及当前的处境。当他得知因有些情况说不清楚，陆元九还没被安排工作时，王纯副部长马上不满意地询问参加会议的502所的一位领导：“这是怎么回事？”那位领导结结巴巴地说了几句诸如“还有许多问题没解决”等类的话，搪塞过去。

对此，襟怀坦白的陆元九事后解释说：“这不能怪502所的任何人，只能说那时的领导班子顾及我的‘特务嫌疑’问题，没有结论，人家不敢担风险。”

2. 人间正道是沧桑

1978年3月31日，郭沫若在全国科学大会闭幕式上发表了题为《科学的春天》的书面讲话。

大会闭幕前一两天，陆元九突然接到通知，要他在闭幕式主席台上就座。陆元九对此没有任何思想准备，真有点“受宠若惊”的感觉。昔日阶下囚一样的“臭老九”，还戴着一大堆“敌特”的帽子，一夜之间却变成座上宾，恍若隔世，陆元九心中暗自惊呼：“摧枯拉朽的春天真的到来了！”

1966年后12年的思想禁锢，使陆元九行动不自由，他对外界生疏，宛如置身于世外荒岛。参加完全国科学大会、在闭幕式上主席台就坐的陆元九回到所里后，生存环境宽松了一些，便提出到外面走走，去看看外面的世界。

国防科技大学此时邀请陆元九前去参观。可正当他在国防科技大学作报告时，502所党委书记打来长途电话：“快回来参加第五届全国政协会议。”

国家没有忘记这位1956年归国的知识分子，陆元九成为第五届全国政协委

1988年，陆元九（中）参加七届全国政协会议期间与中央大学同班同学合影

员。国防科技大学的报告一结束，他便立即坐火车回北京。下了火车后，他没回单位，也没回家，连开会的通知都没顾得上拿，就直接到政协会场报到了。

政协会议期间，在没有结论的情况下，陆元九写了“自己以前交代的都是没有事实根据的”文字材料。接着，他从第七机械工业部502所研究员岗位，调任七机部13所任研究员，同时担任所长一职。

那时，组织上并没有给他戴“特务”的帽子，所以不存在恢复名誉问题。事出有因，查无实据，是不明真相的群众运动，给他胡乱地戴上了“特嫌”的帽子。

政协会议结束后，陆元九回到502所，传达完政协会议精神之后，与大家告别，陆元九心情十分激动。1956 ~ 1978年，陆元九在这个单位待了22年，可实际工作时间却不到10年，期间，命运跌宕起伏，人生冷暖无常。

1978年的春天，是真正的科学的春天，也是陆元九政治上真正翻身解放的春天。从在全国科学大会主席台就座、成为全国政协委员，被正式安排工作到七机部13所任职，一个春天的一个月的时间里，在陆元九身上发生的三件大事，见证了时代的变迁和陆元九个人厄运的结束。

陆元九心中永远铭记1978年3月科学春天里发生的事。

陆元九

陆元九院士传记

Academician Lu Yuanjiu's Biography

第十三章

年届花甲又逢春

思想家爱默生说过："相信自己'能'，便会攻无不克。"拿破仑说过："在我的字典里没有不可能。"陆元九与这些强者在自信和拼搏精神方面有强烈的共鸣，他以科研第二春的丰硕成果，给自己的晚年增添了光彩。

1978年，58岁的陆元九调入七机部13所任所长。他没有“心在天山，身老沧州”怅然若失的感慨，而是抱着把“文革”中失去的时间补回来的信念而拼命地工作。

1．拨乱反正13所

十年动乱使科技事业满目疮痍，航天系统亦不例外。

陆元九调入七机部13所后，备感光荣。“文革”前，陆元九在中国科学院集中精力进行了惯性技术方面的工作，到新岗位后仍遇到不少问题：技术途径不同，各单位工作方法、工作作风不同，对新单位人员情况不了解，加上“文革”后遗症也影响了技术工作的正常开展，但这都未难倒陆元九，他暗下决心：不管遇到什么困难，都要从国家利益、惯性技术发展出发，抛开私心杂念，勇往直前，做好本职工作。

陆元九的首要任务是了解所内的任务及人员情况。他一个班组、一个班组地谈，同时到兄弟单位了解他们对13所的要求。经过一段时间的奔波，他基本理清了情况：现用型号中有三套惯性导航系统，其中两套是位置捷联，另一套

20世纪80年代，陆元九在捷联惯导讨论会上作报告

是平台，主要采用静压气浮技术；三种陀螺即静电陀螺、挠性陀螺以及国外导弹已成功应用的自由转子陀螺；加速度计方面，有陀螺加速度计及摆式加速度计，前者的综合精度约为 10^{-4} 量级，后者略低，约为 10^{-3} 量级，两者都已应用并在改进中。

下一步怎么办？细分后有三方面的问题：技术方案用平台还是速率捷联？采用什么技术途径，继续采用静压气浮，还是采用液浮、静电、自由转子、挠性等支撑技术？哪些薄弱环节需要加强？

对于已经上型号的三种惯性导航系统好办，这些系统的研制工作已进行多年，队伍齐全，有专人负责，遇到困难，可逢山开路、遇水搭桥、攻克难关，在不断改进中前进。以静压气浮平台为例，用保压措施解决低压自激振动，这套系统至今仍在应用，发射载人飞船的长征二号 F 火箭就是采用这种类型并经过改进的平台系统。

科学探索永无止境。不断将科研推向深入，是科技工作者思考的一个“永恒”问题。

在当时的历史条件下，研究所未来怎么办，方向定在何处，对陆元九来说更是一个难题。他在所内召开大大小小的讨论会，分别找了许多技术人员深入谈话；到兄弟单位调研时，一再提出要用科学态度讨论技术问题，要简明扼要、客观，有根有据，不能拍脑袋随意表示赞成或反对。

陆元九的责任心很强，他认为对一些问题不能总是议而不决，要敢于承担所一级技术决策的责任。他的自信心很强，对初步有把握的技术问题敢于决策。在到任不到一年时间里，他先后作出了“两破一立”三项技术决策：停止静电陀螺的研制；停止采用涡流力矩的自由转子速率捷联陀螺的研制；立项研制采用自由转子陀螺和摆式加速度计的平台。

前两项“破”的是13所的重点课题，后一项“立”的则是要改变研制多年并得到成功应用的静压气浮技术途径，这当然引起了大小不同的“地震”。对此，陆元九的态度很明确，对技术问题不怕有争论，因为愈争愈明；有些技术方案途径不是绝对的，而是相对的，只要技术大方向对，就应根据当时的具体条件做“较优”选择；各人选择标准不一，形成不同的意见亦是可以理解的。

静电陀螺一直是精度最高的陀螺，但要承受火箭大过载，则是一个难题。除此之外，还有体积大、电压高等问题。由于国内在这方面有正反两方面的经验，同时兄弟单位已有很好的成果，关于这个问题的争论，较快得到了解决。

用自由转子陀螺作为速率捷联陀螺问题，技术上亦比较明确，因为捷联系统中用的速率陀螺要求其测速精度优于万分之一，采用涡流力矩器的自由转子陀螺的对应值约为百分之一，相差两个数量级。后来争论的焦点又演变成不用这种陀螺，计划选用其他类型的陀螺，来满足速率捷联系统的需要。

用自由转子陀螺和摆式加速度计组成平台，与国外已定型的导弹的平台方案相同，当时研制的陀螺亦接近所要求的技术指标。争论的焦点是摆式加速度计能否满足精度要求，兄弟单位采用液浮等技术可以达标，但 13 所采用金属挠性杆支撑技术，当时还不能满足要求。

上任不久，技术决策上就遇到这么多困难，但这并没有吓倒陆元九。他继续与技术人员探讨，直至 1981 年前后，才确定了下一步工作方向的四条主线：高精度惯性导航系统改用静压液浮支撑惯性器件，以继承 13 所多年来研制的静压气浮仪表技术；开展液浮、磁悬浮技术的预研工作，为进一步提高精度做好准备；研制采用挠性支撑技术的陀螺和加速度计，组成小型化的平台，供发射卫星的火箭选用；采用中等精度的挠性陀螺组成速率捷联系统，满足多种使用要求。此外，还加快对高精度石英加速度计的研制。

敢于负责、敢于决断，可能会增加出错的风险。一位哲人说：“犯错误是无

1981年12月18日，钱学森（中）、陆元九（左）等在惯性导航与仪表技术专业组第一次全会上

可非议的，只要能及时觉察并纠正就好。谨小慎微的科学家既犯不了错误，也不会有所发现。”

2. 调到科技委工作

1984年年初，陆元九调到航天工业部总部工作，行前，他与13所的新领导进行了一次诚恳的座谈，检讨了自己曾做过的错误决策。陆元九根据自己对惯性技术工作的体会和经验，就临别赠言，发表了很好的指导性意见，他希望新领导对技术问题仔细、深入、吃透，大胆决策，有错自纠。

航天系统任务繁重，而且要按质、按量、按时完成。调到航天工业部科技委工作后，陆元九非常重视并积极参与探讨下一步工作如何走的问题，特别是哪些关键技术要突破，才能为走好下一步打好基础的问题。

20世纪80年代中期，陆元九（左）在航天工业部科技委第二次会议上

一些项目在他的倡导下立项；一些项目是别人开端后，他积极支持和推动；还有一些项目是几家分头进行，他组织交流、评比等。在快速机动发射，惯性导航系统快速启动及自主定位定向技术，惯性导航系统误差系数的自标定技术，动压马达，铍材应用，星光组合导航，激光陀螺、光纤陀螺、MEMS 惯性器件以及由其组成的捷联系统和长寿命轴承等方面，凝聚了他的心血和智慧。

惯性导航系统属于禁运范畴，航天、航空、船舶等运载器中的惯性导航系统，都是我国自行研制生产的，这很值得自豪，但其性能与国外同类产品相比还有差距。如何将各方面的力量联合起来，分工协作，避免低水平重复，实现赶超，是陆元九放心不下和久久萦绕心头的问题。

20 世纪 80 年代初期，航天工业部领导提出了“总体上升、专业联合”的设想。为深入了解基层的具体情况，陆元九与调研小组前往 10 个研制惯性器件的单位进行调查研究，从而对力量分散、产品重复的情况，有了进一步认识。当时用于控制系统稳定回路的低精度速率陀螺有 30 多个品种，如果能对这些品种按综合技术性能指标进行分类、梳理，只要三四个品种就可以满足各方面的要求。出现这种分散现象的原因，陆元九认为不是技术上的问题，而是体制、组织管理上的问题。

航天系统有不同类型的产品，如地地、地空、空地、海防、卫星及其运载器等，每类产品又分成不同的规格型号，在管理上大都是以型号为纲的垂直管理，自成体系，几乎每个型号都有自己研究惯性器件的小摊子来为这个型号服务。但惯性技术是一项通用专业技术，每个型号都要用。从系统工程的角度看，型号相当于“列”，专业技术相当于“行”，如何解决好“纵横矩阵”体系的管理，值得深入研究。航天系统以型号为纲，注定了纵向的垂直管理，各专业横向协调重视不够，自然形成了各型号各自为政、多品种并存的局面。就全国而言，航空、船舶行业亦存在类似情况。

先进国家的情况与我国不同，美国惯性技术早期探索阶段，很多单位、学校都进行了相应的研制工作。20 世纪 50 ~ 60 年代，惯性技术进入应用阶段，亦还有 10 多家，后通过并购重组，集中到少数几家，各厂家同时向航天、航空和船舶提供产品。欧洲一些国家的情况亦类似，每个国家仅有两三家主要厂商。

对比之下，我国惯性技术研制单位比其他大国多了几倍，从业人员的倍数更大，条块分割、力量分散、低水平重复建设现象特别严重，高端产品的综合性能比不上外国，而价格也不便宜。

面对如此令人痛心疾首的差距，陆元九在多种场合，语重心长地剖析了这些弊端，阐明了统筹规划、分工协作的迫切性，并一针见血地点出了其中的利害："如果国外解除禁运，允许高端惯性器件出口，我们能否承受住这种冲击？"

陆元九经常提醒研制人员，不要为眼前小利搞低水平重复建设，要有雄心壮志联合起来，各有侧重，攻克难关，要赶、超、参与国际市场竞争。忧心如焚的陆元九，多么期望这一天能够早日到来！

航天工作的特殊性质，决定了对质量、安全的要求极高，因此，没有万无一失的工作态度和严谨务实的工作作风是不行的。

陆元九深知"业精于勤，荒于嬉；行成于思，毁于随。"他广泛发动群众，集中大家的智慧，结合任务需求，组织论证多种型号的技术方案，掌握好研究所一级的科学决策。对此，所内同行评价说："陆所长抓型号真细，技术方案清楚，对技术参数和应该控制的范围，心中有数。"对待技术问题，他一方面严格要求自己，另一方面严格要求别人，一直以严格出名，是一位严师。他经常说："对上天产品，99 分不及格，相当于零分，100 分才及格，及格后还要评好坏。"对待工作安排，他能贯彻上级领导的要求，"完善一代，研制一代，探索一代"。在惯性技术上，无论是在航天系统还是在全国范围内，他一直提倡每个单位的工作都要各有侧重、攻难关、占高地，与世界竞争，防止低水平重复建设。

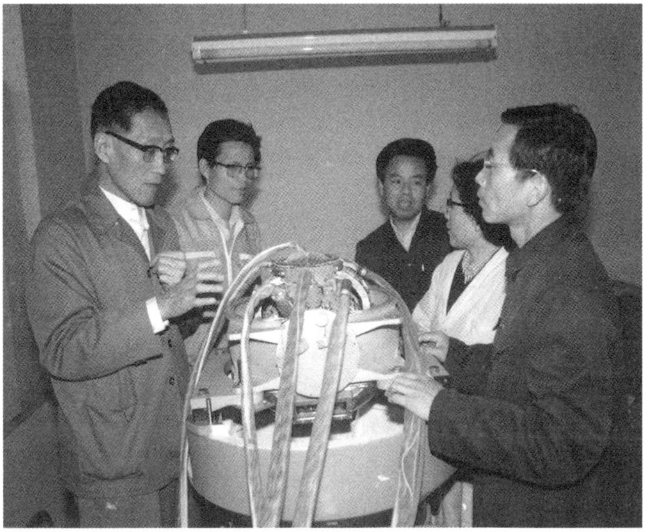

1985年，陆元九（左）与研制人员一起讨论三轴平台问题

古训“小洞不补，大洞叫苦”。陆元九在具体小事上管理很严，要求开会准时到会，谁来晚了就站在外面，说明迟到原因后才能入座。形成风气后，开会时谁也不敢轻易迟到了。

人们这样评价陆元九的工作：

——“他善于把物理概念与数学工具结合起来分析讨论问题，无论是简单或复杂问题，他总设法把这个问题的物理本质用大家易于接受的概念讲清楚，再用快速估算，使大家亦有一个初步的数量概念，很快解决问题，而且大家亦听得明白。”

——“他是一位有着厚重的学识和丰富工作经验，对工作极为认真，具有严谨态度的学者，是一位既能抓大系统又能抓技术细节的科学家，既能着眼于大系统工程的视角，又能深究技术根源，细抠技术细节。他未弄清楚的问题，在会前、会中、会后牢牢抓住不放，喋喋不休，问个不停。有些问题在会前经过充分准备，已经弄清楚了，在会上他就会冷静地听别人的意见，有无特殊内容，往往最后表态。”

在一次评审会上，产品使用单位的一位领导开玩笑地说：“评审会只要有陆先生参加，他表态说没问题，我们用户就放心了。”

3. 他山之石能攻玉

航天技术是一项敏感技术，与其他行业相比，国际同行间相互交流存在不少困难。1956年起步时，受当时历史条件的限制，交流对象仅限于苏联及其东欧盟国。1960年后，中苏关系恶化，这些交流渠道也被迫中断，加上“文革”期间自我闭塞，更谈不上技术交流，仅能从科技刊物上了解一些国外的情况。

1978年，在陆元九的极力争取下，13所有两位专家参加了赴英参观国际航展代表团，开阔了眼界，参观了高精度测试转台展品，探讨了如何购买的问题。代表团购得一块供振动测量用的石英加速度计，精度仅约1%，其配套线路采用二次集成并与机械部件组合在一起构成一体化设计，从中了解到石英加速度计精度可优于万分之一，但采购时须申请出口许可证。

一叶落知天下秋。通过出国参观了解，陆元九和同事们更加认识到进行国际学术交流的必要性和重要性，既要自力更生，也要力争外援，跳跃式地前进，以加快我国的发展速度。

20 世纪 70 年代，随着外籍人士（包括美籍华裔）到中国来的人数逐渐增多，陆元九积极利用各种场合进行学术交流，其中，自然科学或基础研究方面的交流较为顺畅，工程科学技术方面的交流较为困难，而涉及敏感技术方面的交流就更加困难。

1980 年，通过学术交流渠道，请来了陆元九在麻省理工学院的导师、被称为“惯性导航之父”的 C.S 德雷伯教授来国内讲学，双方座谈了一个多月，打开了对外交流的窗口。国内科技界对此非常重视，方毅副总理接见，并有电视新闻报道。随后通过导师“滚雪球”式的学术联系，又以惯性技术学会的名义，先后邀请美、法、德等国的多位专家来华讲学，每人平均学术交流一个多月。这些专家都是在 20 世纪 50 年代前后从事惯性技术工作，他们是惯性技术的创始者。20 世纪 80 年代初，他们的平均年龄都超过 70 岁，均已退休 5 年以上，但每位专家都精神矍铄。中国之行加深了彼此的友谊，对中国航天科技的急起直追发挥了重要的作用，特别是对原创性工作的思考、摸索和改进，起到了重要的示范作用。参加交流的中方人员认为这种学术交流除了使他们在技术上有所收获外，也使他们在工作方法上得到了很多有益的启迪。

1980 年，陆元九（左）与他在麻省理工学院的导师、“世界惯性导航之父”德雷伯教授亲切交谈

1980年，陆元九（左二）陪同在中国讲学的麻省理工学院德雷伯教授，接受方毅副总理的接见

1980年，陆元九（后右一）陪同德雷伯教授参观上海仪表厂

1981年，陆元九（右一）在美国波士顿与几位先后来我国讲学的MIT惯性导航专家合影

1987年，陆元九赴德国MBB公司考察

1989年，陆元九（右二）赴法国巴黎两个惯性器件厂参观

值得一提的是，由于聘请的国外专家来自不同的国度，参加交流的人员也来自全国各单位，讨论会上，语言不通成为相互交流的障碍。虽然每次报告会事先都安排有专人担任翻译，但因交流的内容专业性很强，翻译要求专家放慢讲话速度，在专业上先听懂，然后再翻译。遇到翻译中个别有问题的地方，陆元九会及时地作出补充修正。后来连这种办法实行起来也很费劲，陆元九干脆就自己担任翻译，他不是一句一句地译，而是请专家将一个问题分成几段讲，然后再逐段翻译，这样做使听讲者有思维的连惯性。尽管陆元九年逾花甲，但他的记忆力仍很好，有时专家讲一段花了 10 分钟甚至更长的时间，陆元九都能记住要点并且准确地将其译出。陆元九的这种举动，不仅深深感动了外国专家，也显露出了一位忧国忧民的科技人员的赤子情怀，陆元九为航天人树立了谦虚好学的榜样。

除了聘请专家来我国讲学交流之外，通过参加国际学术会议和商业采购，我们的研究人员也能得到不少启迪，因此，国际交流所起的作用不能低估。

陀螺电机是机械式陀螺仪中的一个核心部件，它的性能影响整个陀螺的性能和寿命。20 世纪 80 年代以前，只能通过电机通电后的启动性能、断电后的滑行性能以及一些电气性能，对陀螺电机进行测试。20 世纪 60 年代，文献资料中提出用微瓦功率计进行测量，但不知道生产厂商。

通过与专家的学术交流，技术人员认识到这种仪器在国外早已被反作用力矩测试仪所替代，而且见诸文献，已不是什么秘密。据此，陆元九决心利用已有的元部件，打破常规管理办法，尽快加工出所需的安装配套部件。在之后不到三个星期的时间内，陆元九带领科研人员组装完成了样机，并对陀螺电机进行测试，得到了全部数据。外国专家看后，称赞中国基础技术有一定的水平。

一位滚珠轴承的来华专家，介绍了他们在此方面的做法。为了研制高精度惯性导航系统，他们组织了各方面的力量，能外协的部件尽量外协，对有些在技术要求方面搞不清楚或技术途径不太明确的问题，就组织力量自己干。长寿命滚珠轴承就是一例。他们重点攻关其中的两项关键技术，一是高精度加工设备，二是轴承含油保持架的研制。轴承的精度高，一定要有相应的加工机床，他们选用空气轴承改造的机床主轴，再用最高精度的光学设备改造机床的刀具架，最终在不等不靠的情况下完成了任务。

滚珠轴承长时间在密封高温的陀螺中高速运转，安装滚珠的保持架是关键，它由含有大量微孔的塑料做成。如何保证微孔的大小分布、互相连接并使润滑油能浸入微孔，而后在长达几年或十几年内高速旋转的条件下缓慢地将油甩到滚道上，这是问题的关键。他们用含有放射性物质的润滑油以及 X 光透视的方法，观察保持架中润滑油的情况。

外国专家介绍的这种重视基础性研究的工作方法，给与会人员留下了深刻的印象。

研制惯性器件有一定的难度，而研制用来测量这些器件性能的高精度测试设备难度更大，除组织力量进行自主研制外，还想从国外引进。为此，我国与外国一些生产厂商进行了近 10 年的接触，1978 年在英国航展上首次与外商接触，

1979年年初，陆元九亲自到国外与这些公司的代理商商谈，1981年，他带领一个小组到一些公司商谈。这些公司比较开放，看到中国客户很认真，便对中方感兴趣的产品进行仔细介绍和实物演示，讨论技术细节，甚至谈到如果中方欲购买，出厂时如何进行初步验收、运到中国组装后如何再次验收以及如何维护等细节问题。对出口许可证问题，他们也积极地帮助联系。有些设备他们不生产，便帮助联系有关厂商。回国后，中方很快办好了商务手续，欲订购几台设备，但仅有一件低端产品得到了出口许可证。1983 ~ 1985年，我方仍继续努力洽谈引进，但均未获成功。

这个事实彻底打消了陆元九对高精设备依靠进口的幻想，他们下决心自己干，虽然有这样那样的问题尚待完善，但最终还是将产品生产出来了。在1990年的一次国际会议上，陆元九再次碰到相关的国外专家，他半真半假地开玩笑道："当年你们禁运，不卖给我们，现在我们可以向你们供货。"

铍是稀有金属材料，具有许多独特的性能，非常适合用作惯性器件的结构材料，从20世纪50年代起，这已是众所周知的事实。

我国是铍材的生产大国，铍已被广泛应用于铍青铜等合金材料，而且亦是发展原子能核技术的一种重要材料。

陆元九想将铍用到惯性器件上，遇到了不少难题。首先是铍的价格高，按重量计，比黄金还贵。更困难的是铍材有毒，一些人不了解“毒”的细节以及相关防范措施等，从而产生了“恐铍症”。

20 世纪 70 年代末，为了开展这项工作，我国首先在宁夏铍材料生产基地组建了一个小型精加工车间，制造出少量的惯性器件样机。经初步测试，从样机的性能及其稳定性方面，都显示出铍材的优越性。

为了推广铍材并使其得到各方的支持，陆元九在一次成果评审会上说：“我国惯性器件的结构材料都是铝材，但国外同类产品都是铍材，双方性能自然有差距。我们尚无条件做出铍平台与外国相比，但如果外国亦用铝做出平台的话，其性能不一定比我们的好。”这话虽有点阿 Q 的味道，但其主要意思是中国技术人员并不笨，该创造且又可以创造的条件还是要创造，意为建立铍加工车间，希望得到多方的支持。后来的问题不是建不建铍加工车间，而是建在什么地方的问题。当时航天系统有人开玩笑地放风说，如何把车间建在他所在的研究单位附近，他就要发动群众进行反对。

为了解国外类似车间的建设和环保措施，陆元九亲自到法国有关厂家参观，后来还请来一位与铍有关的加工工厂的专家来华，进行技术方面的交流。接着，陆元九又带领一个包括各方面专家在内的近 10 人的代表团，到国外有关加工厂参观。在这位专家的联系下，代表团还参观了一个设在市区、早期曾使用铍的精加工车间。出人意料的是，这些厂的环保设备包括空气除尘、切削液过滤、沉淀等虽不是最好的，但却起到了很好的防范作用，未发生人员中毒问题。

国内出现的“恐铍症”，主要是由于不了解情况。我们自己生产铍材的生产厂有很好的防范措施，到国外参观后，一对比就有了说服力。陆元九经常语重心长地讲起这些往事，启迪人们认识倡导创新的重要性。

4. 科技委员立新功

1980 年前后，航天系统的现状是各单位领导较多，可真正懂技术的航天专家并不多。加之包括通信卫星在内的航天第一代三大任务接近完成，第一代转第二代，许多重点任务需要进行更新换代，同时，又有不少数量的新型号上马，面临许多技术方案、技术路线等重大问题的决策，部级领导感到势单力薄。为此，航天工业部郑天翔、陆平以及国防科研部门张爱萍等领导构想出由众多科技专家组成一个强有力的技术顾问或咨询班子，以协助解决科学决策等问题。

1982 年，航天工业部先在基层专业院所，如运载总体、卫星总体、液体火箭发动机、固体火箭发动机、控制、惯性技术、计算机微电子、遥测等单位的科技骨干中，遴选出一批杰出专家，任命他们为兼职的航天工业部总工程师，成立了总工程师办公室，并有计划地组织安排他们到基层单位了解情况。翌年，陆续调任其中的 17 位为专职人员，并改名为科学技术委员会（简称科技委），组成了部领导在技术问题上的参谋和咨询专家群体。

科技委真正成为党委领导下的一个集体，无异于由 10 多人的班子组成的一个“群体副部长”，对一些重大技术问题，提供咨询意见，以此作为领导做技术决策时的科学依据。当时的国防科工委主任张爱萍曾说:“没有科技委讨论的意见，我就不签字。”可见，其对科技委工作的重视程度。

陆元九从1984年至今，一直在航天科技委工作。他先是在13所兼职任航天工业部总工程师，1984年初调任成为专职的科技委常委。

科技委成员的工作大致分为三大类：首先是项目评审，重大项目是否立项，技术路线是否先进，是否符合国情，进度、性能是否可行等问题，都要接受科技委成员的详细审查；其次是成果评审，航天工业部下属各院所申报国家三大奖，即自然科学奖、发明奖、科技进步奖以及部级奖励等评审和确认，航天系统每年上报的科技成果有几百项，经过仔细评选，有100多项被评为部级一、二等奖，再从其中选出几十项申请国家奖。这是一项繁琐、谨慎而又细致的工作，科技委成员每年需集中一两个月的时间，对此进行评审；最后是参加高级职称的评定，即对由中级职称晋升副高职称或由副高职称晋升正高职称的人员进行评定。以重大项目评审为例，评审前，科技委指定少数委员预审，检查上报的材料是否齐全，是否要补充修改等，待一切准备好后再开评审会。会期一般两三天，科技委成员深入讨论，提出中肯意见，为领导决策起把关作用。

总之，科技委成员通过上述工作，了解部内的主要工作现状、水平及存在的问题，对正在进行的工作、可能达到的水平以及主要工作人员的情况，有较全面的掌握。除此之外，遇到大的技术难关时，陆元九还需组织力量，到基层与研制单位共同攻关；遇到大的故障时，他更是全力以赴，投入其中。以排除故障为例，为了从失败中汲取教训，不是简单地就故障论故障加以排除，而是首先应明白问题出在什么地方、为什么出了故障、如何复现以及故障机理是什么等。

为了能胜任工作，科技委成员要相当深入地学习许多其他专业知识，熟悉各专业在具体任务中的相互关系。这些内容，堪称是“系统工程”，有许多经验值得认真总结。为此，管理部门拟定了一些规章制度如双五条归零标准。这些规章制度的建立，对提高员工素质、提升业务管理水平起到了促进作用，这些经验同时被国防工业系统其他单位借鉴。在当时的历史条件下，把一些重要专业的骨干力量集中到科技委开展工作，确实是一个创举。

20多年来，陆元九除了参加科技委对全行业的运载火箭和卫星进行评审、攻关、故障分析等工作之外，还直接参与了惯性技术方面的一些实际工作。他厚重的学识、严谨的作风、丰富的工程经验，对新型惯性器件的研制和推广应用，起到了助推作用。

在陆元九的关心、指导和支持下，航天系统新型光学惯性器件研究人员攻克了一项又一项关键技术难关，获得了一批具有自主知识产权的核心技术和工艺性关键技术，展示了中国航天人在新技术领域的卓越创新能力。航天系统某新型惯性技术团队承担的型号及重大预研项目，由原来的几项发展到目前的几十项，通过“八五”“九五”前期的探索，在“九五”后期和“十五”期间，我国新型惯性光学器件技术研发速度得到加快并取得重大突破，技术指标接近世界先进水平。

此外，陆元九还与13所的同志们共同努力，不仅使全所科研实力、各类建设进入较成熟的阶段，而且在几种卫星、飞船、运载火箭、导弹的方案论证及飞行试验数据分析等方面，发挥了重要的作用。陆元九还根据国外惯性技术发展趋势和国内技术基础对新一代运载火箭惯性制导方案的论证进行指导，通过对某些方案的分析、计算和必要的实验，确定了采用以新型支撑技术为基础的单自由度陀螺构成平台计算方案。

陆元九用自己的经历和言传身教，告诉新一代中国航天人：只要不懈努力、积极开拓，只要拥有自主知识产权的核心技术，中国航天就一定能在世界科技前沿占有一席之地，中国航天人就一定能站在世界科技发展的前列。

陆元九

陆元九院士传记

Academician Lu Yuanjiu's Biography

第十四章

航天期待后来人

"新竹高于旧竹枝，全凭老杆为扶持。"陆元九认为航天科技的竞争，归根结底是人才的竞争。他十分重视帮助和提携后人，像园丁般悉心培育着一代又一代的航天新人。

陆元九认为，老师与学生，既是师生关系，又是互教互学的同事关系。教学相长，是师生共进、彼此依存的两个方面。他曾在中国科技大学从事过教学工作，对此感受更加深刻。要想给学生一碗水，自己必须拥有一桶水。

1. 彼此依存皆进取

陆元九对留学麻省理工学院时师生共进、教学相长的氛围感触很深。学生遇到疑难问题求教老师，而当老师有些小问题时也会利用与学生共进午餐的机会，相互交流，彼此启发。在陆元九读研究生和工作后，导师遇有小问题，便会交给陆元九去做。一些咨询课题，则由导师与陆元九共同完成。

由此陆元九认为，老师上课前必先备好课，而学生提出问题求教老师时，也逼着老师深思熟虑。

他对人才培养始终十分重视，并有着正确的认识。“文革”前，在中国科学院自动化研究所工作时，他每年都带1～2名研究生。那时，航天、核工业等重要部门可优先到相关好学校挑选好学生，所以不愁人才来源，因而也未建立自我培养研究生制度。“文革”后，中国各系统人才断层问题显得十分突出。

1988年，陆元九（右）重回麻省理工学院

1980 年前后，高等学校逐步恢复了研究生招生制度，航天工业部（当时是第七机械工业部）中的第五研究院，大部分单位成员都是从中国科学院调来的，501 所、502 所、504 所等先后恢复了研究生招生制度，但原属航天系统的各单位尚未建立研究生制度。

2. 倡导招收研究生

陆元九任 13 所所长时，向其他院所宣传招生研究生以解决人才断层的问题，但效果不佳。但是，陆元九仍在 13 所积极努力地申请建立研究生招生制度，使 13 所成为航天系统“文革”后第一批招收研究生的单位之一。1981 年，首届研究生顺利招生，起到了破冰的作用。

万事开头难。白手起家的陆元九积极组织全所 30 多名老科研人员，自己编写教材。这套教材已不是普通意义上的教材，而是 25 年来 13 所的经验总结。陆元九后来组织五六个人，编写了一本研究生讲义，并获得航天工业部研究生优秀讲义奖。在此基础上，编成了《导弹与航天丛书》中的 2 个分册。这本红色封面、分上下两册的火箭导弹经典教科书，被年轻人奉为红宝书，至今仍是13所内参阅的重要教材。

航天工业部设立的第一批硕士研究生培养点，除第五研究院外，还有三个单位，13所便是其中之一。经过艰苦努力，13所在获得硕士学位授予权之后，又成为航天工业部屈指可数的首批获得博士学位授予权的单位。大家认为：“这都和陆元九所长的努力分不开，否则，该所的培养点建设不起来。”每当有研究生来所，陆元九都会亲自去看望，检查他们的生活、学习和工作情况。如今，13所研究生班已有精密仪器、电机电器、导航制导与控制等专业，其中，导航制导与控制专业已获得硕士学位、博士学位授予权，并设立了博士后流动站。20多年来，13所培养了150多名硕士、博士，博士后流动站出站10多人。陆元九自己亦培养了五六名研究生。博

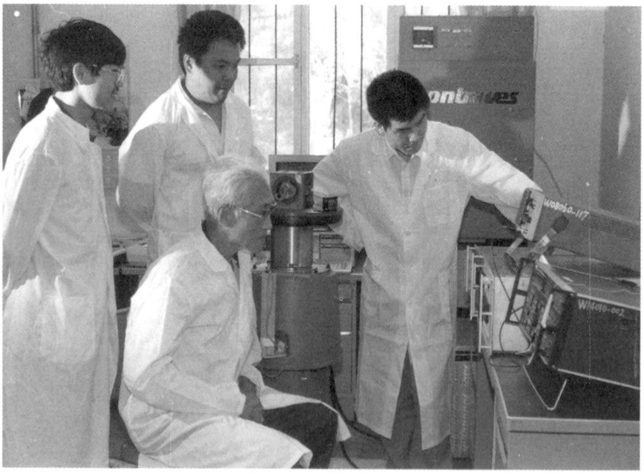

20世纪80年代中期，陆元九（右二）与研究生在一起

士后流动站出来的骨干有的已担任航天系统研究院级、所级领导职务。

13所的研究生培养制度首开先河，且学风严谨，成效显著，推动了整个航天系统研究生教育的正常开展，得到了航天工业部的肯定。1983年，郑天翔部长、陆平副部长为了解人才断层问题，来到13所检查工作。陆元九在汇报工作时指出：高校毕业生少，很多人毕业后留校，补充了教师队伍，航天系统已失去优先挑选毕业生的优惠政策，航天系统研究生教育势在必行。另外，学校的试验条件较差，不能动手做“产品”并进行试验，而研究单位的条件相对好多了，对研究生培养质量是有保证的。还有，带研究生可以“水涨船高”，有利于研究人员提高水平。

领导们对陆元九的真知灼见完全认同，并让行政部门宣传这件事。

1985年，陆元九（右二）与研究生在实验室

1984 年年初，陆元九调任科技委常委职务。领导口头安排给陆元九一项附带任务，即建立航天系统培养研究生制度。之后，陆元九对许多单位进行了苦口婆心的劝说，但响应者寥若晨星。

从 1985 年起，航天行业新任务繁重，人手短缺，尤其是中层挑大梁的科技骨干奇缺，人才断层问题更加突出，但以 13 所为代表的较早招收研究生的单位，人才优势却开始显现。从此，许多单位转变了观念，争着招收研究生，此时的瓶颈问题是能否获得教育部的批准，成为研究生的招生单位。

这段时期，陆元九是国家学位委员会航空与宇航分组成员，一段时间还担任了副组长。他利用这个机会，积极帮助航天系统的一些单位先后获得了硕士点或博士点招生资格。为确保教育质量，他还在航天系统中建立了一些管理办法。

领导亦十分重视这部分工作，组成了一个小组（由 10 多位教授级人员参加，他们中的大部分人后来都成为院士），调查和考察了一些单位研究生的培养情况，还抽调了研究生论文，按专业分组进行分析、评审，前后花了半年时间，总结经验。当时得出的结论是肯定的，研究生教育阶段的工作扎扎实实，美中不足的是基础课教育有待提高。

在陆元九的积极倡导和过问下，航天系统内高学历人才培养蔚然成风，航天人才断层问题逐步得到解决。当然，对研究单位招收研究生，高等学校有人持不同意见，在航天工业部内部遇到的阻力也不小。有人认为研究工作忙都忙不过来，还带什么研究生，不务正业。1990年以后，在研究生培养认识上出现的分歧，影响了研究生教育工作，航天系统各院所研究生招生及培养效果参差不齐，加之部里缺乏统一管理，研究生教育出现波折。

在研究生培养的具体问题上，陆元九认为，导师帮助研究生做工作和解决问题的过程，实际上也是提高自我科研能力的过程。导师在带研究生的过程中，有些问题可以让研究生帮助导师做，学生做的过程中遇到问题，和导师一起想办法，一起做，使问题得以解决。在这个过程中，学生学到了知识，导师的科研水平同样也得到了提高。

具体工作中，有些研制人员存在较明显的缺点，即工作中不愿写技术报告，开展新工作后，也不愿写综述报告。还有人认为，我们的“作品”都在天上飞了，还要写什么文章？而陆元九认为，产品不能代表技术总结。要想将技术总结写好，首先要把问题写清楚，只有自己懂了，别人才可能看懂。同时还要对成果进行提炼，这是一个很重要的提高过程，写清楚了，后面的人也好继承。

大家公认：“陆元九院士十分注重培养人才，在航天专家里出了名。”

陆元九

陆元九院士传记

Academician Lu Yuanjiu's Biography

第十五章

独辟蹊径自学路

陆元九强调自学，他认同读书容易、思考难，两者兼顾，才有所得。问号是开启知识大门的钥匙，把简单的事情考虑得很复杂，可以发现新领域；把复杂的现象看得很简单，可以发现新规律。

陆元九十分怀念初中的几何老师胡思齐先生，是胡先生初步培养了他的勤奋、钻研的自学方法。旧式教育出身的陆元九，语文欠佳，对他的人生影响很大。所以，他一直劝诫后人应全面发展，不要偏科。

1. 初中几何试牛刀

陆元九常常回顾自己的学习经历："小时上学不知道用功，上课时听一点，考试前很少复习，上初一、初二年级也没有改善。"初中三年级时，平面几何老师胡思齐对陆元九一生的学习方法影响最大。

陆元九清楚地记得，初三开学上课一个多月后，举行了第一次平面几何考试，时间为一个小时。胡思齐老师把考题写在黑板上，十几分钟后，陆元九就交卷了。胡老师略微看了看试卷，就将卷子还给了陆元九，而且不允许他离开教室："再检查检查，看有没有错的地方。"于是，陆元九一道题一道题地进行检查，果真找出了其中的一些错误，将其改正过来，再一道一道题地检查，直至没有发现错误，才将试卷交了上去。不料，试卷还是被胡老师退了回来："看看还有没有别的解题办法。"每次几何考试，胡老师总是不让陆元九提前交卷，旨在锻炼陆元九的逻辑思维能力，拓展其解决问题的思路，训练利用多种途径解决问题的能力。

现在看来，胡老师对陆元九所进行的训练，意义非常大，作用也很明显。思考、推理、多条途径解决问题，既锻炼了陆元九的逻辑思维能力，而且让他有错误能自己发现，自己解决问题，并且加深认识，以寻求解决问题的新思路和新方法。当时，陆元九对胡老师的良苦用心并不理解，觉得烦。通过考试这样的具体事件，老师用启发式的教育方式，培养了陆元九的自学方法。而正是这种求新求变的思维训练，让陆元九受益终生，成为他日后成功的钥匙，也帮助他打开了航天之路上一道道雄关大门。

这位几何老师在课余时间还会找些课外资料给陆元九看，放学之后，有时还会给他“吃小灶”，给他出几何题，让他做。有的难题，陆元九差不多要做一天。让一个初中生耐心地坐一整天，解一道题，并不是一件容易的事。陆元九用一种方法解决问题后，胡老师仍不满意，让他再想新的解法。想出新的解法后，老师还会让他再想第三种解法。

至今，陆元九仍记得老师给他出的几何难题：证明三角形中有 9 个点，共在一个圆上。9 点共圆比较通俗，有多种方法证明，而且还有一本书，专门研讨这个问题。老师将书送给陆元九看，其意图是多方面的，意在让陆元九思路开阔，用不同的办法解决同一个问题。

同样，三角形的 6 点共圆问题，在初中几何里也是个难题，许多初中几何题里都没有。学生中有人做出了这个题目的一种证明，老师让陆元九把各种排列组合的证明都做出来，陆元九差不多花了一个寒假的时间来完成这个任务。这一成果，后来被老师写成论文，刊登在当时的数学教学类的杂志上。

年逾九旬的陆元九，回想起那位几何老师时，怀念之情仍溢于言表：“他先到了台湾，后到了美国，已经去世了，我很感激他。”1938 年，胡老师携全家从沦陷区逃出，经重庆到四川大学教书。陆元九曾在重庆与胡老师见面。新中国成立前，胡老师全家搬到了台湾，1956 年前，胡老师与陆元九还有书信联系。改革开放后，陆元九从老师的儿子齐民友（曾任武汉大学校长）处得知，恩师已于 1981 年过世，陆元九后来得知胡师母在美国的地址后，1998 年，还特地偕夫人前往拜谒。几十年前的教育之恩，令陆元九终身不忘！

2. 旁听物理受启发

陆元九读高一、高二时，除数学外，其他功课成绩平平，学习依然不用功，不知道念书，下课也不知道复习。对于上课听不懂的问题，陆元九既不向老师求教，自己也不做题。高三时，陆元九知道努力了，但学科发展并不平衡，数学成绩好些，物理中只是力学、电学部分学得较好，热学、声学、光学部分学得不太好。然而通过旁听一门物理课，陆元九对学习的认识发生了转变。

当时的高中不分文理科，但高三有些选修课，其中一门便是《高等物理》，供倾向于理科的学生选修，所用课本是一般大学一年级的教材，但只允许成绩“中上”以上的学生选修。陆元九的成绩平平，申请选修课未获批准，但这反起到“激将”的作用，促使陆元九坚持旁听。老师的教学方法，对陆元九学习思维的养成起到了关键性的作用。

高中三年级还没有学微积分，一般物理中的公式靠死背硬记，但是，高等物理课的老师则用解析几何图形代替微积分的方法，把概念讲清楚。

以运动学为例，如果是等速运动，用解析几何的图形说明速度与时间的关系是一个长方形，其面积代表这段时间走过的距离。依此类比，等加速度运动时，速度与时间的关系是一个三角形，三角形的面积也就等于等加速度运动所走的距离。这种用模型的方法说明基本概念，再用解析几何作为工具，把主要参数之间的关系讲清楚，容易让学生理解，一旦理解后，记不记得公式，也就无关紧要了，因为只要将概念记清楚，公式自己可以随时推导。在此基础上，老师又讲了垂直平面内两维弹道问题：水平方向是等速运动，垂直方向是负值的等加速度运动，两者结合在一起，弹道是一条抛物线。这类问题前后虽只有几节课，但却令陆元九印象特别深刻，对引导自学起到了关键作用。

在陆元九高中毕业记录册上，他的同学根据其高三时的数理化情况，对他作出这样的评价“元九氏陆，生于滁州。林泉陶其性灵，峰嶂励其志气，聪颖冠齐辈，爱好科学，孜孜不倦，将来成就，未可量也。”但陆元九对自已的评价是学科发展不平衡，英语不好，语文更差。陆元九谦虚地认为，如果当初高中毕业后立即参加高考，能否考取，还是个未知数。

3. 自学一年迎高考

1936 年，陆元九高中毕业，因生病耽误了升学考试，那时既没有复读制度，也无补习学校，所以，他只能在家自学。

自学复习的最初阶段是“炒熟饭”式的复习方式，为了考试，学习就是为了会做题。课文、文字叙述、说理部分，他都不仔细看，对于懂不懂也不清楚。遇到公式，就死记。平时忙着做题，不是看懂了才做，而是没看懂就先做，不会再查书，查到合适的公式将其一代入，就以为自己会做了。可再遇到同样的题目转弯抹角，换一种说法，或多一些数据，他就又不会代公式了。

向老师请教时，陆元九自己也说不清楚哪儿不懂，只会说不会做题。老师估计陆元九的问题出在代公式的学习方法上，便试问了他几个问题，他果然回答不上来。老师指出陆元九学习方法上的错误根源，告诉他自学的目的不是为了做题，而是首先要弄懂，用做题的方法来检验自己是否真的明白了；不会做时自己先看书，直到会做为止，这样才能发现自己不懂的地方。

渐渐地，陆元九摸索出了一套自学的方法。

以物理为例，内容分篇、章、节。一节学完后，做一些与本节有关的题目；一章学完后，做一些与本章有关的题目；一篇学完后，做一些与本篇有关的题目；一本书学完后，做一些总复习方面的题目。遇到一些题目不会做时，先让老师帮着指出自己哪些概念不清楚，然后再继续先看书，后做题。

从最初问都不会问，到后来可以把问题问到点子上，这是一个艰苦的学习过程。这个过程大约花了陆元九半年时间。陆元九在自学过程中，还遇到如何复习的问题。当时年轻，记忆力好，一些公式都能背下来，可到了考试，一个公式记不清，再加上心里一慌张，就全都忘了。为了应对这种情况，陆元九摸索出一套方法，即对一些必须记的概念、公式，一方面要记下，另一方面还要练习用一些概念把要用的公式推导出来，这样就可不完全依赖死记硬背，从而增强了应试的信心。

为了做到自己能推导公式，陆元九对每节课的主要概念、概念间的关系都进行了归纳；必须记的概念、公式，随着消化、整理，不断地减少；把主要内容再做一遍归纳，把数、理、化三门课的主要内容分别写在一个 32 页的练习本上，这个过程大约花了三个月。在准备参加高考的最后阶段，陆元九的复习材料就是三个小笔记本，没有几页，上面分门别类地列出了各学科要掌握的重点，起到了纲举目张、提纲挈领的作用。之后的复习，也就变成了复习这些提纲的过程。整个过程是一面复习，一面做题。因为条理清楚，陆元九的学习速度愈来愈快，直到最后，他才看完试题题目，心中就有了解题的方案，再与书中的解答核对无误，很快就能复习一遍，比最初做这些题花费的时间少多了。进入大学和后来准备留学考试，陆元九用的都是这种归纳复习方法。这套方法很有成效，是陆元九自学迎考复习一年最大的经验和收获。通过复习，陆元九掌握了“钻进去、跳出来”解决关键问题的要诀，找到了自学、概括、总结等方法，所以，陆元九当年的高考成绩可喜，报考了三所学校，均被录取。

陆元九在中国科学院工作时，聆听了自学成才的数学大师华罗庚的报告，对华罗庚的名言：学习要“从薄到厚，再从厚到薄”深有同感。学习从头开始，为了弄清问题，需要看的材料逐渐增多，这是“由薄到厚”的过程；但学是为了用，要用时，一定要把众多材料归纳成一些基本概念，这样内容就会愈变愈精练，相当于“由厚到薄”的过程。

陆元九说：“谈到人才培养，现在一般认为那是学校的事，这是不对的。按照我们国家的教育学制，一个人从小学到大学毕业或念到博士，一般受教育 10 多年，毕业时才 20 几岁。从参加工作直到 60 岁左右退休，一般工作至少三四十年。10多年的学习时间与40多年的工作时间相比，工作过程的时间长多了，学习的内容也丰富多了。”

陆元九特别强调：“实践出真知，书本知识念得再好，顶多是个百科全书。学习的主要目的是‘用’，即用学到的知识解决实际问题。学习是一辈子的事情，进行研发工作，需要不断深入，所以，科技人员要不断前进，不断学习，不断创新。”

陆元九就是靠着自学的方法，打开了一扇扇知识的大门，不断征服科学的高峰。

陆元九一生的成功，离不开自学这个法宝。

4. 百里求解知塑料

陆元九在高考复习阶段，曾阅读到由Deming写的大学一年级化学教科书（1934年版）中的一个新名词“plastics”（塑料），书中描述了“plastics”可以用来制造牙刷柄和水杯等。陆元九对此很好奇，他马上去查字典，但字典里只能查到与此相接近的单词“plaster”，意为抹墙的泥、石膏等。“plastics”到底是什么东西，连当地的化学老师都不知道，此事困扰了陆元九很长时间。

交通大学试卷用的是英文考题，陆元九怕万一遇到这个问题，在考场无法解决。为此，他特地从家乡滁州来到南京，跑了上百里的路，找到了高中化学老师，终于弄清楚了“plastics”就是“塑料”，是最新发明的一种新材料。

对此，陆元九深有感慨。自学时遇到自己不知道的东西，旁人的指导和指点很重要，所以，有机会一定要向他人请教。很多问题，别人一点即通。遇到问题，没人指导和指点怎么办？陆元九认为应抓住问题不放，许多问题可能几个月都解决不了，但想明白时，可能一句话就说清楚了，找到关键要害，一点就破。因此，对基本概念，平时要不断地复习和领会，解决问题的途径很多，但最终都可以殊途同归。发现问题，再去求解、探索、归纳和总结，花再多的精力也是值得的。

5. 文科偏弱成烦恼

陆元九自学数理化的效果显著，然而学语文的效果较差，学英语的效果开始也不佳，后来才有所改进。

陆元九语文偏弱的原因有多方面，其中主要是受旧式教育即学语文是背书的教育方法的影响。小学时，父亲在外地教书，身边无人指导，几个学生家长共同请了一名家庭教师，教材用的是《古文观止》。每周辅导两次语文课，老师让学生们背书，把古文翻译成白话文。从小学到初中，陆元九的语文成绩一直不理想，连一封报平安的家信都写不好。高中时，语文教学依旧如此，陆元九最不愿的就是自己写作文。一次，老师给他的作文阅后批语是“朽木不可雕也”。这亦未使他吸取教训，而且更加不愿意写作，有时甚至找人捉刀代笔。

高中毕业自学迎考阶段，一位老师发现了陆元九的问题，他反复开导陆元九，指出语言文字是交流的工具，心里有什么话，就要用文字表达清楚，让人家看懂才是主要目的。学语文，一是锻炼个人对事物的看法，二是要学会用语言表达自己的观点，把自己的意见写出来，如果光背别人写的东西，将来自己还是不会写作。背书的目的是看别人如何写文章，也是为了锻炼自己的写作能力，所以，一定要自己写，最好从写日记开始锻炼，每天一篇。老师鼓励陆元九试着写几篇文章，可他怕出丑，不敢写。

陆元九现在回想起老师当年的教诲，仍然认为非常有用。陆元九当时写作文的写法是：背几段现成的文章，找几段格言、警句，文白夹杂，像搭积木式地进行堆砌、组装，拼凑成一篇文章，穿靴戴帽，对其中的中心意思是否连贯却基本不管。这种学习语文的方法非常失败，进了大学后，不再有语文方面的课程，更没有提高的机会，最后导致出国考试时，陆元九因语文分数非常低，连累了总成绩，在黄金榜上两次名落孙山。1956 年回国后，陆元九曾应邀在外做过一次报告，介绍自己的专业学科内容。因中文太差，陆元九只能用英文写，再让翻译将其译成中文。

陆元九从小学就学英语，也会说“早安”“再见”等单词，高中时的数理化教科书也是英文的。然而，陆元九学英文的方法是“哑巴英语”，只能读、看，而不会说。他英语发音不准，不是根据发音拼出英文单词，而是一个字母一个字母地记。

1936 ~ 1937 年，陆元九在家自学迎考，辅导他的英语老师要求他看英文小说，并练习用英文写作。他先选了一本中英对照的书，只看英文，很困难。后来为求进度，遇到看不懂的地方，陆元九便先去看中文译文。老师发现后对他说:“你这是看故事，而不是学英语。”老师又给他一本英文版《富兰克林自传》，书中没有中文译文，看起来非常困难，不懂英语语法、句法、修辞等，许多问题都暴露出来。老师逼着陆元九看语法的有关资料，同时不断给他指点。经过这样的严格训练，陆元九最初花半天时间还看不了一页，到最后竟能渐渐看懂了，而且对每句语法、语气甚至所表达的情感，都能逐渐深入领会。直到此时，老师才把这本书的中译本拿出来，要求陆元九先读英文，读懂之后，再看中译本，核对自己的理解是否有误。

通过这样的训练，陆元九的英语语法、句法提高很快。因为英语的句子成分、时态、主动句、复合句与结构、表达的意义差别很大，如果语法不清楚，就会影响对整个句子的理解。这种方法，对看、读起到了很好的作用，但听和说的问题却并未得到解决。

陆元九大学时用的技术方面的教科书，全都是英文的，老师讲课也是半中半英混合。“哑巴英语”的缺点，在陆元九留学美国最初三个月完全暴露出来，他甚至连谈话、听课都成问题，感觉老师讲课太快，跟不上。陆元九事后思考出现这种情况的原因时指出，对别人说的一句话，不是将其作为整个句子来理解，而是每个字词逐个理解，甚至想着每个字是由哪几个字母组成，然后再想翻成中文、如何理解这句话。然而，等理解了这一句时，别人又说好几句了，思维自然就连贯不起来。同样地，自己要说时，也是先想好汉语，再将其译成英语，这种中英互译的方式，自然造成交流障碍。陆元九差不多花了三个月时间，才逐步解决了这个问题，对用英语进行思考和表达问题初步适应。

陆元九

陆元九院士传记

Academician Lu Yuanjiu's Biography

第十六章

主动学习勤思考

陆元九始终主张把发展独立思考和独立判断的能力放在首位，而不应把获得专业知识放在首位。他特别强调：理论联系实际，为航天事业作贡献，并用不断进取的一生，践行并印证着自己的这些理念。

成功探索出自学方法，在打下良好的自学基础后，陆元九学习事半功倍，克服了被动听课、死记硬背的缺点。这种学习技巧使他受益终身，他也将这些经验传授给了他的学生们。

1. 摸索规律巧学习

陆元九牢记中学、大学阶段等多位老师的教诲，听课时，脑、眼、耳、手综合并用，思想高度集中，听老师如何讲课，看老师如何板书，用心记好课堂笔记，从而掌握了一套很实用的学习方法。

陆元九认为，大学阶段的学习特点与中学阶段完全不同。中学老师教的是知识以及如何算题，而大学老师教的则是基本概念，从一个概念推导出另一个概念，一层一层地交代，递进比较分明，上课重点也比较清楚。例如，上课前，老师会告知学生这节课主要讲 A、B、C 几个问题，开门见山。从 A 知道 B，通过讲课，最后得出 C。讲 A 时一般是口述，指出这个概念是什么，然后通过概念 A，在黑板上写出许多公式，推导出结论 B，进而推导出概念 C，构成这堂课的核心。前面一句话与最后一句话，都是加重语气的口述，中间写了不少板书。

从第一个概念得出一个关系式，然后根据这个关系式，推导演变出许多公式。总结得出一个结论，再从这个结论，推导演变出另一个结论，这样一节课就结束了。

根据这种讲课特点，陆元九自己摸索出一套听课技巧：听课时，大部分时间低头做笔记，写下老师所讲的概念。当老师在黑板上推导时，自己则在下面推导，推导不下去时，抬头看看黑板，看懂了自己继续推，看不懂就跟着老师抄一段笔记。这样，陆元九记下了一节课的笔记，所学的公式大部分不是跟老师抄的，而是自己推导出来的。对于不懂而抄下来的那部分，也记得比较清楚，下课后，复习重点也就比较明确了。

这种听课方法，课堂学习效果好，课下复习的东西不太多，知识领会也比较快。与他不同的有两种人：一种人是抄笔记，一会儿抬头、一会儿低头，不停地抄笔记，导致不能集中精力听老师讲课；另一种人是不低头记笔记，光抬头看老师写板书，只注意听了，但却失去了自己主观思考动脑推导公式的机会。这两种方法学习效果都不好。孔子曰："学而不思则罔，思而不学则殆。"陆元九勤于动脑，记笔记而不是抄笔记，听课效率高，课下有重点地进行复习，使他对所学的知识印象深刻，记忆牢固。

陆元九还感悟出学习的另一个核心问题，那就是上课时要听懂老师所讲的问题。所以，他听课时思想高度集中，直至现在，他对每件事情仍然保持注意力高度集中的习惯。

对国内外不同的教学方法，陆元九也深有感触。抗日战争时期，国内教科书少，老师上课板书仔细，有的课程甚至没有教科书，所以，学生上课时笔记做得很详细。相比之下，国外大学生上课时都有教科书，老师上课讲得简单，讲几个概念，有些问题让学生自己回去推导；有时老师会提前给学生介绍下次讲课的内容，让学生自己先看书。上课不是讲课，而是重点问题的讨论，老师重点讲有共性的问题，画龙点睛。总之，国外大学提倡自学。而国内大学上课，由于听课学生多，课堂上无法与老师进行提问和交流。国外却很少有近百名学生一起上大课的情况，专业课课堂只有几十名学生，便于老师和学生交流。

2. 大四考试已自通

1940 年，抗日战争中的重庆，读书生活艰苦而紧张。大学四年级上学期期末考试前，陆元九病了一个多月，发低烧，医生估计他是得了肺结核。这样，陆元九就不能跟班上课，只能在学校的简易病房疗养了一个多月，待退烧后，才恢复上课。

此时，离期末考试仅有几周。陆元九一边要学新课，一边还要对所缺的部分课程进行补课（缺课中有三门主课：飞机发动机、飞行动力学及飞机螺旋桨），同时还要复习迎考。

老师劝陆元九说："你一个学期缺席了三分之一的课程，没有上课和复习，笔记也没做，眼看就要考试了，你还是好好养病，留级一年吧。"三门主课老师，发表了一致的意见："陆元九恐怕跟不上，最好回疗养室去休息，别累垮了，留级。"

怎么办？陆元九当时的思想压力很大，抗战正处于最艰苦的阶段，一无营养品，二无专用药。经过激烈的思想斗争，好强的陆元九找到老师说："你们给我一次机会吧，让我参加考试，看看成绩，不行再留级。”老师无奈，但同时也很赞赏他的这种精神，便回答说：“好吧，不要勉为其难，注意别把身体累坏了。”

三门新课都没有教科书，陆元九便借来老师的讲稿以及有关参考书，加上他与班上同学相处较好，每门课他都借来好几位同学的笔记，最后根据老师的资料和同学们的笔记复习迎考，遇到不懂之处，就向同学或老师求教。经过艰苦的努力，陆元九的三门考试成绩都相当好。

成绩出来之后，老师问陆元九：“你是怎么学的？”

陆元九说：“借老师的资料和同学的笔记复习的。”

没听课，竟然比听课做笔记的同学考得还要好，老师觉得奇怪，又问：“你借的笔记是怎么看的？抓住了什么要点？”老师让陆元九给同学介绍经验，陆元九在他的介绍材料中写道：“复习时，从笔记中抓住每节课的核心问题，基本概念是什么，再用这些概念做相关的练习题，不懂的地方向同学和老师请教。”

座谈会上，陆元九说：“我不是想应付考试，也不是背几个公式完事，而是看完笔记后，努力从中把握要学什么知识，有多少基本概念，几个概念怎么应用，并注意其间的连贯性，把核心的东西找出来，融会贯通，进行归纳和总结。”

座谈会后，老师赞许地说道：“你总结得比我讲得都好。”

这套自学方法，是陆元九自己摸索出来的，是老师教不了的。这套自学方法，也成为他一生中最大的法宝。当年他去外地考大学时，就仅仅带了三个笔记本。

我国宋代理学的集大成者朱熹说过：“大抵观书须先熟读，使其言皆若出于吾之口；继以精思，使其意皆若出于吾之心，然后可以有得尔。”

郭沫若说过：“人是活的，书是死的。活人读死书，可以把书读活。死书读活人，可以把人读死。”

陆元九的读书体会是：“一本书看完之后，最后能不能归纳成简简单单的几段话，能不能记得住，也会用。要能抓到问题的关键，把握最关键的核心问题，读书如此，做工作也是如此。工作中需要解决什么核心问题，对解决的次序先后，要做到心中有数。”

3. 重视理论欠实践

中国根深蒂固的封建传统是“劳心者治人，劳力者治于人”“学而优则仕”。

“读书做官”成为读书人唯一的选择和价值评判标准。旧式学校培养出来的学生动手能力差，成为旧式教育的必然缺陷。因此，旧思想桎梏下的大学培养出来的陆元九，动手能力之差不言而喻。加之抗战时期条件欠缺，学生做实验的机会不多，偶尔为之也是由老师自行操作演示，学生只能袖手旁观。任助教时，陆元九的主要工作是开习题课，很少动手。相比之下，美国的教育则强调学生的动手能力。

陆元九在美国做助教时，一次为学生实验课做准备，实验内容是测一种气压式地速仪表（当时是新产品）的静、动态性能，实验设备包括被测仪表以及用来测试其性能的多种测试仪表和高空模拟柜等。陆元九的任务是用橡皮管以及三通、十字等玻璃接头，把上述设备连接成一个测试系统。可玻璃和橡胶之间的摩擦力很大，不好插入，用手推进去也很困难。尽管陆元九弄得手上都起了泡，但仍收效甚微。就是这件在同事看来非常简单的事情，忙得陆元九从上午 9 点开始直至中午 12 点多还没有完成。实验室的同事吃饭回来，看到陆元九还在费劲地摆弄着，便不禁哈哈大笑起来。其实只要将玻璃管表面蘸点水，摩擦力就会变得很小，再插到橡胶管内。可陆元九没有实践经验，虽然费了九牛二虎之力，仍然是收效甚微。

还有一次，陆元九要设计一个专用变压器，是一个专用电子仪器的配套部件。从原理上讲，变压器的初级和次级线圈匝数，决定了电压的升降，这是一个非常简单的问题。可针对这个专用变压器，究竟初级和次级线圈的匝数、导线的粗细、铁芯的尺寸等具体设计参数，要选多少才能达到最佳效果，陆元九不是很清楚。他找来很多高等学校教科书，理论一大堆，但都没有具体的设计参数。后来他找到一本中专教材有关设计手册，问题才最终得以解决。

对于重理论不重视实践经验和测试技术，陆元九深有感触。

1946 年在美国读研究生选课时，他就有这方面的许多教训。第二次世界大战期间，通过对无线电通信技术的改进和雷达的成功研制及应用，国外的无线电技术发展水平很高，并且广泛应用于许多工程领域。陆元九进入麻省理工学院时，《工业电子学》课程是任何理工科本科生都必须学习的课程。当时国内只有电机系的学生学了一点这方面的知识，对学航空发动机专业的陆元九来说，在国内时根本没有学过一点知识。

读研究生选课时，老师看出中国学生动手能力都比较差，便让陆元九选电机系为外系本科生所开的《工业电子学》选修课。这门课一半是理论，一半是实验，对学生打好知识基础，培养动手能力十分有益。陆元九感到自己已是研究生，还选本科生的课，觉得这门课程太浅，便对老师说："这门课我可以自学。"

自学一段时间后，陆元九又对老师说："我可以进行考试了。"老师回答说："根据观察，你还差得远呢。"陆元九没有发现自己差在哪里，这位老师便将陆元九送到电机系教《工业电子学》这门课程的老师那里，那位老师问了陆元九几个问题后，诚恳地说："你看书自学了一些零星的知识，未得要领，也不会用，达不到及格标准。"回来后，陆元九无话可说，但仍未按照老师为他选《工业电子学》课程的意见办，而是选了专门为电机系学生开的《电子线路》课程，老师对此很无奈，但同时指出："《电子线路》只是理论分析，你未选相应的实验课，这样，你还是没有进实验室的机会。”

原来，陆元九为了选读课程，事先看了学校的有关课程介绍。电机系为外系本科生开设的《工业电子学》课程，包括理论和实验两方面内容。为本系学生开设的相应课程是《电子线路》和《电子线路实验》两门配套课程。从内容上看，《电子线路》课程的理论内容非常丰富，对陆元九很有吸引力，但他又不愿同时选修与它配套的实验课，因为当时陆元九是半工半读，按规定，一学期只能选两三门课，如果同时选修这两门配套的课程，将耽误他选修其他课程，甚至要推迟半年才能完成研究生的必修课程。这次他坚持了自己的意见，但这对他的教训却是非常深刻的。因为他只学了《电子线路》课程中的一大堆理论，没能进入实验室，动手能力便没有得到训练。

后来，动手能力差的毛病，再一次教训了陆元九。毕业后参加工作，需做一个放大器。陆元九做了两周也没做出来，其原因是理论很简单，但到了具体工程设计时，用几级放大、选什么管子、所用电阻和电容器的参数应是多少等一大堆具体技术问题，他因没动手做过实验，这都成为难题。没办法，他只好花钱委托别人做。

陆元九至今还记得这些教训，他深有感触地说：“真是不听老师言，吃亏在眼前呀。”针对自己动手能力差的问题，陆元九后来有意识地加强了这方面的锻炼。当时工作实验室有个小车间，他便多次请教老师傅如何开机床等技术问题。

在美国工作几年后，陆元九的动手能力得到了一定程度的提高，对于一些机床上的活，他也能干，并在实践中注意学习，从而加强了这方面的工作技能。

4. 科大授业学相长

按照中国科学院关于中国科技大学“全院办学、所系结合”的办学方针，1958 ~ 1965 年，陆元九在中国科学院自动化研究所工作期间，作为研究所的领导和专家，曾在中国科技大学兼任自动化系副主任及兼职教授。

中国科技大学的学生大多来自于全国各地中学里的佼佼者，他们非常喜欢钻研学问和提出问题，所提问题涉及基本知识方面的较少，大都是题目不会做等一些表面问题。学生们怕找陆元九教授请教问题，他们的担忧是，陆教授常常会倒过来反问他们：“你是怎么开始做这道题的？”学生就得从头讲自己的解题思路，讲到一半有时就讲不下去了。此时，学生经常会发现自己的问题出在哪里，陆元九再在一旁点拨一下，他们又接着讲下去，问题也就迎刃而解了。有时，陆元九根据情况，也会劝学生们回去想想再来问。

学生回忆说：“一般问陆老师一个问题，陆老师通过启发的方式，反问的问题比学生问得还多。”陆元九就是这样以“诲人不倦”，作为自己的座右铭。

遇到提问题的学生，陆元九都会不厌其烦地帮助学生找到问题的关键点所在。常常是一个学生提问题，周围总有四五个同学在听。提问题的学生如果事先准备得好，经他一点拨就能解决问题，大有茅塞顿开之感。这种启发式的答疑方式，使学生很有收获，对知识掌握得也更加透彻、全面。

理工学科的老师讲课，经常引用一个已知的概念，通过一大堆数学公式推导，得出另一个表达式。这个新的表达式不仅仅只是一个公式，而且代表了一个新概念。这样的教学方法有利于培养学生的逻辑思维能力。一次，陆元九在课堂上引用了北京航空学院（现北京航空航天大学）一名研究生所做论文推出的简单公式，北航和苏联教科书上用的也是这个公式。一名学生在课堂上提问：“陆老师，您经常讲概念重要，能不能用物理概念而不用公式推导，将这个问题讲清楚？”

为了回答这名学生的提问，陆元九花了两三天时间，改用几个相关参数之间的图形模型，不用数学公式，仅用物理概念，就将这个问题说清楚了。陆元九一丝不苟的认真劲儿，至今令他的学生们记忆犹新。如果完全讲公式，学生们不一定能记住，因为没抓到核心问题。而用物理概念上的两三句话，就将问题讲清楚了，学生们更容易接受。

陆元九事后回忆说："这个问题的解决过程，是因为好几个学生逼着老师不放，教书中内容，学生看不懂，原因是什么？能不能用让学生容易懂的办法讲懂，这是艺术，这是传道、授业、解惑的艺术。教书也是学习，可谓'教学相长'。"

他认为："开会、讲话要讲究艺术，现在开会、报告，许多问题没有讲清楚，时间紧，讲话人报告念得快，别人如何听懂？不懂，如何互相启发，互相交流？"

陆元九 1962 年和 1963 年在中国科技大学玉泉路校区授课，令同学们感受很深："老师深入思考，思路严谨，听他授课，学生记笔记很难，不像有的老师，板书一黑板，学生只管抄，就万事大吉了。听他讲课，刚开始 10 分钟和结束前 10 分钟最重要。这时候往往是开门见山、提纲挈领的时候。学生要跟得上老师的思维想问题、跟得上思路，纲举目张，这节课就算听懂了，不在乎笔记抄得如何。"

在中国科技大学教书时，陆元九的理念也非常超前。接受过西方教育背景的陆元九，敢于学习西方教育中的先进思维。那时测验考试评定，他敢于进行创新和探索。他出的力学课考试为开卷考试，因为他觉得学生如果理解了原理，也就表明学生学会了；概念并不重要，更不需要死记硬背。而且，即便学生在考试中做错了某道题，但如果思路正确了，他也会酌情给分，这是实事求是的态度。陆元九认为，懂了就能做出来，不懂就是不懂，不在于背书本上的东西。思路对了，过程分析对了，就是懂了，其实这正如解决抗旱难题，只要你知道到远方找井挑水，就是知道了解决抗旱问题的办法。至于找井的路线不是规定的田埂，走了另外一条路，但不能据此认为最终的结果全部错误，挑水抗旱的功劳不能一笔抹杀，不给恰当分数是不合理的。这是陆元九一生重视实事求是的哲学思想的折射。

陆元九的学生们至今还记得，当年，中国科技大学自动化系大学五年的教学大纲，都是在陆元九的领导下制定的，今天反过头来看当年的谋划，还是很正确的，特别实事求是，特别理论联系实际，以培养科技研发型人才为目标，特别管用。这些理工科综合类学生毕业后，较快进入了工程技术角色。据中国科技大学学生反映，跟陆老师学习，培养思路合理，学习知识对路，工作中用得上，毕业后走出校门，走上工作岗位，容易进入角色，成长也较快。

20 世纪 90 年代，航天某研究所三个研究室的负责人，都是陆元九的学生，大家开玩笑地说：“业务领导都让你们中国科技大学的人当了。”

2010 年 1 月，中国科技大学学生到家中祝贺陆元九（前中）90 岁大寿

陆元九

陆元九院士传记

Academician Lu Yuanjiu's Biography

第十七章

工作中学会工作

自 1978 年调入航天系统工作起，陆元九便开始跟踪航天国际前沿学科的发展，关注中国航天科技队伍建设，在探索一代新人成才的最佳路径、对科技人员的素质培养方面，有着自己的真知灼见。

陆元九认为，任何科研工作，无论大小，都有目的，既要解决问题，又要有用；要在工作中不断学习，在实践中学会工作。正如萨迪所说：“有两种人是在白白地劳动和无谓地努力，一种是积累了财富而不去使用的人，另一种是学会了科学而不去应用的人。”

1. 适应角色能变化

1945 年，陆元九在麻省理工学院半工半读，除了帮助老师批改学生的作业外，老师还会不时地安排一些小题目让他做。

60 多年前的飞机有不少老式气压式仪表，测量飞机飞行速度的空速表，就是其中的一种。空速是利用飞机与空气间相对运动产生的动压换算求得的，是一个比较重要的飞行参数。一家仪表公司利用高空空气温度和压力，对空速表进行补偿，设计出了一种创新仪表——地速表。一位老师要陆元九定量分析这种仪表的设计补偿机构参数等，用于讲课及性能试验。

现在看来这是一个简单的问题，但在当时对陆元九来说，却是从事科研工作的第一次硬仗。陆元九仍然延续学生时代的作风，一遇到问题就问老师，后来老师有点不耐烦了，他提醒陆元九，对小问题应该有自信心，应自己想法解决。

通过查资料、分析计算等一番努力，陆元九最后终于绘制出1米见方的图表挂在实验室，供学生做实验时由空速经压力和温度修正求得地速之用。

陆元九回国后，在多种场合始终强调：从学校毕业到工作岗位，角色改变是一个非常重大的现实问题，新同志有从学校到工作岗位上的转变问题。大学里学习的课本知识，是很多前人研究工作的总结，是几百年至少几十年经验的积累，一本大学教科书，是前人智慧的结晶，然后抽象上升为理论知识。在学校学习期间获得新知识又多又快，可是到了工作岗位，则要求用所学的知识来解决所遇到的问题，并创造新知识。

一般大学生、研究生来到工作岗位后，一方面感到过去所学知识无用武之地，另一方面对领导交办的事又无从下手，有时不知不觉用上了过去学过的知识，还以为没有用。这就是学和用之间的根本区别。

为此，陆元九指出：参加航天系统进行研制开发工作，就是要不断发现问题，解决问题，不断创新。工作中要用已学过的知识，以及通过学习获得的新知识，在解决实际问题的过程中，锻炼和提高自己解决问题的能力。一个年轻人要经过三五年的锻炼，才能逐渐熟悉自己所承担的工作领域，适应研发工作的需要。

航天领域具有高新技术集中的特点，外国禁运，技术不出口，美国最近几年开国际会议，轻易不让中国人参加，想方设法多方面给中国人造成诸多不便，意图就是不让中国人了解他们的现状和学术动态，不让中国人在国际上获得交流的机会。在此形势下，十分重要的对策就是我们要自强自立，要自己发现并解决问题。

陆元九经常教育年轻人，一旦接手一项新的工作，不管你原来是学哪个专业的，现在的工作不可能与学生时期所学的东西完全一样。以火箭为例，它包含结构、发动机、空气动力学、飞行控制等多个方面，每个方面都是一个研究院量级的学科，至少也是研究所量级的学科。其中发动机有大小多个品种，有用液体推进剂的，也有用固体推进剂的，各由燃烧室、喷管等多个系统组成。控制系统更加复杂，包括测量、计算机、执行机构，还有控制等。

一个火箭分成很多系统，每一个系统分成许多分系统，每个分系统又分成许多部分。每个人做的工作，可能只是一个分系统中一个部件的工作。

在学校学习时涉及与这项工作有关的知识，可能只是一节课，甚至是一节课中一个很小的问题，可是小题目也涉及许多方面的综合性知识，工作中要用的，却又是在学校没有学过的。所以，年轻人在工作中要学习很多方面的新知识，并用这些知识解决所遇到的问题。这是一个角色转变的过程，每个人都要尽快地适应这个过程。

陆元九时常勉励年轻人，耐心、细致、深入地做工作。首先，要看别人是怎么做的，这其中可能有多种方法，要互相比较，这就要学会看资料。如何具体、高效地阅读资料，一般没人教。而学会看资料，是工作的开始。

看资料时要注意以下两点：

一是要多看。看这项工作在国外、国内或者单位里有没有人做过，还要看这个问题有多少资料可查。如果每篇都看，效率就会很低。如果有幸遇到好的老师，他会告诉你哪几篇是主要的，把其中的核心问题看懂，看完之后写出笔记，指出主要概念是什么，解决的方法是什么，一定要把这些内容消化好。在这个基础上，可能还要多看几十篇、上百篇的资料，而一旦有了前面的基础，看后面的资料就容易多了。不管资料长短，看过之后一定要想一想，这些资料解决了什么新问题，或者对哪个问题提出了新方法，并写出书面摘抄，这样看资料的速度就会变得非常快。经过此番努力，对问题的认识就深刻了，知道要解决问题的难点和关键是什么，以及有多少种解决问题的方法。接着是如何解决具体问题，可以先与组长讨论，之后动手，做出具体的产品来。

二是不能生搬硬套。看资料能了解前人用的是什么方法，是怎样做的，以及已获得哪些具体数据。

现在的问题是，有些同志看到本单位或国内同行写的材料，知道了前人怎么做的，就基本照抄那个办法；还有一些新来的同志，不但照抄原材料，连原部件都照搬来使用。有些人认为照抄、照搬过去的成果，可以加速工作进程。

陆元九认为问题的要害是不能“生抄”“硬搬”，而是要好好地继承、消化和吸收过去的成果，并根据当前的条件进行改进。这样才能不断创新，否则，“生抄”“硬搬”不能消化吸收，出成果虽快，但不见得不出问题。出问题时，一般很难找出问题所在，无法排除故障，工作就会卡壳，做不下去。

对此，陆元九强调，有用的东西可以抄，但对概念一定要消化、吸收好，搞清楚别人成果中有何缺点或需要改进的地方，这样做，工作才能更上一层楼。

2. 精益求精保质量

航天工程技术大致分为基础研究、预研、研制开发、生产、批生产、维护等不同阶段，无论哪一阶段，都呈现出高节奏、高速度发展的特点。国际竞争非常激烈，落后就要挨打。所以，航天工作不能十年一贯制，必须不断创新、不断改进，一代一代地向前发展。

以惯性导航为例，其作用是用于测量轨道，引导火箭飞向指定目标。其优点是抗干扰，外界无线电信号等均无法干扰它的性能；其难点是精度要求在不断提高。第二次世界大战末期，德国 V-2 导弹飞行距离约几百千米，命中精度约几千米，两者之比约为百分之一。目前对飞行距离 10000 千米的导弹，要求命中精度优于 1000 米甚至百米，两者之比要求优于万分之一、十万分之一。

为更好地理解“精度”的含义，陆元九以计时用的工具为例。早期用铜壶滴漏或沙罐漏沙等“技术方案”，其精度误差一天大约是几分钟，按一天 1440 分或 86400 秒计，其精度还不到千分之一。后改用钟表摆轮等“技术方案”，性能差的钟表的精度误差每天为 1 分钟，性能好的可为几秒钟。航海用的高精度产品，每天误差在 1 秒左右，相对精度分别约为千分之一、万分之一和十万分之一。20 世纪 40 年代后，采用石英晶体电子表，几个月误差不到 1 分钟，相对精度达到百万分之一或更好。目前用于全球卫星定位系统的原子钟，其相对精度已经优于万亿分之一。这些事例说明，采用同一技术方案改进设计，可以提高精度，有时看似已达到极限，但随着技术的不断进步，会出现新的技术方案，精度更有飞跃式的发展。

陆元九从事的惯性技术专业领域，有两种核心仪表，即陀螺及加速度计，前者用于测量转动运动，以确定火箭的转动姿态；后者用于测量线运动，以确定运动轨迹。两者的理论基础都是牛顿第二定律，即作用力等于质量乘加速度。在牛顿力学的范畴内，质量是常数，测得作用在这个质量上的力，即可求得加速度。理论很简单，关键是提高精度。

从德国的 V-2 加速度计的精度不到千分之一，提高到万分之一，用了 10

多年的时间，再进一步提高到十万分之一，又花了几十年的时间，现在正在朝将精度提高到百万分之一、千万分之一的方向努力。

在精度已经相当高时，想再提高一些或提高一倍，不经过流血流汗，是不能成功的，一定要有穷追到底的精神。问题没解决，一定要解决；问题不清楚，一定要搞清楚。几十年干一件事，不断改进、更新，遇到问题一定要咬紧牙关，克服困难，这是一个艰苦奋斗的过程。

陆元九赞扬载人航天精神倡导的四个特别：特别能吃苦，特别能战斗，特别能攻关，特别能奉献。陆元九常说，只有不断地拼搏奋进、解决问题，才会有乐趣。一定要以苦为乐，一定要有追求，一定要有耐心。团队共同努力，做出一件产品，就好像集体共同生养一个孩子，要像爱护自己的小孩那样热爱工作，并希望下一个孩子比这个更好。工作过程不可能是平坦大道，有时是坦途，工作进度比较快；有时又会遇到坎坷，爬过一坡又一坡。工作无止境，没有最好，只有更好。研制过程遇到问题和难关是正常的，也是经常的。我们的任务就是发现问题和解决问题，关键是如何对待机遇和挑战。

陆元九说，有时由于水平的局限，我们可能认识不到某些问题；也可能对某些问题的重要性认识不足，如果没有深入地追究下去，去彻底地解决问题，而是凑合甚至想“蒙混”过关，那么问题迟早会暴露，后果也不堪设想。所以，研制过程中遇到任何技术问题，一定要像对待“故障”那样，按定位、机理、复现、措施都做到的要求，进行彻底解决。

谈到解决问题的方法，陆元九说，我们自行设计的产品，按部就班的，如该用什么原理、分析计算了什么等均属于正向思维。而一旦遇到问题，按“故障归零”的要求进行解决，则属于逆向思维。这就要求科研人员对概念非常清楚，能灵活地应用并加以分析，使自己在工作中得到锻炼，因为问题出在哪儿，自己最清楚。如果自己不说，别人评审时一般很难发现问题。工作中要求对出现

20世纪80年代，陆元九（右）在实验室

的问题绝不能隐瞒，要敢于自我暴露，这样才好求教于别人，得到帮助，甚至在没有出现问题时，也要三思，居安思危，看看有无漏洞。

陆元九经常语重心长地教育大家："我们的产品是要上天的，很多是一次性的，一定要保证质量，要做到交出去的东西一点问题没有。要达到这一严格的目标，一般要适应好几年甚至是一辈子的事情。要求严格，可以进步快一点，而且是反反复复地学习、力争完美，就是精益求精这个道理。活到老，学到老，重点是在工作中学习。"

3. 测试设备宜先行

功欲善其事，必先利其器。

回国后，陆元九十分重视测试技术的发展，他常说："要把一个产品做好，首先要把组成这个产品的主要元部件做好，产品设计之前要有经过试验得到的设计参数，然后根据理论计算，做出设计。再好的理论，也不见得能把产品的实际都描述很清楚，总有难以描述的内容。因此，做出产品，也要有成套的测试设备，通过一系列的测试，把大量的数据整理成说明有关产品性能的信息，作为进一步改进设计的依据。”

复杂的仪表或系统都是由一些关键元部件组成的。以陀螺为例，其是由电机、传感器、力矩器等几个主要元部件组成的。做好了的元部件，亦是要经过严格测试，验证其性能，然后才能组装成好的仪表。如果这些元部件没有相应的好测试设备，等到装入陀螺后，再测陀螺的性能以验证元部件的性能，这样就等于把陀螺当成元部件的测试设备了。这种做法如果出了问题，就很难说明问题出在哪里以及如何改进。正确的做法是先做成元部件，并有相应的设备，按要求测试其性能，以保证其质量合格。陆元九把这种工作的主次关系归纳为，要把产品做好，一定要“元件为主，测试设备先行”。

陆元九以火箭发射卫星为例，加以说明：“低轨卫星，几分钟入轨，地球同步卫星几十分钟进入转移轨道，在这短短的时间里，通过遥测系统把大量火箭运行状态的数据送到地面。地面上有很多测控设备，有的在陆地上，有的在舰船上，有的在国内，有的在国外，有时还需借助外国的设备，这样才能监测到整个火箭飞行过程的状态，为发现问题进一步改进提供依据。把嫦娥一号卫星送入绕月轨道，绕地球转几圈，花几天的时间才奔赴月球，也是为了测得更多的轨道数据，并提高入轨的精度。”

惯性器件依靠测试设备保证精度的例证更为突出。前述提到的加速度计，测试精度要求优于百万分之一。陀螺是惯性器件的另一种仪表，简单地说是用来指向惯性空间的固定方向，其性能用偏离这个方向的快慢来表示，现在要求是每小时偏离千分之一度，也就是说，一个月偏离不到 1 度，折算成机械加工或装配精度，相当于亚微米级，这是不现实的要求。而且，它的性能还受环境温度、磁场、振动等因素的影响，综合考虑影响精度的因素有几十项。目前解决这个问题的途径是保持尺寸稳定，并对仪表进行多种测试，求得各项误差系数，再对仪表的数据进行补偿，这样才能成数量级地提高使用精度。这种做法就要求有高精度的测试设备，其研制难度高于研制仪表本身。通过这种技术途径，经过精心加工装配出的仪表仅相当于“毛坯”，经过测试标定，求得各项误差，并有补偿方案才成产品。

惯性仪表的精度不仅靠设计保证，还要靠高精度测试设备求得其误差系数再进行补偿。具有陀螺、加速度计以及平台及捷联惯性导航系统的各种高精度测试设备，是陆元九多年来孜孜以求的梦想。

20世纪90年代中期，陆元九在哈尔滨工业大学参加评审

早在 1965 年，陆元九就承担了研制惯性平台的任务。当时在中国科学院长春光学精密机械研究所工作时，他就立项研制大型精密离心机。为了尽快完成研制，他仅按被测摆式加速度的精度略高于 10^{-4} 的要求，提出了离心机的技术指标，主轴采用滚针轴承，“文革”前完成设计，“文革”期间完成安装调试，再经过不断改进，至今该机器仍在发挥着重要的作用。

从 20 世纪 70 年代中期起，速率捷联惯性导航系统就是一个热门的研究课题。1980 年年初，高精度速率陀螺有了眉目。陆元九认识到在这类机械式系统中系统动态误差的重要性，并且一定要有相应的测试设备。他全力组织 13 所与有关单位合作，研制出一台小型三轴角振动台，满足了当时的测试要求。

“要赶超，一定要重视测试设备。”陆元九对此体会颇深，他还分析出现重产品、轻测试设备现象产生的原因。由于中国科技发展力量薄弱，解放前很少有自主研制能力，1956 年的“十二年科学技术发展远景规划”，第一次有了发展设想并开始付诸行动，但受“大跃进”和“文革”的影响，直到 1978 年拨乱反正才又开始走上正轨。无论是 1956 年向科学进军，还是 1978 年科学的春天，当时因底子薄、基础差，很多问题都是为了解决有和无的问题，看到别人有，我们也跟在后面做。按照这种工作方式，我们眼中看到的都是大项目，或者是最终产品。以人造卫星为例，外国有卫星，我们也要有卫星，这样就有了卫星研制任务，然后再将其分解成卫星要有的几个系统，每种系统又有几种仪表，每种仪表有几个部件，层层分解，利用填平补齐的方式开展工作。

这是典型的“型号牵引型”工作安排，目的是尽快做出产品。为了赶进度，容易将力量的重心放在出产品上，如果能“凑合”，就会先做成产品再说，基础工作一般进行得不够充分，待发现产品性能不好时，再查找故障，发现大部分都是因为元部件的工作做得不够扎实，因为没有测试有关元部件性能的手段。惯性技术领域也是一再出现这种情况。

1981年12月18日，惯性导航与仪表技术专业组成员合影（前排右八为钱学森，右六为陆元九）

陆元九曾讲过一个有关静电陀螺的故事。美国斯坦福大学为了用陀螺验证相对论原理，几代人花了50年以上的时间，做出了精度优于10^{-10}度/小时的静电陀螺，这种陀螺比目前在潜艇、导弹、飞机上的产品精度要高一百万倍以上，这种坚韧不拔的科学创新精神很值得我们借鉴。相比之下，我国在20世纪五六十年代开始进行惯性导航工作，当时是白手起家，研究设计没有任何原始数据，不得不进行一些基础性的工作，相对而言，此时的工作较扎实，但总体来说，仍是“型号牵引型”的工作安排，对其中许多大大小小的零部件的性能及相应的测试设备重视不够。没有“看家”设备，基础性的工作又怎么能做好呢？

为了引进高精度的测试设备，陆元九曾先后两次到美国，还到德国、法国、瑞典和意大利等国进行考察。当时的想法较单纯，想从国外购买现成的测试设备。如果将仪表等惯性器件比喻成鸡蛋，将相应的测试设备比喻成母鸡的话，那么几家外国厂商的调子非常相似：鸡蛋不禁运，母鸡严格禁运。也就是说，只卖鸡蛋，不卖母鸡，即使卖母鸡，也只是卖一些性能较差、落后淘汰的“老母鸡”，买回这些“老母鸡”，也就意味着我们总捡别人落后的东西，总跟在别人后面追，总落在别人的后面。

1985 年前后，研制人员终于放弃引进测试设备的念头，下定决心自力更生，自己解决。由 13 所提出技术要求，委托高等学校及研究所等单位共同研制出单轴空气轴承伺服转台、三轴空气轴承伺服转台、高精度三轴角振动台等重要设备。虽然有些设备还存在一些问题，但由此树立了自力更生的思想，领会了“国防现代化是花钱买不来的”的精髓。有了设备，还要为这些设备找一个“家”。20 世纪 90 年代初，北京惯性导航系统测试中心建成。

陆元九在 13 所工作期间，到元部件实验室讨论工作的次数最多，敦促大家想方设法地改进设计，以提高多种传感器、力矩器、陀螺电机、轴承等的性能，对元部件的相应测试设备亦想方设法更新改进，买不到的就自己动手研制。

听了外国专家的介绍后，陆元九曾组织力量打破常规，用不到三周的时间，组装成“陀螺电机反作用力矩测试仪”。据当时 13 所的同志反映，陆元九任所长期间，元部件研制工作进步很大，元部件所取得的几项国家级成果奖大都与

20世纪90年代，陆元九在北京惯导测试中心门前

这一阶段的工作有关。

对除元部件以外的工作，陆元九亦抓住机遇，大力促成。20世纪80年代初期，对于陀螺、加速度计、平台、捷联系统等均各自设计了相应的配套电子模拟线路。为避免重复设计，陆元九请来了航天工业部的微电子学专家来所讲学，介绍了可以用二次集成办法解决线路设计等问题。会后，他立即组织所内线路方面的研制人员，按标准化办法简化设计，大家公用，并设法采用外接件的办法解决选择不同参数的问题。接着，微电子学专家根据这些标准设计，将其改为可集成的模块，并进行二次集成，这样整个线路的体积很小，可靠性得以提高，前后花了约一年时间才完成，立即得到了广泛应用，亦被兄弟单位所采用。这样的改进，在今天看来微不足道，但在当时的历史条件下，惯性技术和微电子技术两方面技术人员交流沟通，共同完成设计和生产，并得到实际应用，实属难能可贵。这件事给大家的启发很深刻，不同专业要相互学习，注意专业的交叉，不要以事小而不为，不能以事难而不办，一句话就是要实干。

陆元九经常告诫大家："航天的产品很多是一次性的，不像地上的电视机，出了毛病捣鼓捣鼓就行了，而且亦不都是出厂就用，有的要等一年，甚至三五年或更长。在这种情况下，首先要求各部门不能把有问题的产品送出去，再就是设置多道关卡，用多种检测设备，考核把关，务必做到不带任何问题上天。”

陆元九一生执著于惯性导航事业，他掷地有声的感慨是：“航天这行具有高节奏、高速度发展的特点，国际竞争很激烈，国防竞争是生死竞争，落后要挨打，所以要求人们不断学习，不是脱产学习，而是工作中不断学习。”

4. 航天人练基本功

陆元九希望并要求航天工业部门的研发人员必须具备几项基本功，这不是

1986年，陆元九（左二）参加在印度召开的第37届国际宇航联大会

1988年，陆元九参加在德国德累斯登召开的第39届国际宇航联大会

1990年，陆元九参加美国普林斯顿大学国际学术会议

1990年，陆元九（后排右四）参观阿里安Ⅳ装配车间

指学校要解决的基础知识，而是指研发过程中遇到问题包括设计、试验、排除故障所需要的基本功。

（1）深入思考，自学解决。首要的是要深入思考，找出问题所在。有些问题的产生可能是由于基本知识缺乏，这就需要自己查看一些资料或向他人请教；有些问题的产生可能是对知识还不能综合灵活地应用；有些问题可能是尚无好的解决办法等。从遇到问题、发现问题的症结，到逐步解决问题的过程，广义上讲，也是一个自学的过程，这种自学不是简单地找一个公式代一代，而是要寻求一个思考问题的方法，深入思考，自学解决。

（2）用系统工程的观点考虑问题。航天工程非常复杂，论纵向，有上下联系；论横向，有左右联系，所以，应上下左右全方位地考虑问题。一些参加工作不久的新同志，可能不熟悉或不习惯这种综合考虑问题的思路，这要有一个锻炼的过程。有人帮助指导，进步就会快一些，工程课题组长以上的人员，要多花精力进行这方面的工作，而且要保证他们有足够的时间来思考技术问题。

（3）概念清楚。原则上提出这项要求容易，究竟怎样才算概念清楚？简单地说，一个问题的头绪很多，归纳成最基本的几条，就是由厚到薄的思想。作为考虑问题的出发点，其他问题可以直接或间接地推导出来，也就是说，抓住基本概念，会用这些概念。从工程技术的角度考虑某一具体问题时，每个人都有一个模型，其中包括几个环节，对各环节之间的相互关系都要有一定的了解。当然，不同专业的人，从不同角度，对同一问题可能会采用不同的模型，这正好是互相交流、互相学习、互相启发的好机会，因此，在不断解决问题的过程中，所用模型也在逐渐改进完善。

（4）掌握试验技术。工程上应用的任何产品，都要在掌握有关理论的基础上，经过精心设计、生产和试验，发现问题，修改设计再试验，不断地循环，以获得精益求精的成果。每一项工作都是实实在在的理论联系实际的范例。试验技术包括三个方面的内容：第一，要有试验设备，包括测量仪表，很多设备是买不来的，自己要想办法做出专用设备；第二，要拟定一套试验方法，以获得希望得到的数据；第三，要对测试所获数据进行分析处理，先获得有关产品性能方面的信息，再进一步提供改进设计的技术依据。对试验数据要认真思考分析，对数据处理的统计特性要理解并正确应用，不能简单地代公式。以目前的水平，计算机还不可能帮助思考一次具体试验中可能出现的具体问题，所以更要注意分析试验数据中隐含的多种信息。

（5）掌握快速估算能力，正确应用计算机类的现代化工具。在设计、试验、排除故障等工作中，经常组织科研人员进行研讨，一般定性的讨论比较多。如果概念清楚，根据有关参数之间的关系进行快速估算，初步判别哪些因素是正确的、影响主次，这对发现问题能起到重要的作用，再用计算机等算出更精确的结果。现在经常遇到的情况是，遇到问题，有人习惯于用计算机，把这些问题交给计算机进行仿真计算，用简单判据进行所谓的“最优”选择。这样做，好的结果是，知其然，而不知其所以然；坏的情况是，计算模型有问题，计算

20世纪90年代中期，陆元九（前排左二）等在载人航天工程研制单位调研

结果当然也就错了。

陆元九提出航天人需具备的基本功，是一种基本的工作思路和方法，是希望每个航天人都能掌握的最基本的内容。这些内容中的每一项都有各自的特点，而且还有更深层次的内涵，因此要求每个人都掌握是不现实的，但作为一个研制团队，可能是一个班组，甚至是一个研究所，就需要有人分别对基本功各单项有更深刻的理解，这样整个团队才能作为一个整体，更好地发挥作用。

陆元九

陆元九院士传记

Academician Lu Yuanjiu's Biography

第十八章

失败乃成功之母

俄罗斯学者这样看待失败：我坚持奋战50余年，致力于科学的发展。用一个词可以道出我最艰辛的工作特点，这个词就是“失败”。陆元九坚信每前进一步都在接近顶峰，可以用失败的土壤培育出成功的花朵。

梅花香自苦寒来。纵观整个航天系统发射及飞行的各种故障，从助推器故障到各级火箭发动机的点火失败、保险丝熔断、探测器丢失目标甚至坠落，都需要从失败中学习。

陆元九饱尝了失败的痛苦，也享受到了成功的喜悦。

1. 扼住命运的咽喉

火箭和航天器设计与运行要求非常苛刻，航天产品，无论是弹、箭，还是星、船，都是由几十万甚至几百万个零部件组成的庞大系统。一个细小环节出现问题，都会导致产品整体性失败，造成经济上的巨大损失，并产生政治、军事、经济等方面的严重后果。

美国两位专家 D.M. 哈兰和 R.D. 罗伦茨分析了世界各国航天发射出现故障的情况并指出："进入太空时代已经有半个多世纪。运载火箭和航天器仍然由于各式各样的原因极易发生故障。与其他的高科技领域相比较，航天领域的高投入和高风险相交融的特点，成为行业本质特征。""1999 年年初，国外公司对 1990 年以来世界各国发射火箭发生的所有 60 次重大发射故障，进行了回顾和调查，得出的结论是，隐藏在特殊原因之后的重大因素是人们‘没有从自己的经验中吸取应有的教训。’”

美国专家在论及航天系统故障与对策时说：“本质上讲，火箭是受控的爆炸物。为了追求最好的性能，常常使用了当时最前沿的科学技术。虽然火箭本身的坚固是显而易见的，但他们毕竟是精密的运载工具，很容易被气动力撕裂。人们通过采用系统冗余的方法，来针对各种故障模式，但这会导致运载火箭增加重量、复杂性和成本。”他们还指出：纵观运载火箭的故障史，可以得出一个结论，许多错误都是重复出现的，如果吸取了教训还出现这种情况，那么一定是教训没有得到足够的重视，或者总是容易被淡忘。

虽然科学技术的不断发展，可以用更多现代化程度更高的部件来更新换代，这或许会改善航天器的性能，但同时也存在着引入新问题的风险。

幸运之神并没有对中国格外开恩，中国的航天之路同样充满了艰难曲折。

1974 年 11 月 5 日，长征二号运载火箭首次发射。在酒泉导弹试验基地上空，巨大的火焰托起直指云天的箭体，点火起飞几秒钟后，指挥控制大厅人员发现火箭发生了危险的偏离，指挥员不得不下达“自毁”的指令。通过遥测数据和对残骸进行的调查分析，发现事故发生的原因是一根连接速率陀螺仪和飞行控制系统的电缆线断裂，而振动是事故发生的罪魁祸首。

长征三号运载火箭是在长征二号的基础上加装第三级低温火箭，这一改进，标志着中国第一次使用了液氢液氧发动机。1984 年 1 月 29 日，长征三号运载火箭在西昌卫星发射中心首次发射东方红二号试验通信卫星。点火后卫星进入停泊轨道，但在为进入地球同步转移轨道而进行的二次点火中失败。1991 年 12 月 28 日，长征三号运载火箭在发射东方红系列实用通信卫星时，在进行地球同步转移轨道推进中，第三级火箭出现了推进剂泄漏，失去推进力，从而使卫星搁浅在无法使用的转移轨道上。长征三号乙运载火箭在 1996 年 2 月 15 日的首次发射中失败，点火后 2 秒钟，火箭发生倾斜，飞行约 20 秒坠落焚毁，并造成人员伤亡。

善良的人，谁都不想看到航天历程中箭毁星亡的残酷现实，但是历史是不能漠视的。

要完全消除航天系统故障是不可能的，但可以通过种种努力，包括从失败中学习更多的东西，从而尽可能地减少故障的发生和减轻故障所带来的损害，这是航天科技工作者们的责任。

火箭的研制不同于一般成熟的工程设计，后者有设计手册、设计规范，可以按部就班地一步一步地做，每项工作都有各自的难点，都要攻关，万一不行，可以用大一点的安全系数，就可以保证一次成功。而对于火箭及其各部件，研制人员大都需要根据技术要求和自己掌握的知识，按“极限”条件，将性能做到最好。大部分设备都需要经过模样、初样、试样、正样几个回合，每个回合要经过生产，做出成品，然后反复试验，发现问题，进行改进，再进入下一个回合。广义地说，从试验中发现的问题，也是一种“故障”，必须分析“故障”发生的机理，才能提供更改设计的依据。成功背后有多少艰辛及教训，只有航天人自己知道。

贝多芬曾自豪地说过：“卓越的人的一大优点是在不利与艰难的遭遇中百折不挠。我要扼住命运的咽喉，它绝不能使我完全屈服。”

陆元九就是那种不向命运屈服的践行者，航天事业就需要这种具有坚韧不拔精神的人。

2. 宝剑锋从磨砺出

火箭一般由发动机、结构、控制等十几个分系统组合而成，每个分系统又由几十台到上百台仪器设备构成，每台设备又由成百上千件元部件构成。在这种

“树”状结构中，任何一个部件出了毛病，或任何一个环节设计不当，都会导致火箭发射失败，而且这种失败，大都是毁灭性的，即使能找到部分残骸，也很难从中找到失败的根源。

航天人最能体会“质量就是生命”的含义。为了保证质量，各单项产品均要有严格的试验及验收程序，组成分系统后，还要做大量的试验。当产品出厂运到发射场，组装测试后运到发射区，直到点火发射，各阶段都有大量的仪器设备，以监测整个火箭的运行状态。点火后，飞行全过程中也有大量测试仪表通过遥测系统，把飞行过程的主要数据传送到地面。

即使经过这样周密细致的安排，由于人们对客观事物的认识总有不足之处，发生故障导致飞行失败的现象仍在所难免。长征三号乙运载火箭首次发射失败，同时殃及长征二号 E 捆绑火箭，西方国家趁此竭力将中国从未来的商业发射服务的名单中挤出去。这次灾难性事故，不仅使中国的国际影响受到损害，而且使中国长城工业公司失去了 4 份订单，还要支付数千万美元的赔偿。

航天无小事！跌倒了重新爬起来，同时总结和分析跌倒的原因。根据这次发射后的初步遥测数据，有关方面初步判断故障出在惯导平台上。正常情况下，不管火箭怎样转动运动，平台总是稳定在空间，作为测量的基准。但长征三号乙运载火箭的遥测数据表明，平台偏离了基准，俗称“倒台”，这是由于一条控制电路断路。在短短 20 秒钟的时间内，平台经过了倒台—正常工作—第二次倒台—正常工作—第三次倒台，直至落地坠毁这样一个复杂过程。

在接下来的近 4 个月时间里，成百上千的研制人员，度过了很多不眠之夜。他们分析了各种可能产生故障的情况，做了大量验证试验，逐步查清了一根断线造成了复杂“倒台”的全过程，并且用平台实物在仿真机上复现了全过程，亦复现了这次失败飞行过程的全部遥测数据。为了尽可能地找出故障，陆元九此时虽已 76 岁高龄，但仍临危受命，组成了一个与此型号无直接关系的 4 人小组，集中精力对遥测数据及各种情况平行、相对独立地进行核查、分析，并不时地与相关研制人员沟通，互相交流和启发。陆元九身先士卒，基本连着两三天不睡觉。大家评议说：“没有陆先生的认真精神，不一定能把问题这样仔细、彻底地查清楚。”

陆元九在后来的故障分析汇报会上，反复指出产生这次故障的原因有三大关键：一是倒台，这个问题是平台专家杨畅研究员首先分析出来的；二是平台为何又能恢复正常工作，这是由控制专家孙凝生研究员首先阐明的；三是金丝断线，这是由元部件可靠性专家组会同材料专家组共同完成的，最后的半实物仿真验证也是由许多承担该任务的同事完成的。陆元九谦虚地认为，自己只不过是想办法把这些分段过程串联起来，形成这次故障的全过程，而其中有些串联不起来的少数空白点，则是他通过对遥测数据进行分析后填补起来的。

陆元九参加过多次类似技术问题的讨论，他常说，自己是外行，先要向别人学习，遇有不懂的地方就要问，并要穷追不舍地问到彻底弄懂为止，解决的良方为“认真”两个字。

回顾那次故障，在火箭点火发射前 1 小时，平台系统已通电工作，并利用地面设备进行检测和控制，还有光学通路观测平台的转动，直到点火前 210 秒关闭光学通路前，一切工作都是正常的。可是在点火前180～171秒之间，平台中控制随动框架转动的线路发生断路，使它失去随动功能，这时平台要补偿地球自转的影响，仍按规定时间程序继续转动。大约在点火前后，碰上了挡钉，使平台上的两个陀螺先后受冲击，分别倒向一边，失去了控制作用，导致平台先向右倾倒27度，继而又向前转25.6度，平台倒到这个错误的位置，前后时间仅为1～2秒。之后的几秒钟，平台短时间地停留在这个错误的位置。

倒台后，火箭运动使平台逐步脱离了挡钉，在新的倾斜位置又恢复正常工作3～4秒，从第一次倾倒到恢复正常，全过程约为6.8秒。这段时间，火箭受平台控制也跟着倾斜，偏离了原定的飞行轨道。至7～8秒时，平台又碰上了挡钉，重复从第二次倒台到恢复正常工作的全过程，总时间大约是8秒，接下去又是第三次倒台，直至触地焚毁。

搞清了故障在一条线路的断线上，但还必须查明故障的断路究竟在何处。这条线路实际上是一个随动系统的一部分，包括各种电源、误差信号检测、前置放大校正、功率放大等多个环节，主要由集成模块组装在印刷线路板上，其中包括一个两次混合集成的专用模块，再用一些接插元件与平台相连。经仔细检查，并通过大量试验发现，大部分连接环节都采用双点双线冗余设计，一些单点单线也采取了安全措施，大部分集成组件按可靠性标准降额使用，所以，在这些地方出现故障的概率比较低。最后怀疑点集中到一个经二次混合集成的专用模块上，模块中包括一个电流大、温度高的功率管，为此，科研人员专门到生产模块及功率管的厂家进行调研。经反复核对，发现个别功率管有一项冲击指标在考核中曾出现过不合格的现象。为此，对同一批次的库存产品按规范进行检查，发现其中一只产品在高冲击下也失效了，进一步解剖，发现其中一根金丝连接线断开。再经失效分析，确定了是因多次通电导致材料老化，在高冲击下产生断裂。

1987年，陆元九在惯性技术年会上

航天人的一个重要理念是“质量是生命”。一个元部件的一根导线不合格，就导致整个火箭飞行失败，产品质量来不得半点虚假，航天人对此认识特别深刻。出现故障后，不但要查出故障现象，还要查出故障发生的根源，进而说清楚故障的发生是偶然的、批次性的，还是设计上有问题，只有将这些问题搞清楚，才能采取有效的对策，避免问题重复发生。

3. 故障归零“双五条”

（1）重视质量问题。航天工程研制是一个不断发现问题、解决问题并进一步改进创新的过程，这个过程的核心是要保证质量问题。

质量的内涵比较广，如性能指标的好坏，元部件的可靠性问题等都属于质量问题。航天系统始终重视质量问题，并采取多种措施保证贯彻执行。例如，把1992年发射澳星失利的3月22日定为“航天质量日”，每年的这一天召开会议，在航天系统进行质量教育；编写“航天故障启示录”“航天质量法规”“质量可靠性管理”“三F技术”等教材，对各类研究人员、生产工人进行培训；建立航天元器件可靠性保证中心，计算机飞行软件评测中心等。就在这些严格的管理情况下，仍不断在大型试验时出现问题、出现发射卫星失利等事件。出了问题后，

20世纪90年代，陆元九在惯导中心三轴转台前

一般都组织部级的“故障调查及分析评审”工作。陆元九经常参加这些故障调查及分析评审会议。

（2）进行故障分析。陆元九认为，进行故障分析一定要按科学办事，找出什么地方出问题、出了什么问题、为什么出问题、如何改进等。一般而言，分析工作由因到果，相对比较容易进行。但对于设计而言，先由“果”的要求，再说明选择这项设计的“因”就比较困难了。如果是故障分析，针对“果”，在尚不知的条件下查找“因”，其难度是可想而知的。

出了故障，一般按故障树的概念分层次地逐步查找，把故障看成是“树干”，第一层次可能是 10 种原因导致故障，这便相当于树干有 10 个主枝，每个主枝又可能分出 10 多种分枝，这属于第二层次，以此类推。最后一个分枝上可能还有树叶，故障分析全过程就要求找出哪一片树叶出了问题，导致相关分枝、主枝，最后使树干出现问题。故障查清楚后，由树叶到分枝，这属于正向思维。由这个分枝问题导致上一层次某主枝出问题的因果关系，也属于正向思维。以此类推，就能对故障做出有说服力的说明。

而查找故障与此不同，是从树干查到树叶，就如大海捞针。考虑问题也多是逆向思维，一个“果”可能由10个不同的“因”引发，哪些可排除，哪些不可排除，而且因果关系一时还难以确定，这是不明情况下的因果关系。飞行试验时，通过遥测也只能获得一些重要的参数和零星信息。在有许多困难的情况下进行故障分析，概念要非常清楚，概念之间的定性关系也要清楚，还要能快速估算出其间的定量关系等，对整个系统的情况也要了解。故障分析队伍经过排除故障的锻炼，业务水平都得了较大的提高。

（3）“双五条”标准的出现。为了保证质量，航天系统不断拟定、改进一些规章制度。早期产品出现故障，一般用替换方法：平台出毛病，换一个好的平台；平台上陀螺出现毛病，换一个新陀螺；某元件出毛病，换一个新元件，等等。这种替换产品只是一种表面解决办法，很难保证类似问题以后不再发生。后来逐渐提高条件，要求搞清楚哪一部分出问题、出了什么问题、为什么出现问题、是否复现了问题、采用什么措施解决问题等。通过对长征三号乙运载火箭发射“国际通信卫星708”故障分析，大家对回答“为什么出问题”即“机理清楚”的重要性有了共识。还有一些故障是人为差错造成的，例如把螺钉、残余焊料等多余物留在火箭中，针对这种情况，要求进一步加强管理工作。

1997年，针对出了故障如何才算解决、对技术问题和管理问题，各提出五项归零标准，简称“双五条”标准。技术问题归零的五条标准是：“定位准确，机理清楚，问题复现，措施有效，举一反三”；管理问题归零的五条标准是：“过程清楚、责任明确、措施落实、严肃处理、完善规章”。按照这些规定，有问题未归零不能转阶段，不能出厂或不能发射等。

（4）贯彻“双五条”标准。实施五条归零标准后，对保证产品质量成效显著。从 1996 年 10 月到 2006 年 10 月的 10 年时间里，连续 49 次发射成功就是很好例证。陆元九在科技委工作期间，经常参加一些故障归零的分析工作，对归零五条标准理解很深，严格认真地将五条标准落实到工作中去。他总结了下面三种有代表性的归零工作情况。

一是更换接插件。一次在发射场测试时，发现一个接插件存在接触不良的情况，简单的处理方法是更换一个好的接插件。这看似问题解决了，但尚不能完全排除该问题在其他地方再出现隐患。还是要严格按照航天故障双五条归零的标准，对存在的问题“吹毛求疵”，将其查个水落石出。对这个同批次生产的接插件逐一进行了检查。检查发现，这些同一批生产的接插件，质量没有达到标准，造成这个批次产品都有问题。最后经过深入调查分析的意见是：这一批次产品都不能上天。当时，有好几个型号采用的也都是这个批次的产品，无论型号完成程度如何，即便是已运到发射场，也得统统拉回生产厂进行更换。用于航天的产品都需经过多重试验、多层筛选，这一点与国外的做法是一致的。

二是低技术层次的故障。1997 年至 2003 年期间，对分析解决故障的要求提出了，过去用简单语言说明故障就可以过关，现在也要按“五条标准”提供有说服力的材料，按“五条标准”对故障进行分析。表面上看，导致故障原因增加很多，但对这些故障机理进行分类，发现绝大多数故障属于“未正确应用基本原理”“分析有欠缺”“试验数据不完整”等专业教科书中的内容，是一捅就破，大家都很清楚的问题，概括称为低技术层次的问题。这就提出了为什么会出现这种现象的问题。

航天系统对各项大型工程有一套管理办法，从项目的预先研究、立项、方案论证、模样、初样、试样到正样飞行试验，各阶段工作内容、难点、攻关情况等都要经过多次讨论与评审。无论是进行具体工作的工程技术人员，或者是参加把关的评审人员，都能认真对待这些新问题，共同讨论、互相学习、共同提高。工作进行过程有什么问题也较容易被发现，并进行改正。所以在工程方案、难点攻关等方面，未出现过重大故障。

惯性器件的精度在当时是一个属于低技术层次的突出问题。惯性器件是火箭轨道的测量系统，其精度直接影响入轨或落点精度。它虽不至于导致发射失败，但也是影响性能指标的一项重要“软”故障。为了了解具体情况，2004 年年初，按照航天科技集团公司领导的指示，陆元九选择九院十三所进行调研。他深入 10 个课题组，与科研人员直接讨论研究，每组至少 6 次，前后近一年。通过调研，陆元九获得了一些重要启示：

（1）各项产品的设计、分析、试验工作都在课题组进行，并撰写有关的技术报告，经过研究室、研究所评审后，如果仍有未发现的问题，很难在以后的院、总公司级评审中发现这些问题。所以，“低层次技术问题”造成重大故障的一个重要根源，是基层课题组把关不严，应加强课题组的科学作风建设。

（2）13 所成立于 20 世纪 50 年代后期，为各种型号配套研制了多种惯性器件。进入 21 世纪后，跟不上形势发展，惯性器件的性能指标满足不了新的要求。问题可以归纳为“老所用老办法解决新问题”困难很大。几十年来，惯性器件的精度从千分之几、千分之一、万分之一甚至十万分之一不断地提高，应付这种形势，还用老的测试设备、误差模型、测试方法、数据处理方法等，自然要出问题。在近几年来的评审工作中，也发现有其他学科的老研究所，因为任务重、忙于交产品，出现与 13 所类似的情况。一定要强调，不断努力学习、创新、再创新。

三是故障复现。五条归零标准中“定位准确，机理清楚，措施有效”是有机联系在一起的系统工程。如果机理不清楚就不可能定位准确，措施也不可能有效。机理清楚，表明对全部情况及试验数据的分析报告都具有说服力。反之，如果只能说明部分情况及试验数据，这就表明还有问题不清楚，这类故障迟早还可能重复出现。

（1）精度超差。20 世纪 90 年代初期，一种短程地地导弹研制到最后阶段，进行打靶精度验证，大部分满足要求，但存在不可忽视的一小部分精度超差问题，因为样品总数比较少，评审时出现不同意见。根据统计分析原理剔除大误差的原则，勉强获得通过。接着在实践中，问题又重复出现，不得不进行第二次故障分析。改进遥测系统后，补充了打靶试验，分析结果发现一个由振动引起的大误差项。这型导弹采用挠性陀螺组成的捷联惯性系统，在飞行过程中有几秒钟出现大震动，造成短时间的大漂移，导致落点大误差。采取消除振源等措施后排除了故障。这个例子说明对有些技术问题认识不到位，肯定会出现重复故障。

（2）结构设计。火箭一般是由多个舱段组成的细长体，承受的推力和阻力都是沿着纵轴方向。在一些特殊条件下，也可能要承受短时间的横向冲击载荷，引起结构设计中的刚度、强度、振动、局部变形、进入塑性区等方面问题。出现故障后，如果机理以及全部试验数据分析不到位，也会引起一而再、再而三的重复故障。

这些总结和启示，对培养年轻的科技工作者，对保证航天产品质量都是十分有益的。

陆元九

陆元九院士传记

Academician Lu Yuanjiu's Biography

第十九章

虽逾九旬仍报国

虽逾耄耋仍报国，双鬓向人无再青。而今，年逾九旬的陆元九仍在为航天人才建设乐此不疲地忙碌着，为培养新一代航天人，确保航天事业可持续发展作出了突出贡献。

经过几年的试点和推广，陆元九发轫的“航天人才科学作风培养工程”研究课题，获得了中国航天科技集团公司领导的肯定并得到联合推进，人才科学作风培养工程初见成效，为培养新一代航天人、确保航天事业可持续发展作出了突出的贡献，陆元九在长远规划、战略谋划、技术把关、科技攻关、各种评审等方面废寝忘食地谋划，呕心沥血地工作。

1. 小荷才露尖尖角

纵观国内外航天科技发展的历史和现状，陆元九深谋远虑地指出：“人才的科学作风是我们中国航天面临的较为重要的问题，是航天事业可持续发展的动力和源泉，也是迈向国际一流宇航公司的基石，我们必须解决好这个问题。”他总是强调，在工作任务繁重、技术难度加大的情况下，特别是面对一些综合性的深层次的问题时，年轻的科研人员不但要有坚实的技术基础，而且要有严谨务实的科学作风，只有这样，才能提高解决复杂问题的能力，确保任务圆满完成。

航天事业自创立以来便非常重视作风建设，一代代航天人以自己的理想、信念和实践，确立了“自力更生、艰苦奋斗、大力协同、无私奉献、严谨务实、勇于攀登”的航天精神，“热爱祖国、无私奉献、自力更生、艰苦奋斗、大力协同、勇于登攀”的“两弹一星”精神，以及以“特别能吃苦、特别能战斗、特别能攻关、特别能奉献”为内容的载人航天精神，这三大精神构成了中国航天文化的基本架构。

20世纪后期，中国的航天事业伴随着科学技术的日新月异和自身的发展壮大，面临着许多新挑战，伴生的新问题也比较多。航天科技集团公司科技委对具体工作和技术问题介入较多，但对航天队伍建设的了解不够。同时，航天型号研制任务量增多，周期要求短，适逢新老交替阶段，相当数量的年轻人参加工作，他们对新知识掌握较多，但缺乏工程实践经验。为此，陆元九经常告诫年轻人，从事航天工作仅有将工作做好的强烈愿望是不够的，还要有较强的专业技能和应用已有知识解决问题的能力，以及严谨踏实的工作作风。

当时科技委工作的主要着眼点在长远规划、战略谋划、技术把关等方面，其具体工作仍然是参加各种评审和科技攻关等，这些工作的目的是为了防止出现问题，陆元九戏称这些工作主要起的是消防队员防止火灾发生的作用。在工

1996年10月，陆元九在国家航天局门前留影

作中帮助刚参加工作的年轻人，让他们自己发现问题，从源头解决问题，这不仅能够提高工作质量，也有利于人才成长，达到出成果、出人才的双重目的，即在用人的过程中，设法培养人，在解决具体问题的过程中，实现培养人的目标。“树人”的重要性非常明确，但如何才能培养出一种良好的工作方法，对此，2000 ~ 2003 年，陆元九一直在思考航天科技人才科学作风培养问题，并带着如何培养人的问题，深入基层班组了解情况，进行调研，希望可以逐步摸索出一套可操作的“树人”办法。

2003 年上半年，惯性器件有一项攻关难题。根据领导指示，陆元九直接深入攻关课题组了解情况，并多次参加讨论，历时近一年。这个课题组的骨干是年轻人，他们干劲十足，也非常忙，但坐下来深入思考问题的时间较少，但有时还忙不到点子上。通过调研，陆元九发现了其中的一些问题。

从技术工作内容上说，大部分工程设计工作要求先进行理论分析、设计计算等，而课题组在此方面的工作却做得不够踏实，他们把工程设计变成了绘图制图；在进行理论分析时，一些同志选用现代化的计算工具进行计算，但对这些计算帮助解决了什么问题却缺少分析；试验工作的数据很多，但把数据整理成有用的信息，据此如何改进设计等工作却认识不够充分；从兄弟单位学习了一些有效的测试方法，但未深入思考这些方法的机理和可行性；有的测试方法沿用了老的、实用于低精度交付产品的简化测试规范，并将它们用到高精度产品的研制上；课题组成员各有分工，大家经常在一起汇报工作、交流情况，但对彼此之间的工作只是一般了解，对存在的问题还未能达到深入研讨、互相帮助的程度。

陆元九接着又到其他几个课题组进行调研，发现均存在类似的情况。

为鼓励青年科技人员认真总结工作，写好科技报告，航天系统特设立青年优秀科技报告奖，该奖每年评选一次，规定一等奖的报告由科技委审定。2004年，陆元九负责审定有关惯性技术的获奖报告。他以虚心学习的态度，仔细阅读了这些报告，而且在每篇报告上都加上了自己的点评意见。基层有关领导看了陆元九的点评意见后，认为其所提意见中肯，还特地组织了一次座谈会。陆元九在会上点评了每一篇报告，除了肯定成果外，主要指出存在的问题，如：理论分析重点不突出，变成了写教科书；试验数据不充分，不能说明问题；只提供数据而无机理分析；文字所要表达的意思别人看不懂；标点符号有问题等。会后，大家一致反映这种讨论方式很好，都希望有人能给指出工作中存在的问题，以利于改进工作，更希望能在工作过程中一起讨论，以尽早地发现问题，少走弯路。

这项活动，给陆元九以很大的启发，这与他多年设想能有一套办法实现从实践中培养人才的想法是一致的。于是，航天人才科学作风培养系统工程的构想，逐渐在陆元九思想中成熟起来。

2004 年 3 月，由陆元九牵头，中国航天科技集团公司时代电子公司 10 多位专家共同参加了试点工作的正式启动，开始了在新型惯性器件课题研制队伍进行科学人才培养工作的探索。5 月，试点工作全面铺开。陆元九根据我国新型惯性器件近几年的发展状况，结合航天时代电子公司科研队伍年轻、有理论基础但缺乏实践经验，尤其是航天工作经验少的特点，在综合了各方面情况后，精心选择了“动基座对准技术”“光纤陀螺空间应用技术”和“硅微加速度计技术”三个课题组，作为新型惯性器件科技人才培养的平台。三个课题组基本覆盖了航天任务惯性器件技术研究的多个方面：在型号任务方面，有在研的型号、背景型号和预研课题；在专业技术方面，有惯性器件系统级技术、陀螺仪表技术、加速度仪表技术、系统专项关键技术和关键单机技术等。

这种组织形式的特点是以现有的课题组为单位，课题组有任务，并要按期、保质保量地完成。讨论的内容集中在需要解决而尚未解决的技术问题上，这对于老专家和具体工作人员来说都是新问题，大家能以平等的身份共同学习和探讨，不存在谁教谁的问题，有利于畅所欲言。会后，根据讨论意见，课题组的技术负责人及有关领导布置并安排下一步的工作。为了将讨论会开好，陆元九提出了明确要求，即每次会议有一个具体的技术内容，要求事先写好书面材料，并将其散发给参加会议的同志，而且要求与会人员准备好意见，讨论时要说到点子上，讨论后再对技术问题进行小结并点评，最后由技术负责人布置下一步工作等。

陆元九对以上三个研究课题都负责，对每个专题，每季度参加 2 ~ 3 次讨论会，其余专家按专题内容，分别参与并负责日常的交流和讨论。他计划用 5 ~ 10 年的时间，使年轻一代航天科研人员在和老一辈航天人共同解决问题并在研制实践的过程中得到锻炼，在讨论学习中快速成长。负责人才培养试点工作期间，只要身体允许，陆元九都会积极主动地参加课题组的技术讨论，从开始到 2005 年年底前后一年多的时间，平均每周参加一次讨论，每次讨论，都请相关同志至少提前一周将技术报告送他阅读。陆元九对报告中的每一个字都反复斟酌，对有些数据还反复核对，并提出了许多真知灼见，为开好讨论会做了详尽的准备，务求抓住主要概念和主要问题。在讨论时，亦耐心听取一线技术人员的观点，并提出自己的考虑和建议。

陆元九等专家生动地为年轻同志分析、讲解课题研究中的具体现象和存在的问题，深入浅出地揭示了如何从基本的物理概念入手，通过深入的分析和推理来把握科研工作中的问题实质和主要矛盾，令与会的科研人员受益匪浅。专家们的敬业精神、严谨作风、求真求实和谦虚谨慎的态度，使这支年轻的新型惯性技术研究队伍深受启发，他们不仅在技术上，更在思想和方法上有了很大的提高。严谨的科学作风与活跃的学术气氛逐渐形成，专业工程组内、组与组之间的小规模技术研讨模式也日渐形成，一种相互促进的良性循环机制开始显现，队伍的成长速度得到提升。

唐朝王维诗曰："晚年惟好静，万事不关心。"然而，以身报国的陆元九，如今虽逾九旬却"壮心未与年俱老"，仍希望多与年轻人交朋友，共同讨论技术问题，拖着腰部手术带来的行动不便，仍在为航天事业培养一代新人殚精竭虑，四处奔波。

2. 一枝红杏出墙来

2004 年下半年，中国航天科技集团公司科技委在航天时代电子公司开展的人才培养工作取得了良好的进展。这些成果证明了培养方法是有效的、可操作的。为此，陆元九积极建议在集团公司层面组织力量对其中的相关方法进行总结、提炼，并在全集团公司范围内进行经验介绍和推广试点。

2005 年 4 月，中国航天科技集团公司科技委内部资料《思考和建议》发表了陆元九撰写的《航天人才科学作风培养》文章。

陆元九在文章中指出："近年来，伴随着见证航天 50 多年成长历程的老一辈航天人的逐渐退休，大批的年轻人走上了航天岗位并担当一些重要职责。许多重点型号都已经进入了关键阶段，在工作任务繁重、技术难度加大的情况下，特别是面对一些综合性的、深层次的问题，年轻的科研人员不但要有坚实的技术基础，而且还要特别重视提倡严谨务实的科学作风，这样才能提高解决这些复杂问题的能力，确保完成肩负的责任。”陆元九在文中提出开展科学作风建设的有关设想，简明扼要地阐明了培养方法，创新性地提出了工作方法，即组织有经验的老同志深入基层课题组，在一段时间内跟踪课题进展，与年轻人一起讨论存在的技术问题，着重探讨解决问题的方法。他提出了“开好讨论会，充分开展技术交流”的六条建议：

（1）讨论问题要从基本概念出发，模型要准确，机理要清楚，思路要明确。

（2）分析问题要有系统的观点，要考虑到问题的方方面面。

（3）注意试验方法，认真分析试验数据或曲线，定量分析数据，让数据“说话”。

（4）要有步骤、踏踏实实地研究解决问题的办法。必要时，在分析的基础上，要进一步进行有目的的试验。

（5）讨论之前提供相关文件材料，事先做好准备，鼓励年轻人在会上发表意见，养成相互讨论的风气，达到相互学习、共同提高的目的。

（6）会上发言简明扼要，话要说到“点子”上，这既可以培养口头表达和写作能力，又可以达到开短会、求实效的目的。

陆元九希望通过几年的努力，使科研工作的科学作风有明显的改进，并形成一套促进人才作风培养的办法，切实提高航天人才的科研能力、管理能力。

开展航天人才科学作风培养就是“通过参与某个当前正在分析解决的技术问题，或者分析一份已经完成的技术报告，从解决技术问题的思路、途径、做法方面，探讨总结如何在解决问题的过程中体现严格的要求、严肃的态度和严密的方法，体现严谨务实的作风。”

中国航天科技集团公司科技委内部资料《思考和建议》被送达领导及各专家案头。陆元九的建议，引起了集团公司领导的高度重视。时任中国航天科技集团公司总经理张庆伟为此作了批示：陆老总不仅技术理论功夫深，而且特别注意人才队伍的作风、工作方法、思想等的培养，所提倡的这些对当前做好青年队伍建设十分有益……张庆伟总经理指示集团公司人力资源部、科技委认真组织，切实开展科学作风培养，要求各院选择单位开展先期试点工作。

2005 年 11 月 21 日，中国航天科技集团公司人力资源部、科技委共同组织召开了航天科技人才科学作风培养交流研讨会，由陆元九负责的新型惯性技术研究团队作为前期工作的代表进行了主题汇报，介绍了取得的成果，科研人员在写、讲、听报告及进行有针对性的讨论等方面的能力，都有不同程度的提高；通过讨论平台，在提高解决问题能力的同时，培养了年轻人团队学习及协作精神；在老中青结合、共同学习的过程中，老一代科研人员在贯彻航天精神和技术工程经验等方面起到了传、帮、带的作用。

实施航天人才科学作风培养工程，试点单位从主管领导到具体参与人员都非常有热情，在选题、活动模式等方面，他们积极地与老专家进行沟通，为更好地继承和发扬老一代航天人“严慎细实”的工作作风，为加快新一代航天科技人才培养步伐，为从根本上摸索出一条适应新形势的人才培养之路，迈出了宝贵的一步。

2006 年伊始，中国航天科技集团公司决定航天人才科学作风培养工程扩大试点工作。航天四院、航天八院和航天时代电子公司都有单位作为试点参与到这项工程中。只要身体允许，陆元九都会积极主动地要求参加试点工程课题组的技术讨论，并提前认真阅读、修改有关技术报告，为开好技术讨论会做详尽的准备。

陆元九

陆元九院士传记

Academician Lu Yuanjiu's Biography

第二十章

万紫千红春满园

1978年3月，陆元九以来自基层普通科技人员的身份，坐在万人瞩目的全国科学大会闭幕式的主席台上，彰显了尊重知识、尊重人才政策的恢复。陆元九没有让国家失望，也对得起30年前那次人生境遇的地覆天翻。

30年后，2008年，也是在春天的3月，中国航天科技集团公司人力资源部、科技委共同组织院级有关部门以及各试点单位有关人员相聚北京，共同检阅航天人才科学作风培养工程实施成果，交流人才培养经验。堪称人才战略科学家的陆元九，又一次坐在主席台上，宛如一个农业科学家，置身于希望的原野，“喜看稻菽千层浪”。

1. 个人才干大提高

中国航天科技集团公司在北京、上海、西安地区参加试点的单位，全面实施航天人才科学作风培养工程，取得了显著的成效。参加航天人才科学作风培养工程的工程技术人员有众多收获。

（1）提高了技术报告写作、交流与沟通能力。科技报告写作是研究工作的一个重要环节。课题组成员通过航天人才科学作风培养工程，普遍感到科研写作能力得到提高，写技术报告逐渐规范，写作逻辑性增强，论述技术观点的条理性和层次性更加清晰。增强技术表达能力对从事航天事业非常重要。讨论会中，专家们鼓励课题组成员大胆提出自己的观点，并针对每个人提出的正确或错误的看法进行认真的分析，使大家感到只要发言就有收获。通过多次讨论，课题组成员对问题的准确掌握和表述能力得到了提高。

（2）对问题进行深入思考。在与专家的讨论过程中，课题组成员感触很深。讨论前，成员们必须对一件事或一个技术问题进行深入的思考，否则讨论中就有可能跟不上专家的思路，这就促使他们在会前必须认真准备。讨论中，课题组成员最怕专家问“为什么要这样做”。专家所提的问题，经常是他们平时没有注意到、想当然的事，但这往往又是问题的关键。通过人才科学作风培养工程，课题组成员在设计工作之初，就养成了对每一步都要多问几遍“为什么”的习惯，预防了许多问题的发生。

（3）感受学术讨论的重要性。航天工程是多学科综合、团队协作完成的系统工程。而年轻人的特点是独立意识较强，个性突出，善于埋头苦干，甚至希望独立承担一项工作，不太注意与周围的关系，对系统工程还只是概念上的认识，遇到困难时，也不善于与周围的同事沟通。通过航天人才科学作风培养工程，大家普遍认为，人才工程首先构建了讨论问题的平台，确实解决了工作中遇到的一些问题。习惯于单兵作战的同志深刻感悟到讨论和集思广益的重要性，逐渐养成了遇事讨论的习惯。参加讨论的同志来自不同的专业领域，促进了不同专业间的技术交流，扩大了视野，增强了整体意识，优化了设计方案，理解了局部最优与整体最优的问题，提高了工作能力，及时发现了存在的问题，使设计思路从单项最优转变到总体最优。

（4）逐渐掌握了认识科学的方法论。参加航天人才科学作风培养工程的同志深刻体会到，与专家讨论所获得的不仅仅是问题的答案，更重要的是增强了解决问题的能力，获得了思考问题的方法、严谨的科学作风和科学的方法论，学会了牵牛鼻子、解决问题抓事物的本质。对研制工作中出现的问题，要从总体上把握，要有数量级的概念，学会从现象中看本质。

（5）认识技术归零要求的意义。在以往的工作中，科研人员经常对已经解决的问题不能很好地总结，重结果、轻过程，在机理没有完全弄清楚之前，常常将问题放过，导致相同错误重复出现。通过航天人才科学作风培养工程，大家共同参照航天技术归零五条标准，对日常工作中出现的技术问题亦严格进行归零，这样，就可以使“低技术层次的故障”在课题组内得到解决。

（6）认识到发挥主观能动性的重要性。通过航天人才科学作风培养工程，课题组成员学会了遇到问题拓展思路，积极主动地寻求解决问题的办法。在与专家的交流中，大家感到遇到问题已没有原来想象的那样难以解决，大多数问题可以采用变通的方法来加以解决。对于确实解决不了的，通过多方努力，也可以弄清问题的本质，从而避免类似问题再度发生，增强了解决问题的信心。

（7）专业技能得到提高，团队精神明显增强。课题组成员普遍认为，参加这一工程，对提高专业技能有很大的帮助，特别是对新参加工作的员工的帮助尤其显著。新员工充分利用参加试点组的机会，严格按照试点组的工作要求准备报告，积极参加学术讨论，专业技能、分析问题和解决问题的能力得到较大程度的提高，在所从事的工作中逐渐担当起重要的角色。参加课题活动，还使参加人员体会到团队精神的重要性，一个项目成功的关键有赖于坚强的领导核心、通畅的沟通渠道、协调的团队默契、发挥个人优势等多方面的要素，但最为关键的是要同心协力，积极主动，才能保证团队的有效运作，并认识到学习是一个积累和借鉴的过程。

航天人才科学作风培养工程，是一项符合人才成长规律的培养工程。通过参加这一工程，航天人才队伍逐渐形成了严谨的科研作风，队伍的成长速度亦得到提升。通过众多老专家的言传身教，大家深刻感悟到老一辈航天人“严慎细实”的科研作风，并真切感受到自身存在的不足。年轻同志逐步形成了自主学习、交互学习、协作学习、探究学习等新的学习方式，在科学精神、求真精神、怀疑精神、创新精神、实践精神、团队精神等方面均有所提高。航天人才科学作风培养工程为航天人才的不断发展，提供了持续奋进的不竭动力。

2. 创立学习型组织

参加航天人才科学作风培养工程的各单位，紧密结合科研生产实际，建立定期讨论制度，认真进行讨论，严格考核，踏踏实实，有序地开展工作。刚开始时，大家感觉负担很重，因为从资料查阅到数据整理、技术报告撰写，要花很多精力，要牺牲很多的业余时间。然而几个月后，大家的观念发生了很大的转变。课题组专家平时工作很忙，与他们近距离交流的机会很少，而借此机会，课题组成员都能得到专家们的言传身教，还能通过与别的组员的讨论甚至是争论，使问题越辩越明，从而使自己思考问题与解决问题的能力不断提高。

讨论制度的建立，为大家提供了互相学习的平台，彼此增加了交流，同时也促进了学习风气的好转，提高了学习积极性，增强了学习新技术、新技能的热情。讨论形式多种多样，内容丰富，有专题讨论会、技术交流会、技术方案研讨会、座谈会等，讨论内容涉及技术、质量、安全等多个方面，同时还有形

20世纪80年代后期，陆元九（中）在航空与宇航技术学科专家评审会上讲话

式多样的团队活动，如与老专家座谈，到兄弟单位参观，学哲学用哲学讨论、拓展训练等，丰富了航天人才科学作风培养工程的内涵。

学术讨论会主要从提高课题组成员的技术报告写作水平方面进行培养。通过学术讨论会，课题组成员每人每年要写 1 ～ 2 篇报告，潜移默化地提高了分析问题、解决问题的能力，同时也提高了撰写水平。一位新参加工作的年轻人，其论文内容虽然很好，但存在明显的缺陷。之后，他根据讨论会上大家的意见进行修改，使论文质量得到大幅度提高，该论文后被国际学术会议录用。

专题讨论会主要针对研制过程中遇到的技术难题，以讨论的形式提出解决方案、验证方法等，最终确定优化的解决方案，极大地促进了课题的进展。2006 年 10 月的一次技术专题讨论，陆元九以其敏锐的洞察力、严谨务实的工作作风，给课题组留下了深刻的印象。他敏锐地觉察到固体发动机流量调节中的可控性问题，并亲自推导了可控条件，使课题组避免了走弯路。以此为依据，在大家的共同努力下，流量调节装置在控制机制、热防护、防粒子沉积等方面实际工作中取得了重要的进展。2007 年 10 月热试成功，标志着流量调节取得了阶段性成果。2008 年 3 月，再次举行流量调节试验结果分析会，陆元九亲临指导，为下一步改进方案提供了有益的建议。

3. 作风培养成共识

在开展航天人才科学作风培养工程过程中，各单位领导非常重视此项工作，积极探讨从组织管理出发确保试点工作的顺利推进，并对各项工作进行了认真部署：制定了培训制度，并用绩效考核的方式激励员工；建立交流会制度，相互学习、团队协作、共同进步；改变会风，开讨论会时，要求与会人员会前准备、会中发言、会后总结等。实践中，不断调查研究，加深了对航天人才科学作风培养重要性的认识。

（1）航天人才科学作风培养是青年科研队伍建设的一项紧迫而又重要的任务。航天人才科学作风是航天事业发展的客观要求所在。航天产品，无论是弹箭还是星船，都是非常复杂的系统。一个细小环节出现问题，都会导致产品整体性失败，造成严重后果。由此，中国航天科技集团公司把“严慎细实”作为企业文化的重要信条，同时作为对公司职工作风的普遍要求。

中国航天事业近60年创造了辉煌的业绩，也培养了一代优秀人才，他们身上普遍的特质之一就是“严慎细实”的科学作风。这种作风体现在认真对待工作中的每一个数据、每一份文件、每一次试验，追求完美，容不得任何瑕疵。他们身上所表现出来的崇高职业品质，为国人所传颂和学习。由于历史的变迁及社会的演变，年轻人的生活经历与老一辈人出现差异，中国教育的应用性不强以及年轻人在人生角色转换中出现的阶段性不适应等因素，造成了年轻的科研队伍作风不如老一辈，但他们又是型号研制的生力军。如何才能将老一辈航天人严谨的科学作风继承下去，是亟待解决的问题，这对完成好国家赋予的使命和航天自身的长远发展具有重要的现实意义。

（2）航天人才科学作风培养是研究院所抓人才建设的重要途径。近10年来，航天研究院所各级党组织极为重视青年人才队伍建设，抓住时代特征，贯彻中央精神，制定发展战略，采取切实措施，创造良好氛围，引进大批人才，为航天事业建功立业。10 年中，航天系统大都经历了制定青年特别津贴、大胆启用青年科研人员充实到重要技术领导岗位、建立内部激励机制鼓励青年成才等几个阶段，一大批航天人才成长起来，一举改变了航天留不住人才的困难局面。

中国航天事业要保持良好的发展势头，依然需要坚定不移地抓好人才发展战略，既要坚持原来好的做法，又要根据青年科研队伍的实际，与时俱进。现在以及今后一个时期，人才科学作风培养是一个很有针对性的课题，是人才工程的深化与发展，应当努力抓出成效。近几年来，航天系统结合质量整顿，抓了两次大的作风建设，但这些都是阶段性的，始终没有将作风建设作为一个长期的工作来抓。科学作风培养并非易事，作风建设是一个深层次问题，涉及理想、价值观等方方面面。作风改变是一个渐进的过程，需要 5 ~ 10 年的努力，才能有所改进。

两年的航天人才科学作风培养工程实践，使广大干部、职工深刻体会到，只有用科学的精神，才能抓好科学作风培养，要花大力气才能抓出成效。课题组成员成长的实践过程，为助推青年科研人员业务水平提高提供了典范。他们当中不乏硕士、博士，在人才队伍建设中，通过航天科学作风培养这个途径，他们成长为符合航天事业要求的技术骨干，从不能独当一面、尽快独当一面，到挑起型号研制岗位的大梁。尽管他们是高学历的专业技术人员，但在实际工作中，也常常会出现无所适从的情况，需要老专家给予指导和帮助。原先的专业学习往往只是注重某一方面知识的深入研究，实际工作中却涉及很多非自身专业领域的内容，在工程进度紧、各专业互相关联紧密的情况下，很多时候只能靠自己去解决，势必对个人的知识储备提出更高的要求，这在前瞻性的研究领域更是如此。通过这一工程，设计人员不仅成为某一方面专业知识的专家，而且对相关领域的专业知识也有一定程度的了解。

航天人才科学作风培养，一方面鼓励科研人员走岗位成才的道路，在工作实践中不断提升自身的能力，另一方面鼓励青年科研人员在工作中不断挖掘自身的潜力，主动地发现问题，寻求解决问题的方法，以弥补大众培训在个体需求满足方面的不足。现任某卫星副总工程师，当年参加航天人才科学作风培养时，曾任该卫星初样电测试课题组组长，通过个人的不断奋进，而今已是第十四届上海市十大杰出青年。该同志的足迹，印证了航天队伍人才建设和科学作风培养途径是完全正确的。

（3）培养的核心是航天企业文化的继承与发展。近 60 年的发展历程，中国航天形成了独具特色的文化传统和精神内涵。航天精神、“两弹一星”精神、载人航天精神，是几代航天人在血与火的洗礼中积淀而成的精华，它们构成了航天文化的精神支柱，为航天人指明了努力的方向，也是中国航天一次又一次实现质的飞跃的基石。

科学作风的培养、提升，融入航天企业文化中，形成企业的整体文化氛围。发扬航天三大精神，是航天事业成功的法宝，也是航天人应当具备的基本素质。实践表明，在对青年科学作风培养上，航天企业首先要强化严谨务实的科学作风的文化建设。航天产品本身就体现了国家的强盛和民族的威望，航天产品的研制过程中必须要有严谨务实的科学作风，这是航天这个特殊行业本身的特性所决定的。每一位从事航天事业的人，都必须自觉养成严谨务实的科学作风，在航天系统营造“我为航天而骄傲”的文化氛围，只有这样，才能使严谨务实的科学作风成为全体员工的自觉行为，成为一种传承的习惯。正如陆元九所说，经过 5 ~ 10 年的努力，研制工作的科学作风有所改进，形成一套促进人才作风培养的办法，并习以为常地贯彻实施，这将是企业文化中非常宝贵的无形资产。

（4）培养的内容是科学思维与行为方式的训练。开展航天人才科学作风培养，是“通过参与某个当前正在分析解决的技术问题，或者分析一份已经完成的技术报告，从解决技术问题的思路、途径、做法，探讨总结如何在解决问题的过程中体现严格的要求、严肃的态度和严密的方法，体现严谨务实的作风”。希望通过若干年的努力，最终形成“企业文化中非常宝贵的无形资产”。科学作风的培养，基础在于一些良好的科研方法、规范的固化，落实到课题组成员科学思维的自觉化。在一年多的课题实践中，一些课题组从对科学作风培养的认识，由模糊逐渐转向深入，由被动接受逐渐转向主动组织。在逐步探索和深化的过程中，分别形成和固化了有自身特色的工作方式，并将成员自觉意识的形成作为最终的目标。

开展航天人才科学作风培养的另一方面，是对航天已有的科研制度规范的再巩固，促使科研人员自觉加强有关规章制度的执行力。经过近 60 年的发展，我国在质量控制、过程管理、试验验证等方面，制定了大量的执行标准，这些标准可谓是事无巨细、包罗万象。同时，这几年伴随着一些新的管理理念的引入，质量管理体系、卓越绩效管理、聘用合同制度等一系列新的管理方式，也在逐步深入地渗透到管理体系之中。每次重大试验任务或进场发射，每个试验队总会针对自己的队伍情况，制定出这样或那样的规范。

没有有效的执行，制度不过是一纸空文。执行力的好坏，既考察了企业管理水平的高低和制度政策制定的好坏，也考察了员工对制度的理解力。从当前沿用的各种规章制度来看，大部分是先辈在过去无数次失败的基础上凝炼而成的宝贵财富，是确保成功的必要手段，这足以说明制度本身不存在问题。开展航天人才科学作风培养，实际上也是对员工执行力的一种再巩固。

（5）培养的效果以出产品、出人才来体现。航天型号研制周期相对较长，如果一个新型号项目从预研开始算，到立项、研制、成功发射，需要近 10 年的时间。伴随着型号研制的成功，一批又一批年轻科研人员成长起来，从不成熟到成熟，从墨守成规到创新发展；卫星数量由过去几年发射一颗，到现在一年发射十几颗，从一种型号到同步研制生产多种型号，且研制周期比过去大大缩短。这些成就的取得，除了上级正确的领导决策和支持外，关键是快速培养出了大批能承担航天型号研制繁重任务的人才，而科学作风培养的效果就是通过出产品、出人才来得到检验。

航天人才科学作风培养，始终把落脚点放在出产品、出人才这个最终目标上，始终围绕型号课题研制的进展和质量的保证，紧紧抓住课题组成员的主导教育，营造航天精神的文化氛围，使他们感到加入到航天队伍，不仅是个人的职业需求，更是为国争光的一份责任和荣耀，使他们感到个人前途的发展，是与航天企业的发展紧密联系在一起的，自己担任的每一项工作，都与航天产品的成功密切关联，而航天产品的成功，直接关系到国家民族的声望，并认识到航天人的骄傲是从严谨务实的科学作风和保证型号任务成功来体现。有了这种认识的升华，严谨务实的作风就会成为课题组全体成员的自觉行为。

4. 组织管理有保障

航天人才科学作风培养工程，已被各级组织作为培养青年人才科学作风的重要工作。试点单位课题组的专家和成员怀着极大的热情，认真组织，努力实践，使航天人才科学作风培养工程开展得有声有色，组织管理也积累了一定的经验。

（1）领导重视，认识到位。某院领导非常重视航天人才科学作风培养工程，多次召集科技委和人力资源部的有关同志，探讨此项工作的意义，并选择试点小组，督促尽快开展工作。他们还及时召开航天人才科学作风培养工程课题研究动员会，教育大家充分认识科学作风培养的必要性：一是组织的需要，在科技人员实现新老交替的过程中，老一辈科技工作者的作风需要继承，这是组织的一项责任；二是事业的需要，航天事业的工作性质决定了科技工作者必须要有严慎细实的工作作风；三是自身的需要，年轻的科技工作者不仅要有坚实的技术基础，还要有严谨务实的科学作风，良好的科研作风可以促进能力的提升，而能力是创新的基础，年轻人要提高系统的思考方法，培养抓主要矛盾的能力、不放过细节的能力、严格的逻辑推理能力、全面考虑问题的能力、归纳总结的能力、写技术报告的能力、实验安排与数据分析的能力。同时提出要求，一要认识到位，计划周密；二要克服困难，精心实施；三要联系实际，注重实效。

某课题组还召开了名为“提高工作能力，鼓励创新思维，发扬技术民主，增强团队合作”的动员会，全体设计人员充分认识科学作风培养的必要性和迫切性，统一认识型号研制人员必须具备严谨务实的科学作风、良好的工作能力、大胆的创新思维能力，它是事业继续发展的必要基础。

（2）规范管理，科学计划。根据航天人才科学作风培养工程，中国航天科技集团公司拟定并下发了《人才科学作风培养工程试点工作管理方法》，明确了组织机构，建立了讨论制度。各试点小组根据型号工作计划认真讨论，在确定年度工作计划的基础上，明确了人才科学作风培养课题的工作内容、工作开展形式、计划节点和最终成果形式等。该办法计划详细，操作性强。

根据中国航天科技集团公司《航天人才科学作风培养工程课题的组织与管理指导意见》，进一步明确了各级部门和试点组的职责、组织与管理工作流程。各试点单位每半年组织召开一次课题组交流会，就课题的组织形式、活动内容、收获体会等内容进行充分交流，并借鉴其他课题组所取得的良好经验和方法。通过交流，课题组成员对此项工程的重要性及开展形式等，都有了更深刻的认识。

结合科研生产实际，试点组紧密按照计划组织活动，使各项制度切实得到执行，每季度、半年和年终进行总结，积极学习“课题信息交流”文件，学习好的经验方法。根据课题进展和实际工作要求，适时调整活动计划，不断完善管理办法，使人才科学作风培养工程有条不紊地开展。

5. 异曲同工皆修炼

轰动世界的企管名著《第五项修炼》是陆元九曾学习和工作过的美国麻省理工学院的一群教授们，根据一些企业的咨询问题和成功经验写成的。

这本难读的书，尤其是那些环路图，连一些著名杂志的企管专业编辑都形容看完它会头疼，然而，它的重要性从该书连续三年名列全美畅销书的排行金榜，就能窥见一斑。此部巨著曾荣获世界企业学会最高荣誉奖——开拓奖。

人们认为，它是企业界“超越混沌，走出困惑，迎接新时代的灯塔”。它指引人们从眼前看未来，从现实看大局，从事物背后的动因，静态地看待互动与平衡。

该书提出学习型组织的思想，强调人的作用和学习的作用，并指出：“未来唯一持久的竞争优势，是有能力比你竞争对手学习得更快。”

今天的企业，不再像过去那样，靠伟大的企业家一夫当关，而是靠企业全体职工全身心投入学习和工作组织。人，与生俱来就有学习的能力。任何企业的成功都是通过学习创造出惊人的成就。学习能使落后者赶超，后来居上。

《第五项修炼》的核心修炼是“系统思考”。除此之外，它还强调“自我超越”“改善心智模式”“建立共同愿景”和“团体学习”。“系统思考”强化了其他每一项修炼，而这五项修炼整合的融合整体得到大于各部分加总的效力。

同在美国麻省理工学院求学、工作的陆元九，根据中国航天科技集团公司研发工作中出现的问题，倡导开展航天人才科学作风培养工程，并提出一些可操作的办法进行试点，其中的思辨、所要解决的疑惑及问题，与《第五项修炼》有不谋而合、异曲同工之处。在描述方法上，《第五项修炼》中难懂的环路图，相当于自动控制反馈回路的方块图。

航天人才科学作风培养工程以课题组为核心，为按时、按质地完成研究任务，组成了老中青相结合的队伍，采用交流、讨论、互帮互学的方式，逐步解决问题。在这个过程中，课题组成员较自然地达到了《第五项修炼》中所强调的“建立共同愿景”和“团体学习”这两项要求，加速了年轻研制队伍的成熟，确保了科研队伍在技术上少走弯路，促进了研究工作的顺利进行。正如《第五项修炼》中所说的“改善心智模式”“团体学习”的结果。

在航天人才科学作风培养工程系列活动中，陆元九经常指出：航天工程是多学科综合、需要团队共同参与完成的系统工程，不能把困难推给别人，而一味地追求自己工作的局部优化，大家应共同研究如何实现整体最优，才能提高解决复杂问题的能力。科研就是要不断地发现问题和解决问题。要有数据观念，要通过对数据的整理与分析得出结论、发现问题，并找到问题的根源；要重视模型与概念，对所研究的对象要有一个模型；物理概念要清楚、一致；要有系统观念，对所研究的对象，要从系统的角度出发，综合考虑；要有量化的概念，对一个问题要能够通过简单的快速计算，得到数量级的结果。

陆元九强调的这些观点，实质上就是《第五项修炼》的核心内容所倡导的“系统思考”在工程技术问题上提出的一些细化要求。航天人才科学作风培养工程和《第五项修炼》虽属两门不同性质的学科范畴，但两者提出的解决问题的思路和方法，大体是一致的。

哲人说过：“只要找到路，就不怕路远。”由陆元九倡导和带头实践，一批老专家言传身教、讨论交流的航天人才科学作风培养工程，已在一些研制单位进行试点，并使科技人员在实际工作中取得成效。

这项工程是航天领域实践科学发展观中一项重要的修炼。当然，已取得经验的研制试点单位，工作有待深化；其他一些科研单位尚待有序推广。

可以相信，长期坚持下去，在不久的将来，航天人才科学作风培养工程必将为我国航天科技进步和国防事业的发展作出更大的贡献。

陆元九

陆元九院士传记

Academician Lu Yuanjiu's Biography

第二十一章

工程科技的复兴

1949 年新中国成立后引进大批工业项目，建立工业基地，实施中长期科学发展规划，先后成立了中国科学院和中国工程院，在中华民族科学工程技术伟大复兴的大道上迈步前进。

中国是一个拥有5000年历史的文明古国，在科学技术发展早期，在天文学、数学、农学、医学等领域获得了辉煌成就，指南针、造纸、火药及活字印刷术四大发明久负盛名，对推动世界文明与发展作出了重大贡献。从18世纪开始，中国落后受辱，险遭被列强瓜分的厄运。

1. 灿烂的中华文化

在科学技术发展史的早期，中国在天文、数学、农学、医学等领域都有辉煌的成就，特别是指南针、造纸、火药及印刷术四大发明以及完成万里长城、南北大运河、都江堰等大型工程项目，对推动世界文明与发展作出了重大贡献。

早在战国时代，人们发现了磁石吸引铁的性质和磁石的指向性，并以此制出了能自动指向南方的仪器，称之为“司南”，即指南针。指南针的发明及其在航海上应用，为中国乃至欧洲航海家的航海活动提供了条件，大大加速了世界经济、文化、技术的交流与发展。

公元105年，蔡伦在总结前人制造丝织品的经验的基础上，用树皮、破渔网、破布、麻头等作为原料，制造成了适合书写的植物纤维纸。纸的发明为当时的社会发展和教育、政治、商业等方面的活动提供了极为有利的条件。

火药是中国隋唐时期的炼丹家发明的，并最早用于军事。火药武器的使用，改变了作战方式，在陆地战争、战略战术、攻城技术以及海军作战等各方面造成革命性的影响。

印刷术始于隋朝的雕版印刷，经宋仁宗时代的毕升予以发展、完善。活字印刷术的发明是印刷史上一次伟大的技术革命，大大促进了文化的传播。

中国的四大发明在人类科学文化史上留下了灿烂的一页。这说明中国劳动人民注重应用科学，解决实际问题。这些技术又通过陆、海丝绸之路传到西方，推动世界进步。姑且不论早期情况，从唐朝贞观之治起，中国 GDP 占全世界的 50% 以上，这种盛况一直维持到清代康熙、乾隆年代。但是受到封建社会的限制，夜郎自大，未跟上欧洲工业革命的步伐，酿成长达百余年的屈辱历史。

2. 落后挨打的年代

18 世纪中叶，欧洲进行了工业革命，先后发明了水轮机、蒸汽机等，促进了机械化，生产力得到快速发展。而此时清王朝还是“天子”论，闭关自守，未跟上工业革命的步伐，造成了落后挨打的局面，使中华民族成了一个被压迫的民族。

1840 年英国发动鸦片战争，用坚船利炮轰开了中国的大门。1842 年清政府被迫签订了丧权辱国的《南京条约》。从此，爆发了一系列的侵略与反侵略战争，签订了一系列不平等条约。例如，1856 年的第二次鸦片战争和 1858 年的《天津条约》；1860 年的《北京条约》；1894 年的中日甲午战争和 1895 年的《马关条约》；1900 年的八国联军侵华和 1901 年的《辛丑条约》。这些条约要求中国割地赔款、外国有权在中国驻军等苛刻条件，有些地区甚至树立“华人与狗不得入内”等污辱性标牌，更是让中国逐步沦为半封建半殖民地社会，险遭被瓜分的厄运。

在清王朝日益腐败、帝国主义侵略一步步加深的情况下，1911 年（清宣统三年），爆发了资产阶级民主革命，即辛亥革命，结束了中国长达两千年之久的君主专制制度。但随之而来的军阀混战，未能解除中国落后受辱的局面。第一次世界大战期间，中国和日本均为协约国成员，袁世凯政府不顾全国人民的反对，在 1915 年 5 月，接受日本提出的“二十一条”，承认日本继承德国在山东的一切特权。1931 年 9 月 18 日，日本发动九一八事变后占领了东北全境；1937 年侵占南京时，持续数月的屠杀、奸淫烧杀无恶不做，导致约 30 万无辜的中国同胞被日本军队残暴地杀害。陆元九一家在日本侵华战争时期流离失所，连正常的学习环境都没有，大学生活都是在炮火中度过的，深感国弱受欺的耻辱。这些屈辱的历史，使陆元九暗下决心，一定要努力学习科学文化知识，为祖国的强大贡献自己的力量。这些屈辱的历史，也时刻警示着我们每一位中华儿女勿忘国耻，振兴中华。

3. 振兴中华谱新篇

鸦片战争打开了中国的门户，清政府的一些官员认识到“坚船利炮”的威力，开始学习西方技术。19 世纪 60 年代开始向外国购置洋枪洋炮，效法洋人，兴办军事工业，依洋法操练军队，学习外洋科学技术，创办新式学堂，派遣留学生等。由于这些活动主要取法外洋，所以称洋务运动。可是在“中学为体，西学为用”的指导思想下，政治上并未触及封建阶级的统治，社会仍停留在农业、手工业阶段。相比之下，日本经过明治维新，效法西方民主政治，学习科学技术，已初步进入工业化时代。1894 年中日甲午战争前，两国军事实力相比，中国略优于日本。可是中国却遭到惨败，使全国人民进一步认识到，必须要进行政治制度的全面改革，先后推动“立宪运动”、建立革命团体、发动武装起义等，并成立了中国国民党。

20 世纪初，一批知识青年发起了新文化运动，提倡民主，反对专制；提倡科学，反对愚昧；提倡新道德，反对旧道德；提倡新文学，反对旧文学。这在思想上为社会变革做好了准备。第一次世界大战期间，在日本的强迫下，北洋政府签订了丧权辱国的“二十一条”不平等条约，激发了“五四运动”，促进了中国共产党的诞生。

1911 年的辛亥革命，建立了中华民国，在起初的一段时期内，军伐混战，外患不断。特别是日本的侵略，爆发了抗日战争。尽管如此，当时国民政府还是注意到发展科学技术的重要性，派留学生到国外学习先进技术。最初派留学生学自然科学方面的比较多，1930 年后，学工程技术的，如土木工程、机械工程、电机工程、航空工程等开始增加。他们学的都是先进的技术，但因为当时国家工业建设跟不上，难有合适的工作岗位，所以这些人回国后大多在大学里传授知识。陆元九在大学时期的老师，大都是回国不久的公派留学生。陆元九自己也是 1945 年出国的公派留学生。国民政府还建立了中央研究院、北平研究院、航空研究院等。但受当时条件的限制，这些机构都属于初创阶段。中央研究院的学科也偏重于数学、物理、化学、生物等自然科学。

新中国的成立为工程技术科学的发展开创了前所未有的广阔前景。1949 年在中华民国时期已成立的中央研究院和北平研究院的基础上，成立了中国科学院。1953 年开始大力开展工业建设，从苏联及东欧引进了 156 项大项目，其设计、设备、技术都配套引进，并派人员到国外培训，学习技术和操作。这些大项目成为中国工业的基础，并为科技人员“消化、吸收、改进、创新”提供了施展身手的大舞台。

1956 年是中国现代科学技术发展史上的一个重要里程碑。国家提出了“向科学进军”的口号，科学技术事业开始进入了一个有计划的蓬勃发展的新阶段。也就是这一年，中国制定了第一个发展科学技术的《1956 ~ 1967 年科学技术发展远景规划》，简称 12 年规划，拟定了 57 项重大任务。其中大部分是工程技术内容。另外，还要求科学院采取紧急措施，组建电子学、半导体、自动化和计算机四个研究所，其他单位加强原子能和组建喷气技术研究机构等。12 年规划提出的任务于 1962 年提前完成，从而奠定了中国在原子能、喷气技术、电子学、半导体、计算机及自动化六大新兴科学领域的基础，也促进了其他有关领域的发展，并为国防现代化建设提供了强有力的支持。

人才方面，一大批国民党时期的专家学者获得了新生和重用，也激发了大批海外学习的殷殷学子的报国心。他们克服重重困难回国效力；中国还派遣了大批留学生及实习生到苏联及东欧国家学习。在国内新建了一批专业性强的大专院校，培养了大批科技人才。这些中坚力量在发展我国科学技术、大型工程项目、技术攻关、产业发展、科技创新等方面作出了突出贡献。1959 年的陆相生油理论；1964 年中国第一颗原子弹爆炸成功；1965 年人工合成牛胰岛素；1966 年中国第一颗装有核弹头的弹道导弹飞行成功；1967 年中国第一颗氢弹爆炸成功；1970 年，东方红一号人造地球卫星发射成功；20 世纪 70 年代初，陈景润完成了“1+2”的证明，向完全证明哥德巴赫猜想迈进了一大步。

改革开放为科学技术的发展创造了更加有利的条件和环境。1978 年 3 月 18 日至 31 日，在北京召开了全国科学大会，陆元九荣幸地参加了大会。时任国务院副总理的邓小平在全国科学大会上提出，要实现农业、工业、国防和科学技术现代化，关键在于实现科学技术现代化，并强调科学技术是第一生产力。国家先后制定了“星火计划”“863 计划”“火炬计划”“攀登计划”、重大项目攻关计划、重点成果推广计划等一系列重要计划，推动了科学技术的发展。1995 年 5 月召开了全国科学技术大会，提出“科教兴国”战略。中国取得了巨大的科技成就：建成了正负电子对撞机等重大科学工程；银河系列巨型计算机相继研制成功；长征系列火箭在技术性能和可靠性方面达到国际先进水平，在世界上首次构建成功水稻基因组物理全图；建设了当今世界最大的水利枢纽工程——长江三峡水利枢纽工程；神舟五号载人飞船发射成功并顺利返回，使我国成为世界上第三个独立掌握载人航天技术的国家；神舟八号无人飞船升空并与“天宫一号”目标飞行器进行了空间交会对接；嫦娥三号着陆器成功探月，并实现月球软着陆；海面以下 5000 米载人深潜，等等。

4. 组建高水平机构

在新中国即将成立之时，1949 年 9 月，钱三强和丁瓒共同起草了《建立人民科学院草案》，提出了中国科学院的基本框架。1949 年 11 月 1 日在国民政府的中央研究院以及北平研究院基础上，成立了中国科学院，首任院长为郭沫若。中国科学院成立后，迅速凝聚了一批海内外优秀科学家，组建了高水平的研究机构。

（1）建立学部委员制度。1955 年，中国科学院学习苏联经验，也准备实行院士制。但鉴于当时中国科学技术尚不发达，从事的科学研究项目较少，国内现有科学家与苏联的院士有一定的差距，实行院士制度尚不成熟，决定先建立学部委员制。首先选一批人建立推荐委员会，经选举推荐并经批准，由国务院任命为第一届学部委员，是当时我国在科学技术方面的最高学术荣誉称号。之后设立了物理学数学化学部、生物学地学部、技术科学部、哲学社会科学部四个学部。其中，自然科学 3 个学部的学部委员 172 名。1955 年 6 月 1 日至 10 日，在北京召开了成立大会，党和国家领导人周恩来、董必武、陈毅、陆定一、李济深等出席会议并讲话。成立大会上，制订了有关规章制度，确定由学部委员选举产生新的学部委员，每两年选举一次。

1957 年是选举年，正值反右时期，一切从简。在自然科学方面选出了 18 名新的学部委员，其中技术科学部 2 名。此后，经 1959 ~ 1961 年三年自然灾害以及 1966 ~ 1976 年“文化大革命”，学部委员选举中断了 10 余年。直到 1978 年科学大会上提出恢复学部委员选举的建议，后经批准，于 1980 年举行中国科学院第三届学部委员选举工作。

1980 年第三届学部委员选举是科技届拨乱反正的一件大事，得到各方面的重视，选举产生了 283 位新的学部委员，其中从事工程科技的人数占了相当的比例，技术科学部成为一个最大的学部。这也体现从 20 世纪 50 年代开始，国民经济建设在“两弹一星”、交通运输、农业、采矿、冶炼、能源、化工等方面多项成果得到认可。陆元九在这次选举中被选为技术科学部的学部委员。在选举初期，行政系统要陆元九写一份简历和成果，当时他认为自己 1956 ~ 1966 年在中国科学院自动化研究所工作期间，任务多变，工作内容大都是调查研究、组建队伍、筹备实验室等初期工作；1966 ~ 1978 年工作又中断了 12 年；1978 年调到七机部 13 所后的两年时间，还处于熟悉问题阶段，自己的工作并无实质性成果，所以他并未重视这次选举。后据知情人说，鉴于他曾承担过“四大紧急措施”方面的自动化技术研究工作，参加筹建中国科技大学并亲自授课编写讲义，撰写出版了《陀螺及惯性导航原理（上册）》；负责“157 工程”，从事液浮惯导平台及液浮陀螺的研制，是我国自动化技术和惯性技术的主要开拓者和奠基人之一，所以选他为学部委员。

第三届有选举权的学部委员有 110 余人，他们的专业偏重自然科学，对近期工程技术的发展不可能很了解。以航天系统为例，在艰难的条件下自力更生，发展导弹武器，使中国具备了自卫反击的还手能力，使敌人不敢轻举妄动，为国防建设作出了重要贡献，亦造就了一批人才。在这一届选举中有 7 人入选。这 7 人中只有 3 人一直在七机部武器系统工作，其他 4 人早期隶属中国科学院系统，1968 年调入七机部系统从事与卫星有关的研制工作。

第三届学部委员选举后，新学部委员的选举又中断了 11 年，于 1991 年才进行第四届学部委员的选举。陆元九是首次参加技术科学部的选举。此时，学部委员中从事工程科技工作的占有一定比例，他们对工程科技工作的特点、成果、评定等发表了很多意见。工程科技工作要求完成工程项目，要做出产品并解决其中的科学技术问题。自然科学重点要求创新，发表论文并得到引用等。这些差异自然引起在技术科学部内如何评价候选人的水平问题，也就是在自然科学和应用科学两大领域如何评选学部委员的问题。

在重大工程项目方面，如各项航天工程，要确定总体指标、选择合理的分系统、难点及攻关项目、时间、进度等；如果指标定的太高，技术难点和攻关项目增多，研制时间延长，赶不上进度，完不成任务；反之，如果指标定的偏低，工程完成后也是落后产品。当时还面临着受国外技术封锁、高技术产品禁运的现实。所以，一定要根据中国的现实情况，解决中国的实际问题。这些工作都需要总设计师及他所领导的总师队伍随时做出决定，或适时进行修改。所以总师的工作绝对不是行政管理，而是技术内涵非常丰富的系统工程。

对科技成果如何评价，是另一个需要讨论的问题。我国在 20 世纪 70 年代前后的 10 余年期间，科学技术发展较慢，与国外的差距不断扩大。对外又缺乏学术交流，仅凭学术期刊的资料了解国外情况。在这种背景下，由 4 位院士向中央提出，“跟踪研究外国战略性高技术发展的建议”，并获得批准实施，这就是著名的“863”计划，即国家高技术研究发展计划。这个计划的主要思想是：跟踪世界先进水平，避免进一步扩大差距，为进一步制定跨越式赶超计划做准备，倡导科技界要根据中国的实际情况，解决我国经济建设中的实际问题。以航天为例，载人航天工程就是在“863”计划的经费支持下进行了先期预研工作，并于 1992 年正式立项，开始研制飞船。1999 年“神舟一号”无人试验飞船首飞成功，并于 2003 年取得载人航天首飞成功。

20 世纪 80 年代以及 90 年代初期，工程技术方面取得很多重大成果，在国内都是首创，但是与国际先进水平相比还有差距。在这些背景下，评价工程科技工作的成果，是按照中国的实际，还是按照自然科学领域的创新、国际先进要求等，是有不同意见的。

在单项技术方面，以陆元九所从事的惯性导航为例，所采用的机械式陀螺仪和加速度计的原理是牛顿第二定律，但是要做出符合精度指标要求的仪表就要解决机械设计、材料、精密加工工艺、组装调试、自动控制等一系列技术问题。还有，这些仪表也无法完全靠设计、加工等环节来达到要求的精度，组装成仪表后要用测试技术及误差分析等方法求出误差系数，在实际飞行过程中对仪表的数据进行补偿，以满足高精度的要求。2006 ~ 2009 年，有关单位得到国家“973”专项资助，在这方面进行了专题研究。这些单项技术也受发达国家技术封锁、禁运的影响，要靠我们自己灵活应用基本原理，结合中国的实际解决工程技术难题。

还有一个引起讨论的问题是，分配给技术科学部的学部委员名额问题。当时自然科学与工程科技两大学科领域，在研究机构、从业人员的数量上都有数量级差别。另外，从 20 世纪 50 年代开始，通过对大型工程项目的引进、消化、吸收、改进和创新，加上长远科学发展规划的实施以及在自然科学奖、发明奖之外，增加了国家级科技进步奖，每年科技进步奖的奖项远远超过其他两项。这都说明大量工程科技人才涌现。学部委员的选举，靠分配给技术科学部的名额，已不能适应国家现实情况，这就引发组建工程院的讨论。

（2）筹建中国工程院。1992 年在全国人大和政协会议上，有组建中国工程院的提案和建议但未获批准。1993 年，两会上再度出现类似的提案。主要有两份，均被批准，这就启动了工程院的筹建工作。对如何筹建，则有不同意见：一种意见是把工程院作为扩大的中国科学院技术科学部，由科学院为主进行；另一种意见认为工程科技（包括农、医等）是一门独立的应用科学，其成果及评价与自然科学有很大区别，应广泛吸收工业部门人员参加筹建。陆元九根据工程技术研究的特殊性，以及评选的标准和办法不同，积极支持成立独立的工程院，在各种不同的会议上发表自己的意见。经国务院有关部门协调，决定由国家科委主任宋健担任筹备委员会主任。筹备委员会及推荐委员会的委员由两大部分人员组成：一是由科学院推荐 20 名左右的学部委员，二是由有关部委各推荐 2 名代表，总共 100 名左右组成推荐委员会。陆元九由科学院选派为筹备委员会和推荐委员会成员。按 1955 年中科院筹建学部委员的办法，推荐委员会分组评议各部门推荐的候选人，并进行选举。选举结果上报国务院，经批准并委任，成为工程院第一届学部委员，共 96 人，陆元九被选为中国工程院第一届学部委员。

1994 年 6 月 3 日至 8 日在北京召开了中国工程院成立大会，党和国家领导人江泽民、李鹏、乔石、李瑞环、朱镕基、刘华清、胡锦涛等出席了大会。会

2004 年中国工程院成立 10 周年合影（前排左七为陆元九）

上拟订了中国工程院章程并推选朱光亚为首任院长。

在成立大会上，还讨论了工程院的名称。在名词术语方面，对“科学技术”“自然科学”“应用科学”，大家有共识，但对“工程”“技术”“工程技术”等却有不同理解。从事工程技术工作的人员也要进行科学研究，根据中国的实际情况解决实际问题。从科学的角度可以用“工程技术科学院”，可是名称太长，同时参考国外同类机构的名称，决定采用“中国工程院”这个名称。

会上，还进行了“学部委员”称号的讨论。1955 年中国科学院考虑当时我国的科学技术水平与国际水平差距较大，未采用“院士”而改用“学部委员”。到了 1994 年，我国的科学技术水平与国际水平虽然仍有差距，但差距已缩小，工程科技人员根据我国的实际情况解决工程中的问题，还是有很强的能力。大家建议实行“院士制”并得到批准。中国工程院院士是我国工程技术界的最高学术称号。

1995 年，中国科学院的学部大会也通过并批准改为院士制。陆元九既是中国科学院院士又是中国工程院院士，简称为“两院院士”，为中国科学院和中国工程院的建设和发展作出了重大贡献。

“创新”是一个国家和民族的灵魂和发展的希望。1999 年 8 月，中国政府召开全国技术创新大会，提出要努力在科技进步与创新上取得突破性进展。2006 年 2 月 9 日，中共中央、国务院发布决定施行《国家中长期科学和技术发展规划纲要（2006—2020 年）》。2012 年 11 月 8 日，中国共产党第十八次全国代表大会提出“实施创新驱动发展战略”，以全球视野谋划和推动创新，提高原始创新、集成创造和引进消化吸收再创新能力，注重协同创新，中国科学技术的发展更加突飞猛进。

我国的现代化建设用了近 60 年，走过西方国家 300 余年的发展道路，靠的是自力更生、以我为主，充分利用国外先进技术，走引进、消化、吸收、改造、

1994年，陆元九（后排左一）与解放初期回国的中国科学院院士合影

创新以及集成创新之路。今后，要加强创新工作，特别要更加重视原始性创新，参与国际竞争，尽快成为现代化强国。

随着社会的进步和科学技术的发展，还会出现一些新的科学领域，例如生命科学等，现在实行的中国科学院和中国工程院的“院士制”，将会随着新出现的科学领域而发展。陆元九盼望着我国有更多的创新成果和新的科学领域，也期盼着建立新的中国某某院。

陆元九

陆元九院士传记

Academician Lu Yuanjiu's Biography

第二十二章

吟到梅花句亦香

“磨难多少事，都付笑谈中”。陆元九以豁达的态度，伴春风秋月，送几度夕阳，其人生丰富多彩又超然恬淡。在常人颐养天年的岁月里，他依然殚精竭虑，不辞劳苦，为中国航天事业的可持续发展作出新的贡献。

陆元九坚韧而又倔强，一生充满了波折和磨难，经历新旧中国两个时代，学贯中西，感受中外不同国度的世态炎凉。如今，年逾九旬的他，不仅有着强烈的爱国情愫，而且有着强健的体魄和青春的朝气，在航天领导机关运筹帷幄，或深入研究所、实验车间，实践着他赤心不改的情怀。

1. 赤心不改应万变

工作多变是陆元九履历的特点。

1949 ~ 1956 年，陆元九在国外工作 7 年，本可以专注于某个尖端科技领域，可是为了不受洋人刁难，迫于形势，他悄悄改变了人生设计，主动使自己的工作岗位几经变化。

回国后的前 10 年，即 1956 ~ 1966 年，陆元九在中国科学院自动化研究所工作，其研究方向因顶层设计不定，他只能被动地适应，任务多变。

1958 年中国科学院自动化研究所的主要任务转向，但无明确任务。

1960 年起，在中国科技大学兼职从事教学工作，并开展陀螺与惯性导航方面的研究。

1966 ~ 1978 年，“文革”期间至拨乱反正的阶段，陆元九的专业技术工作被迫中断 12 年。

1978 ~ 1983 年，陆元九调任航天工业部 13 所任所长，5 年多时间在第一线进行陀螺与惯性导航方面的工作。

1984 年后的近 30 年，虽然陆元九还在进行陀螺惯性导航系统工作，但已不在第一线，主要在中国航天科技集团公司科技委从事项目评审、成果鉴定、故障分析，以及推进人才培养等工作。

岗位多变，带来陆元九工作性质的多变。

他一生涉足控制、结构动力学、汽车、工业自动化、卫星、空空导弹、陀螺惯性导航以及多种运载工具、卫星等多领域的项目立项和成果评审，还关注人才培养等管理科学。

2004 年，陆元九（左一）等在发射场庆祝卫星发射成功合影

1997年9月23日，陆元九在香港出席何梁何利基金科学与技术进步奖颁奖仪式

1984年，陆元九调航天工业部科技委工作。陆元九自谦地认为，自己是航天系统中唯一一个没有从头到尾在一线参加一个型号的工作，唯一一个没有获得任何科技成果奖，唯一一个没有为型号工作去过发射场（2004年两次去发射场，参观发射）的总工程师。

陆元九一生非常谦虚，调入航天系统后，做了不少工作。报奖时，大家想将他的名字报上去，可他一直不同意，他认为这奖应该是集体的，自己没做多少工作，所以，回国后没得过什么国家奖。但大家都知道他是一位兢兢业业、一丝不苟的专家。无论是在中国科学院还是在航天系统，他工作起来，从来不计时间，默默奉献，废寝忘食。在13所任所长时，很长时间，他都是住在单身宿舍。不言而喻，中国航天的业绩凝聚着他的汗水和智慧。

年过九旬的陆元九仍然没有停下工作的脚步，他经常到上海、西安等地出差，下工厂，跑基层。凡是由他负责的工作，他管理都非常严格：审查报告中的数字写得不对或写得不好，返回去重写。一旦遇有重大故障，对来自一线的问题，他仍然是一连三四个月地反复思考，有时甚至连着两三天很少睡觉。2013年年初，他因髋关节有病变，不能站立，很难再到办公室了。

他与大家一起工作，有时组织他人写综述，有时帮助别人写论文或做研究报告，乐做无名英雄。遇到技术问题，他经常将自己的意见和想法写成书面材料，与大家一起讨论，所以，有些工作的成绩是隐形的。对此，已有中国科学院、中国工程院和国际宇航科学院三个院士头衔的陆元九无怨无悔。

尽管陆元九谦逊地认为自己没有获得什么个人成果，但他一生参与了很多工作，在他的生命轨迹里，留下了一串串坚实的足迹。

1949 ~ 1950 年进行自寻最优点的自动控制研究。

1950 ~ 1954 年参加结构动力学试验设备研制和理论分析，研究结果编印到设计手册中，属美国内部资料。

1954 ~ 1956 年在福特汽车公司参加汽车涡轮发动机的研制，进行发动机性能测试系统的研制工作。

1956 ~ 1958 年致力于工业生产过程自动化研究。

1958 ~ 1960 年致力于探空火箭的自动控制。

1960 ~ 1964 年进行陀螺惯性导航及空空导弹制导方面的研究工作。

1965 ~ 1966 年正式启动液浮陀螺和加速度计组成的惯性导航平台系统的研制工作。

在中国科技大学授课期间，他利用空暇时间完成了《陀螺及惯性导航原理（上册）》书稿的写作，该书于 1964 年正式出版。这本书一改以往陀螺方面的著作都是以力学的观点和方法进行论述，而采用自动控制的观点和方法，对陀螺及惯性导航原理进行了深入的论述。书中明确指出：在飞行器控制系统中，陀螺、平台、加速度计都是控制系统中的主要部件，用自动控制技术的传递函数、拉氏变换、方块图、动态及稳态误差等常用的概念和方法，详细地阐明这些主要部件的基本特性。在讨论两自由度进动陀螺的应用时，指出用摆或磁针与陀螺结合在一起，各有特点，组成闭路随动系统，在一定条件下可以提高仪表的性能。

陆元九还在该书中进一步明确地指出：用单自由度陀螺另加力平衡式反馈回路所组成的稳定平台，其功用与一个用内、外两个框架所支撑的两自由度陀螺相同，但稳定平台的性能远比陀螺的性能要好。在稳定平台上安装加速度计并按休拉摆条件组成修正回路构成惯性平台，亦就成为指示铅垂线方向的仪表，并用不变性原理阐明它的精度非常高，而且可以在具有任意加速度运动的飞行器中使用。陆元九在书中详细阐述了浮子式积分陀螺及其应用原理，介绍了振动陀螺、粒子陀螺、超导陀螺、流体转子陀螺、静电陀螺、静压气浮陀螺和动压自由转子陀螺等的工作原理。

《陀螺及惯性导航原理（上册）》把当时最新的惯性技术原理介绍给年轻的科研人员，并在型号研制及工程应用方面发挥了重要的作用。遗憾的是该书下册手稿的主要部分因“文革”内乱而丢失。

1978 ~ 1983 年，陆元九开展试用静压液浮仪表组成的平台、选用挠性陀螺组成的平台和捷联惯性导航系统，组织有关测试设备的研制，强调仪表及系统多种误差特别是系统的动态误差等的机理分析及其测试方法的研究。

陆元九还参与了高精度单轴气浮伺服转台、三轴气浮伺服转台、三轴角振动台、大型精密离心机等测试设备的研制，惯性导航系统测试中心的建立，陀螺指北仪、星光导航的研制，多种运载、卫星型号的立项，各阶段的评审，交会对接及其一些测试设备的研制，一些大型故障的分析等。陆元九积极倡导研制单位建立研究生制度，为建立学习型组织集思广益，拟定科学作风培养工程可操作办法，进行试点和推广等。

在 13 所工作期间，陆元九有时参加外单位的会议，有时参加全国政协组织的视察。为了搞全国规划，他还要到兄弟单位了解情况，有问题还要到外单位请教。所以有时单位同事在单位看不到陆元九，误以为他不工作。其实，陆元九每天都有记录，工作时间大都在 10 个小时以上。为了把工作干好，陆元九对外联系任务很多，找外单位来所介绍情况、交流经验，请中国科学院专家来所做报告等。对此，许多人起初并不清楚，后来看了陆元九写的每天日程安排材料之后才明白。

以赤子情怀归来并认真报效祖国的陆元九，坚定地走在科技兴国的道路上，历万难而不悔。

2. 严于律己做表率

陆元九特别严格要求自己，干一行爱一行，并尽最大努力干好。

他工作中善于思考，能抓住主要矛盾，用简洁的语言表达自己的观点。参加会议评审时，他的做法常常是先看送来的文字报告，每份报告至少看三遍，第一遍粗看，了解报告的大致内容；第二遍细看，看报告中是如何解决这个问题的；第三遍对照看，用自己的观点和方法与送审报告相比对。很少几页纸的材料，他有时要琢磨一整天。他认为，只有这样才能进入角色，讨论时才能说到点子上。对于不是他本专业的报告，他只能用系统工程的观点，尽快找到切入点，从外行的角度，提出一些有益的建设性意见。有些问题一次讨论有分歧，他便不厌其烦，与作者多次讨论，讨论前，还常常将自己的意见提纲交给对方。

2006 年 11 月，陆元九到外地参加固体发动机控制问题的讨论，对他来说这完全是个新领域。第二天上午讨论，头一天晚上 7 点，他才收到报告。陆元九开玩笑地说：“今晚要做家庭作业了。”那天晚上 10 点，他才将材料初步看懂。陪同人员几次催促此时已是 86 岁高龄的陆元九早点休息，他感谢陪同人员的好意，自己却关上房门，做出打算休息的样子，实际上他仍闭门继续深入看材料，直到心中觉得有发言权才歇息。此时已是晨光熹微，他几乎一夜未眠。

陆元九对待试验数据也非常认真。2006 年的一次对实际飞行试验的数据处理，已验证出惯性器件有一个重要误差项。为了核对数据，陆元九用口袋式计算器进行“人工计算”。年纪大，眼睛看不清，手指也不听使唤，难免按错键。他一遍又一遍地进行反复计算，如果两次结果略有不同，他便会进行第三次核算，直到有两次结果完全相同为止，这项计算花了陆元九近两天时间。

陆元九好学而且细致，无论听到或看到什么分析设计、试验结果、试验仪表和数据，只要未弄懂，他就会记在心里，仔细深入思考，紧抓问题不放。

陆元九总是说：“自己是外行，未看懂，所以要问。”其实，有时可能是具体工作人员未讲清楚或者讲错，他觉得提出意见来，也能供人家参考。

3. 严以待人是关爱

古训道“严以律己，宽以待人”，但航天工作来不得半点差错。所以，陆元九除了“严以律己”之外，对别人的工作也不是“宽以待人”，而是要求特别严格。

一次，陆元九看到某飞船交汇对接机构的技术报告里引用了不少国外资料，他担心对原始资料未消化，技术未吃透，便对其中一些关键内容进行反复推导演算，直到全部核对完毕。某单位请他讨论问题，他认真研究材料，对建模数据、试验曲线认真分析核对。照理说，他不是那个项目的设计负责人，如果设计出了问题也不是他的责任，但他唯恐设计存在不周到的地方，相当负责地帮助把关。在他的心中，只有严肃的科学态度，没有一丝一毫个人功利的想法。陆元九朴实地认为："人家既然找到我，我就要对人家负责。"

熟悉陆元九的人，都说他是个有多重性格的"怪"老头。

对日常生活中的事情，陆元九身边的人都说他好打交道，但对搞研究和做学问，那可就是另一回事了。中国航天科技集团公司的一位惯性导航系统专家说起陆元九的严己严人、一丝不苟，简直让人难以置信。他是陆元九的得意门生，可毕业论文，陆元九硬是让他改了 9 次，整整写了一年。在别人那里轻松过关的事，到陆元九那里，不是文章改个"大花脸"，就是项目卡壳。了解陆元九的人都说，他其实是"刀子嘴，豆腐心"。在会上他会对原则问题当面提出尖锐的意见，但背后却常常夸奖年轻同志。

说起陆元九对年轻科技工作者的关心和培养，一位担任研究所所级领导的年轻专家深有感触。据他回忆：自己硕士研究生毕业到航天 13 所工作不久，向《惯性技术学报》投了一篇学术论文。当他的这篇论文被送至陆老总审阅时，此时的陆老总已是院士和航天工业部的总工程师，但他仍仔细地对稿子进行详细的修改和批注，连对英文摘要中用词不当之处都进行了修改，文章被批注得"漫天红"。当时通信还不像现在这么发达，修改后，陆老总亲自找到他，和他讨论文章中的技术问题，给他讲修改意见和思路等。陆老总仔细、严谨的科研作风，以及对年轻工作者的关心，令他深受感动和教育。

这种作风薪火相传，后来这位年轻同志成长为新型惯性技术领域的领军人，在工作中也像陆元九那样，注重培养和关心新人的成长。

陆元九教过的中国科技大学的一名学生，后来分配到航天系统的一个单位，与陆元九共事。为了一个问题，有时师生之间争论得很厉害，甚至脸红脖子粗。但事后，这位学生并没有感到老师有丝毫不愉快，相反，还得到恩师的提醒：

“对这个技术问题，你要格外注意呀！”

陆元九对技术人员要求特别严格。“文革”前，一位科技人员评职称，当这位科技人员在会上做完技术报告时，陆元九当着所有评委的面，一针见血地提出：“你做这些工作是想说明什么问题？试验的目的是什么？解决了什么问题？”而这些本质问题，恰恰是对方较难回答的。陆元九不留情面地投了否决票，最终这位科技人员没有通过职称晋级评定。

“学术平等，为人正派”，是大家给陆元九的中肯评价，“不能隐瞒，不能糊弄，他会实实在在考虑问题，帮助你。”这是大家印象中的陆元九事事出于公心的性格特征。

陆元九是个率直、真诚、不会讨好别人的人。作为航天专家，他经常参加各种项目评审和研究生的论文答辩等会议，大家一听说有陆元九参加，就格外紧张，可见，陆元九的严格是出了名的。既怕受到他的批评面子不好看，又怕被问倒当时下不了台。基层单位有时会先打出陆元九的“旗号”提醒大家：“材料和报告是要交给陆老总看的。”言外之意就是提醒大家认真一些，报告写得不好，到时没准会挨批评。反过来，大家都认为：只要陆元九看过的报告，就可以放心了。

对陆元九的认真劲儿，褒贬不一，不足为奇。工作认真的人认同陆元九，工作马虎的人感到陆元九太厉害，不敢接近。人们都说有点害怕陆元九：“脾气倔强，个性强。其实，本质特征就是‘要求严’。”这要求并不是非分的要求和达不到的目标。

在中国科学院工作时，有的领导对陆元九的评价是：“优点突出，缺点也突出。”要求严是对的，可有时不顾场合，让别人下不了台：脾气太大，动不动就发火，对别人“尊重”不够。还有人误认为他是大人物，地位高，架子大。其实不然。后来大家摸清了陆元九的脾气：“该你干的工作你干好了，他会很认同你，如果不懂装懂，还掩饰自己的缺点，陆元九就会特别‘凶’。”他最看不上该干的工作而没干好的人。他的是非标准，价值趋向，十分客观实际：“本职工作做好的人就是好同志。谁都知道这个朴素的道理，抓到耗子的就是好猫。”

从 1956 年至 20 世纪 90 年代，陆元九出去开会，坐小汽车，总是坐在前排司机的旁边，这不太符合一般习惯。在国内按约定俗成的“规矩”，前排司机的旁边是秘书等工作人员的位置，而后排的右座才是“首长”的位置，但他却总是坐在司机的旁边，他认为这是出于平等的身份，并解释说，在国外都是自

20世纪80年代中期，陆元九在柏林马克思、恩格斯铜像前留影

2000年中秋，陆元九在天安门城楼上赏月

己开车，前排右座是“贵宾席”，这样的安排才不使驾车者有司机的压力。下车时，陆元九一般都会跟司机说清要等多长时间，他十分尊重司机的劳动。

人说“50岁知天命，60岁而耳顺”，其实，陆元九也认识到自己有几分个性强的问题。他说：“性格的形成与多年在国外生活有关，在国外受过很多歧视，怕受人欺负，强化了自己不屈不挠的个性，从不饶人。回国后，时过境迁，还保留这样的性格，像是物理学上的惯性。”陆元九现在慢慢地知道：“脾气大，不是耐心不耐心的问题，而是不尊重别人。‘文化大革命’受到冲击，脾气有了改进，但不能说毛病已全根除。”

陆元九一直就是这样一位具有鲜明个性色彩、刚直不阿、心底无私、襟怀坦白、嫉恶如仇、从善如流的学者。

4. 夜雨瞒人去润花

陆元九是我国航天惯性器件学术的奠基人之一，从力学和控制反馈角度讲透陀螺基本原理第一人。大家公认：“只要是动脑筋想的问题，请教他，他都会非常愿意给你讲，真正做到了诲人不倦。”

“春风放胆来梳柳，夜雨瞒人去润花。”“文革”期间身为反动学术权威，人都靠边站了，他却还敢给年轻人开课补习英语。

年事已高的陆元九，平时会到基层单位指导工作，帮着出主意想办法。陆元九腰有毛病，但上下楼梯从不让别人搀扶，只要他自己能做的事情，他都自己做，从不麻烦别人。走时，也不让基层单位的人送，他常说："你们忙你们的吧，工作重要，做好工作就行。"

2003年抗击"SARS"期间，陆元九身体不好，他的老伴又因癌症住院动手术。当时因找不到保姆，新型惯性导航系统技术团队就找了几名小同志，在这段时间轮流在陆元九家，照顾他的生活。当陆元九听说其中的一名小同志要参加自学考试时，就认真地辅导她，还将英语语法都列成表格，对其进行专项辅导；他还针对一名同志所在岗位需要电路方面的知识，对她进行细心指导。"SARS"过后，耄耋之年的陆元九还亲自购买了鲜花和礼物，到几名小同志的单位，专程向她们表示感谢，这事让大家很感动。

陆元九总是在帮助别人、帮助后辈时饱含热情，在受到别人帮助时，却总是惴惴不安、念念不忘。陆元九身上"人敬我一尺，我敬人一丈"的美德十分鲜明。

有一名陌生的中学生要参加航模比赛，这名学生慕名给陆元九打电话寻求帮助，他爽快地应允了并对其进行耐心指导。陆元九还经常叫他家保姆的爱人到家中做客，遇到保姆家里有困难，他总是施以援手。

学术上，陆元九是良师、严师；生活中，他却是个豁达豪爽的益友。

"文革"前，年轻人的工资只有几十元，陆元九的工资也不怎么高，但他常出资请大家看电影。三年困难时期，有一次晚间，他到实验室与人讨论问题，有个青年很直率地说："肚子饿，难提起精神讨论。"陆元九听了后很受触动，从那以后，遇到晚上再讨论时，他就会把困难时期为高级知识分子特供的黄豆在家中煮好带上，让大家先吃一点再讨论。本来这是一件舍己为人的好事，可在"文革"期间却反落了个"用小恩小惠与党争夺青年"的罪名。

20世纪80年代，陆元九在给科研人员讲课

在中国科学院自动化研究所工作期间，为了确保工作效率和职工的健康，研究组里的羽毛球是他个人掏钱买的，球拍坏了，他就买来材料，让组里人一起修理。那几年，研究组里的运动器材基本能满足锻炼的需要。

除此之外，陆元九还组织科研人员在业余时间进行学习。在航天13所任所长期间，他仍亲自给中青年科技人员讲授英语和专业技术课。那时候，陆元九的工作很忙，忙得一天恨不得当两天用。因为工作地点在五棵松，家却住在海淀区的中关村。为了不耽误工作，有一段时间，他在办公室里搭了一张简易床，住在办公室。一天到晚专心干活，周六晚上才回家。为了照顾他，在职工食堂用餐时，因陆元九是所长，厨师要给他单做，他也不答应。

陆元九还为知识分子分房子中的某些待遇不合理问题，同领导据理力争。一次，一名技术人员找到陆元九反映：分房计算工龄不合理，技术干部上大学不算工龄，分房总分较少，比同龄的工人“分房积分”要低不少。陆元九了解到实际情况后，与党委书记争执起来：“房子是党的财产，还是研究所的财产？”言外之意，党的财产就要执行党的知识分子政策，尊重知识，尊重人才，保证知识分子的待遇。为了这件事，研究所召开党委会，一次次地拟定分房方案。有一次，陆元九列席会议，他提出工龄应从高中或最好从初中开始算起，这当然触动了一些人的利益，个别人刁难地说：“今天开的什么会？党委会为何让非党人士参加，还胡说八道。”陆元九那时还不是党员，但他仗义执言，受到了技术人员的普遍拥护和支持。后来，研究所采纳了陆元九的建议，在分房计算积分时，将上大学的时间计算为工龄，这一创意被航天系统许多单位列入相关政策，应该说这是争来的，但却可谓是陆元九的一项创新。

1983 年，63 岁的陆元九光荣地加入了中国共产党。

陆元九

陆元九院士传记

Academician Lu Yuanjiu's Biography

第二十三章

快乐人生不老松

陆元九志存高远，从没有人生苦短的悲叹，不知疲倦地工作，是他怡享天年的最重要的内容。除此之外，他还常年坚持锻炼，并有很多爱好，业余生活丰富多彩。

陆元九深知，生命在于运动，科学的基础是健康的身体。他几十年如一日地加强身体锻炼，要把人生变成科学的梦，然后再把梦变成现实。他愿用全部的生命从事科学研究，贡献给养育、栽培自己的祖国和人民。

1. 努力工作似良药

陆元九认为工作是生活的重要组成部分，他不把工作看成是谋生的手段，而愿视其为一种乐趣。因此，他总是干一行、爱一行。对于自己一生工作多变，他认为不是漂泊不定，而是人生内容的充实与丰富。

中国航天科技集团公司十分照顾和关心陆元九这位老院士，怕他累倒，有些工作便不通知他，或者说“不让”他参加，可不管是什么事情，只要被陆元九“撞”上，他都会主动地参与。

他还调侃说，当了顾问，不应该是不顾不问，至少要做到有顾必问，应该是不顾亦问。

科技委的工作涉及全局，专业技术复杂，谁都不可能像体操比赛那样多项“全能”，不可能什么都懂。因此，如何找到切入点，了解问题并有发言权，是

1989年，陆元九随政协代表团视察新疆天池

个现实问题。陆元九的经验是：从可以了解的部分切入，逐步深入，进入角色；抱着学习的态度，感觉学到了新东西，自然能引发兴趣和乐趣；如果将“工作”、了解问题、解决问题，作为人生的乐趣，就能做到干一行、爱一行，做到没事找事干；有不懂就学的求知欲和兴趣点，对其中不懂的东西，就会从“不自觉”地思考，到自然地介入。

2003年，心理医生在治疗他的焦虑抑郁症时，劝他多出去散散心，旅游、运动，甚至打打麻将，这些消遣可以转移他对焦虑的注意力，都可以治病。在心理医生诊治前，他不敢工作，害怕用脑。了解了治病方案后，陆元九选择了力所能及的技术工作，由易到难，居然很快收到了效果。回想起这段经历，陆元九经常说：“工作是良药，可以治病。”他常感慨：“可惜精力不足，干不动了。不干活，受不了；有活干不动，也不好受。”

2. 心理健康人增寿

陆元九从高中时起，就一直注意锻炼身体，生活有规律，身体一直很好。1996年，在“长征三号乙”航天故障分析时，陆元九感觉比较劳累，长时间思考问题，白天黑夜颠倒，生活规律被打乱，加之参加故障分析精神紧张，压力大，出现了失眠症状。2003年，“SARS”期间，老伴生病，做了两次大手术，同时出现脑萎缩。看到老伴生病痛苦的样子，陆元九心理压力陡然增大，精神渐渐不支，焦虑加重了失眠症状，服用的安眠药药量较往常增加一倍，开始有效，后来也不管用了。陆元九的焦虑渐渐加重，怕这怕那，连走路都怕摔跤，以致服用安眠药的剂量增加到正常量的4倍，仍旧彻夜难眠。陆元九先看内科，后转神经科。医生多次提醒他要心理放松，不能靠安眠药。他自己也采取了不少措施：数数字、搓手心、烫脚、按摩、深呼吸、气功等物理疗法，但都收效甚微。

神舟五号飞船发射前，他原定去发射场，但临行前头昏，站立不稳，所以未能成行。陆元九的心理压力很大，甚至出现绝望的心情，但一想到相濡以沫几十年的老伴儿没人照顾，就咬紧牙关挺住。一次他到医院看病，正好碰上了一位心理专家。

陆元九向心理医生简单介绍了自己的病情：“失眠几个月，服用安眠药剂量是常量的一倍，近期增到了4倍，仍经常连续几天睡不着，最近已有4天未睡。”

医生问：“是否锻炼？”

陆元九回答：“每天都散步，有定额步数，走多了，怕累；走少了，怕锻炼不够。”

“散步时想什么？”

“一心不忘睡不好觉的问题。”

“睡觉前能否放松？”

“室内散步，400步，不多不少；热水洗脚，水温越来越高，直到脚烫红起泡；揉搓手心，用劲以致搓脱皮；上床还数数，数到成千上万，还是睡不着。”

“做这些时，是否能放松？”

“一直在想，经过这些疗法能有助于睡眠，但无济于事。”

医生最后开玩笑地说：“生病的人，并不像一部出了毛病的机器，你们搞技术工作的人，想靠外力修机器的办法来治心理上的疾病是不行的。”

经过近两个小时的“心理疏导谈话”，医生最后的两段话，解决了他的难题：“你已经睡着了，不过不是正常理解的几小时睡眠，而是几次短暂的深睡，每次可能是几分钟甚至十几秒。如果真像你说的4天未眠，像你这么大年纪，哪会有精神并很有条理地与我对话，恐怕连站都站不起来了。你吃安眠药，已失效，但已上瘾，又不能立刻停药，所以，关键是要放松。不要一天到晚干什么事情都想到睡眠，要忘记睡眠，才能入睡。”

医生还叮嘱：“有效治疗一周后，再复诊，无效随时可来。”除了进行这些心理疏导之外，医生还教给他一些精神放松的办法，结果真是神验。当天晚上，陆元九10点上床，估计11点就进入了梦乡，一直睡到凌晨2点才醒，醒到天亮，但这足以恢复他对战胜疾病的信心。经过一周，他已能在上床不久即进入睡眠，夜间醒后也能逐渐再度入眠。陆元九按时去找那位心理医生，经过近半年的规律治疗，更换药物，终于完全康复了。

通过这次经历，让陆元九领会到心理健康的重要性。大致从2004年3月起，同事们都有一种共同的感觉，陆元九完全变了个人，更加乐观、豁达了。

3. 锻炼身体几十年

陆元九一直有着积极的人生态度，十分注意锻炼身体，每个阶段都有自己的运动项目。从高中到现在，他坚持用不同的方式健身，长期保持着健康状态。

高中时打网球、排球，那时，他是班级代表队的成员。大学搬到重庆，条件艰苦，大学的操场就是一个排球场，两个篮球场，没机会打网球，他就打排球和跑步，每天早晨跑完5000米，再与大家一起做早操。后来又打篮球，他是大学助教队的队员。

陆元九在国外，一度网球打得较多。参加工作后网球打不成了，就游泳。福特汽车公司鼓励职工进行体育锻炼，给经费、给条件。那时，陆元九一周打两次排球或游泳，并学习打高尔夫，还参加比赛。

陆元九对很多运动项目都较熟悉，回国后他多次横渡过颐和园的昆明湖。有时到白石桥的首都体育馆看节目，散场后，不坐车，快速步行回中关村，约45分钟走完6000米。

陆元九说："自己不是爱打球，而是工作紧张，不去运动，身体恢复不了不行，要调剂精神。"那时，他家住中关村，运动条件较好，福利楼后面有个网球场。1958年，陆元九和化学所的一位女同志合作，获得了北京市教育工会网球比赛男女混合双打冠军。"文革"期间，网球被批判成"封、资、修"的东西，陆元九戴着"特务帽子"，别人不敢与他多接触，陆元九只好靠跑步来锻炼身体。

陆元九在担任13所所长时，还坚持每天跑三五千米，很少间断。1984年，陆元九60多岁还坚持跑步。1993年，他的腰椎动了一次手术，便不能再跑了，下午工间操时间，他只好改为绕着机关附近的玉渊潭公园快步走一圈，有三四千米。近些年来，快走也不行了，陆元九只能拄着拐杖慢走，每周至少三次，少则600米，多则2000米。除此之外，他每天还做10分钟自编的工间操。2013年年初，他的左髋关节出了毛病，陆元九仍想方设法锻炼，每天上下午，扶着助行器行走约半小时。

陆元九还积极参加集团公司的各种健身活动。2004年参加爬西山八大处的登山活动，他拄着拐杖，硬是坚持爬到第五处；2005年、2008年，他参加中国航天科技集团公司运动会的多项比赛，个别项目还获得了名次，因是参赛者中年纪最大的，获得了特别奖。

2004年，陆元九（左）参加中国航天科技集团公司登山比赛

2005年，陆元九获中国航天科技集团公司运动会特别奖

古人云：“流水不腐，户枢不蠹，动也。”由于长期注重参加体育运动，陆元九虽然历经几次外科手术，但依然身体健康，精神矍铄。

陆元九十分赞赏居里夫人的观点：“科学的基础是健康的身体。”他经常劝中青年科技人员：“对身体不能透支，来日方长，不要等失去健康再后悔。”

4. 心灵深广爱好多

黑格尔说：“一个深广的心灵总是把兴趣的领域推广到无数事物上去。”陆元九就是有着深广心灵的人，他的业余爱好比较多。

在重庆中央大学任助教准备出国考试时，他学会了打桥牌；在美国麻省理工学院参加学校工会组织的桥牌比赛，还得过一次冠军。为了打桥牌，他买了不少书，从概率分布推算叫法、打法，打牌时全神贯注，那时的记忆力好，一副牌打完，每次出什么牌都能记住，并能推算出对方手中还有什么牌等。这种专心致志地玩牌，对做研究工作也是一种脑力休息。回国后，陆元九教年轻同志打桥牌，而这也成为他“文革”中的一条罪状。

在美国读研究生期间，陆元九还学会了欣赏古典音乐。那时是穷学生，每晚自己做饭，吃饭时就放古典音乐的唱片，养成了习惯。陆元九还看有关书籍，一些著名交响乐、小提琴协奏曲、钢琴协奏曲、歌剧等主要优美段落，至今还能哼出来。

柏拉图曾指出：受过这种良好音乐教育的人可以敏捷地看出一切艺术作品和自然界事物的丑陋，很正确地加以厌恶；但是一看到美的东西，他就会赞赏它们，很快乐地把它们吸收到心灵里，作为滋养，因此自己的性格也变得高尚优美。据此，我们可以这么说，人生跌宕的陆元九有着十分鲜明的人格魅力，这与音乐的陶冶不无关系。

陆元九做事极为认真，一生喜爱看书。1997 年，医院诊断他患了突发性室上性心律过速，他便找来心电信息学等医学书籍，了解病因，体会到这种毛病与自动控制的冗余系统有关。1993 年动腰椎手术前，2005 ~ 2006 年胆囊炎切除手术前，2013 年左髋关节失效时，他都查阅了相关书籍，了解前因后果、术后保养等，这样一方面能增加知识，另一方面能理解医生的诊断并配合治疗。

陆元九就是这样一个主张“认真地学习，认真地工作，认真地玩，认真地休息”的科学大家。

2003年，陆元九游三峡

2004年，陆元九在西柏坡

2007年，陆元九在无锡

陆元九

陆元九院士传记

Academician Lu Yuanjiu's Biography

第二十四章

院士夫人王焕葆

著名化学家、教育家的父亲和善良敦厚的母亲的品德，陶冶了王焕葆的情操。王焕葆和陆元九相识在美国，同舟共济在当时并不风平浪静的中国，俩人几十年相濡以沫，相扶相持。

王焕葆系名人之后，父亲是留学英国的学者，先为北京大学教授，“五四”运动中通知过李大钊躲避抓捕，曾把陈独秀藏在自己家中和协助其化妆逃难，之后，长时间担任武汉大学校长等教育机构的要职，病逝时，被陈毅手书赞为“一代完人”。

自强的王焕葆也是留美学者，曾在美获得动物系硕士学位。与陆元九结婚后，为了支持丈夫事业，做出过很大牺牲，获得了丈夫由衷的敬佩。

2009年，相濡以沫的陆元九夫妇迎来了幸福、痛苦和磨难交织的钻石婚的珍贵日子。2014年6月22日，王焕葆驾鹤西去，给人们留下了深深的怀念。

1. 留学三载失双亲

陆元九的夫人王焕葆生于1923年1月，祖籍为安徽省怀宁县。1943年，王焕葆毕业于武汉大学生物系，1943 ~ 1946年，先后在武汉大学读研究生，以及在成都县女中、广州中山医学院任教；1946年，获美国蒙荷利山女子学院全额奖学金（学费及生活费），到动物系攻读硕士研究生，因美洲轮船公司罢工，1947年年初才到美国。

出国不到一年，王焕葆就获悉慈母去世的消息，这令她十分痛苦。本打算放弃学业回国奔丧，但被父亲劝止。1949 年 6 月，王焕葆获硕士学位，适逢新中国成立前夕，中美关系恶化，交通受阻，她一心想回国探望年迈的父亲，可归途无望。当时她申请并已获得哥伦比亚大学的入学申请，还包括一些奖学金，拟读博士学位。1949 年暑假，王焕葆在纽约市给一个家庭打工，干杂活，那家居住的公寓大楼在地下室有一间带卫生间的房子，成了王焕葆临时的蛰居之地。

此时，陆元九已在麻省理工大学毕业并留校工作，王焕葆与陆元九认识交往一年多，彼此已很了解。在读博还是结婚的两者之间，王焕葆最后决定把生命之舟与同是天涯求学人、大个子帅小伙的陆元九捆绑在一起，并驾齐驱，毅然远航。

祸不单行，在王焕葆母亲病逝一年多之后，1949 年 10 月 8 日，她的父亲王星拱（曾任武汉大学、中山大学校长）在上海解放初期也驾鹤西去。由于天各一方，音讯不通，直到 1949 年年底，王焕葆、陆元九这对新婚夫妇才得知这个噩耗。

王焕葆出国读书三年，与父母双亲的离别竟成永诀，那份遗憾和痛苦不言而喻。

2.“一代完人”泽后辈

王焕葆的家庭背景虽然平凡但又不失显赫。

2008 年 4 月 24 日，午后的春晖沐浴着武汉大学静谧的老图书馆，也给一个刚刚揭幕的铜像披上了金辉。在武汉大学工作 17 年，主持校政 12 年，成为武汉大学校长任期时间最长的老校长——王星拱的半身铜像，在武汉大学西迁乐山 70 周年和王星拱校长诞辰 120 周年的春日里，矗立在武汉大学的校园里，接受人们的瞻仰，同时给师生带来峥嵘岁月里“创立武大，流亡四川以及重归

陆元九女儿陆忻向外祖父铜像献花篮

江城”的回忆。

这位武汉大学老校长王星拱先生就是王焕葆的父亲、陆元九的岳父。

王星拱先生，字抚五，1888 年 7 月 17 日出生在安徽省怀宁县高河埠镇王家大屋（今马庙镇凌桥村）的一个清贫私塾教师家庭，王焕葆的祖父为清末秀才。王星拱 3 岁丧母，同胞兄妹 4 人，他排行第三。自幼因家境贫困，曾就读于外祖父刘家私塾，勤奋好学，深得外祖父一家人的钟爱。1902 年，王星拱由怀宁县选派，经过严格的入学考试，被安徽高等学堂录取。

十分庆幸的是，王星拱在安徽高等学堂学习后期，中国近代著名思想家、教育家严复应聘出任该校监督（相当于校长）。王星拱因学习刻苦，才思敏捷，尤其是英语成绩出众，多次得到严复先生的嘉奖。

1907 年，王星拱在安徽高等学堂顺利毕业后，考取公费留学生，随后前往英伦，进入英国伦敦帝国理工大学，主攻化学专业。1912 年前后，王星拱与丁绪贤等人在伦敦发起成立中国科学社。

1916 年，王星拱完成学业，获化学硕士学位。离开祖国 8 年之久的王星拱急于报效祖国，随即踏上归途。回国后，他就接到北京大学校长蔡元培先生的聘书，邀请他担任北京大学化学系教授兼二院主任。他愉快地接受了这一邀请，赴京就任。

在北京大学执教期间，王星拱遇见了两位安徽怀宁老乡：时任北京大学文科学长(即文学院院长)的陈独秀和北京大学预科教授程演生，三人很快成为莫逆之交。王星拱和陈独秀等爱国进步教授发起成立了北京大学俱乐部，投身于新文化运动。他参与《新青年》《学潮》杂志的编辑与撰稿等工作，发表了《科学的起源与效果》《未有人类以前之生物》等一批在中国青年和思想界产生重大影响的文章。1919 年“五四”运动中的一天，王星拱匆匆来到李大钊家，通知李大钊，京师警察厅要抓他，让他外出躲避一下，李大钊决定去老家滦州。王星拱还曾把陈独秀藏在自己的家中，使其躲过警察的抓捕并协助陈独秀化装逃难，经天津赴上海。

王星拱还不顾危险，与人分头秘密散发由陈独秀、李大钊编印的《北京市民宣言》，斥责北洋政府卖国罪行，表达自己的忧国忧民之情。

作为一名科学工作者，王星拱深感国人科学常识和科学精神的缺乏，为响应蔡元培校长“融通文理”的号召，他为全校文科学生开设了“科学方法论”，内容包括科学方法和科学效果两大部分，受到北京大学学生和学术界的广泛好评。

1920 年，北京大学将王星拱的“科学方法论”讲稿整理后正式出版。1921 年，他翻译的英国哲学家罗素的《哲学中的科学方法》，也被商务印书馆编入《罗素丛书》出版。

王星拱在中国的教育界和学术界声誉日高，他的家乡安徽积极筹备组建了第一所具有现代意义的省属高等学校——安徽大学。在安徽大学成立时，王星拱已经离开北京大学，先后在南京第四中山大学任高等教育处处长、化学系教授（第四中山大学后改称中央大学，为今南京大学前身）。

几乎在与安徽大学成立的同时，1928 年 7 月，国民政府大学院院长蔡元培发布命令，决定在武昌中山大学的基础上，组建国立武汉大学，王星拱被聘为筹委会委员。随后，王星拱投入到繁忙的武汉大学选址和筹建工作之中。他还出任武汉大学建筑设备委员会委员、理工学院院长兼化学系系主任和化学系教授等职务，工作异常繁忙。后来王星拱出任武汉大学副校长（实际是代理校长）。1929 年 6 月，安徽省政府聘请王星拱任安徽大学校长职务。

虽然此时王星拱实际一直主持国立武汉大学校务，并已被正式任命为副校长，且武汉大学的建设和教学工作进展顺利，已开始步入正轨，条件、环境较为优越，而安徽大学仅仅是一所成立不久的省属大学，条件简陋，然而出于支持家乡教育的赤子之情，王星拱还是勉为其难地接受了安徽省政府的聘请，出任安徽大学校长。1929 年 7 月，王星拱来到安徽大学就职，但眼前的情形比他预想的还要糟糕。为了将安徽大学建设成一所高水准的综合大学，王星拱拟聘请全国著名学者、教授加盟安徽大学，全面提高师资水准，并将其作为自己筹款建设校舍外的又一主要工作。

王星拱在安徽大学积极致力于学校的根本制度建设，他以北京大学和武汉大学的管理模式为依据，与全校教职员一起，重新制定了学校的各种管理制度。在出任安徽大学校长之际，他还继续承担、实际主持国立武汉大学的校务工作，多数时间留守武汉。后来实在分身无术，王星拱在1930年6月，正式辞去安徽大学校长职务，但并没有完全割断他与安徽大学联系的纽带。

1933年，安徽大学为了加强与社会的联系，决定成立首届安徽大学董事会，聘请一批皖籍名流和学者为董事，首先考虑聘王星拱为安徽大学首届董事会董事。就在这一年，王星拱被南京国民政府正式任命为武汉大学校长，并一直担任这一职务至1945年6月，成为实际主持武汉大学任期最久的校长，许多校友都认为，他对武汉大学的贡献是无与伦比的。

抗日战争爆发后，1938年2月底，王星拱校长精心组织武汉大学一、二、三年级师生跋山涉水西迁四川乐山，他在夏天送走四年级毕业生后，最后一批离开学校，乘坐卡车，颠簸千里，抵达乐山。图书设备、仪器、工厂车床等完好运抵乐山，成为当时内迁中实力保存较好的大学之一。他更在临走前，严令留守，并谓国难如此，能保全一部分艰难缔造之校舍便是替国家保留一部分莫大之元气。情辞恳切，临危受命，保全了武汉大学老建筑。

王星拱早年在北京大学任教时就深受蔡元培“兼容并蓄”思想的影响。他不遗余力地保护师生，使武汉大学在那个年代里成为了民主自由的世外桃源。抗日战争时期，缪朗山在武大教授俄语，受到很多学生的欢迎，偌大的教室座无虚席，连窗台上都趴满了人。不久，乐山当地国民党派遣军警包围课堂，逮捕缪朗山，并放言:“教俄文就是传播共产主义思想，俄文教员是共产党员。”王星拱很快赶到警局保释并愤怒地反驳道："教俄文就是赤化，教日语岂不是成了汉奸？"乐山时期，清华大学一位著名教授说过："就教师质量而言，清华大学不如武汉大学。"那时武汉大学集聚了高水平的教授110多人，数量位居全国第二，师资力量仅次于西南联合大学。

王星拱不畏权贵，曾拒绝国民党在校内建立区分部，并保护进步学生，主持学生开展抗日宣传活动。

1945年，他任广州中山大学校长，中山大学不少学生在"反内战、反饥饿、反迫害"的游行示威中被捕，他多次同广州反动军政当局据理力争，要求释放被捕的爱国进步学生，但遭拒绝。于是，王星拱愤然离校，以示抗议，并在香港公开发表反蒋、反独裁、反内战讲话。"弃功名如敝屣，竹篱茅舍自甘心"。他毅然决定，由香港辗转返回安徽故乡安庆。

1949年年初，国民党高教部多次致电王星拱，邀他赴台湾任职，但均遭到王星拱的断然拒绝。

王星拱在其几十年的教学生涯中，办学思想能适应世界进步的大环境需要，敢于拒绝国民党反动的"党化教育"，故校内的学术思想活跃。此外，王星拱还主张高等学校教育要朝综合方向发展，既重视基础课教育，又要摆正理论与应用的关系。他还严格要求学生用功读书，锻炼身体，做到"德、智、体、群"四育齐头并进，实为难能可贵。

王星拱校长爱校如家，为保持武汉大学这块神圣学府的声誉，不惜违拗权贵。在西迁前的珞珈山武汉大学时期捐钱建校，对武汉大学有过较大贡献的湖北省主席的儿子三次报考武汉大学，都因成绩不够未被录取，托人说情，皆遭王星拱婉拒，只同意其儿子上课旁听，不给学籍。王星拱凛然风骨，令师生钦敬不已。

1939年夏，他的两个女儿同时参加四所大学的联合招生考试，王焕葆成绩合格，录取入武汉大学生物系，另一女儿因成绩稍差而落选。他以身作则，让女儿去白沙念了一年大学先修班补习功课，第二年她才正式考入武汉大学。那时，他的两儿两女都在读书，他们都属战区学生，理应享受学生贷金，但王星拱坚持不让申请，他认为那些远离家乡的学生更为困难，应当优先把名额让给他们。王星拱严于律己的美德，深深铭刻在母校师生的心头。他让儿子到工厂做工，让女儿到中学兼课，以贴补零用。王星拱一个女儿的文凭也因拖欠学费一直没有领到，至今仍保留在学校档案馆。

王星拱一家节衣缩食，穿则粗衣布履，食则杂以瓜薯。两个女儿住校内宿舍，不参加宿舍炒菜包伙，而是每星期六回家带一罐酱炒黄豆当菜用。最困难时，王星拱夫人甚至将保存多年的四只大樟木箱子和一些衣物变卖了。他的两个女儿在城里读中学是住校，每两个星期回家一次，往返都是乘公共汽车。有一回返校时误了车，为了能按时赶回学校，王星拱夫人就让王校长专用的轿车顺道载了她俩一程。王星拱知道后十分生气，非常严厉地批评了女儿，并坚持付给司机车费。两个女儿上小学时，有熟人拿了些武汉大学办公用的笔记本和铅笔给她们，王星拱得知后，批评她们不该用公家的东西。王星拱夫人在房子周围开辟了几畦菜地，种上白菜、萝卜、青椒、南瓜等蔬菜，供日常食用。每当天晴时，总能看到她拿出大筛子筛米，防止生虫，然后用席子围成圈，将一个月的粮食储存。在小学、中学阶段，几个孩子穿的都是母亲缝制的布鞋，很少买皮鞋穿。冬天御寒的衣服也是母亲做的，王星拱夫人不让孩子们穿着奢侈华丽。

节俭的性格，清廉的作风，加上王校长的左脸颊上有一块淤青，所以，当时的学生们都尊称他为“清官”。

王星拱夫人用默默无闻的一生辛苦，诠释了对丈夫事业的支持，用承担全部家务的劳作，浓缩了对丈夫的爱，同时也获得了爱的回报。当时很多人打着“五四”运动“自由恋爱、婚姻解放”的旗号，抛弃发妻，另结新欢。王星拱虽然是包办婚姻，妻子叶玉芝又是个识不了多少字的典型农村妇女，但王星拱却始终如一不离不弃，“执子之手，与子偕老”，与夫人相亲相爱几十年，十分幸福。

1947 年，王星拱惊闻夫人去世的消息，他立刻辞去中山大学校长的职位赶回安徽老家。“一扇清风，高驾客帆归远浦；孤轮明月，偏随渔笛渡长江”。即使在教育部多次来电勒令复任的命令下，他依然选择了陪伴在亡妻身边。

夫人的去世对王星拱打击很大。置身故里，“窗前绿竹生空地，门外青山似旧时”，但一切都已物是人非，形只影单的王星拱，每天都会看着亡妻的照片，陷入无尽的哀思，加上胃病的折磨，一年多后，因病不治，于 1949 年 10 月 8 日在上海永川医院病逝，后来其遗体被运回故乡，与亡妻合葬。

噩耗传出，在沪的 300 多名武汉大学校友不约而同地聚会在殡仪馆，武汉大学校务委员会举行了隆重的追悼会，中山大学及广州市学术界也召开了追悼与祭奠会。刚上任不久的新中国上海市政府陈毅市长闻讯，立即派人送去一幅挽联，亲笔题写“一代完人”四个大字，以示沉痛哀悼。

耳濡目染，著名化学家、教育家王星拱德才兼备的一生，陶冶了女儿王焕葆的情操；他的光明磊落，给女儿的人生标定了矢志不移的坐标。

王焕葆的父亲王星拱之墓

3. 成功院士的背后

王焕葆自从与陆元九喜结连理之后，一直陪伴在陆元九身边。从 1950 年直至回国前的 1956 年，王焕葆曾工作一段时间，后来养育着三个孩子，操持着大部分家务，担任了全职家庭主妇的角色，心甘情愿地相夫教子，体现了中国女性吃苦耐劳的品质。1956 年回国后，王焕葆才到中国科学院动物所工作，对此，陆元九深深感激。

王焕葆在动物所先后担任副研究员和研究员，1962 ~ 1965 年任组织学室副主任，1972 ~ 1979 年任内分泌室副主任，1980 ~ 1986 年任细胞学研究室副主任、主任，是硕士、博士生导师。还曾经担任所学位、学术、招生委员，卫生部医学科学专题委员会委员，《中华老年医学杂志》副主编，《动物学报》副主编、主编。

王焕葆主要从事老年生物学、细胞学和内分泌学研究，而且多有建树。在内分泌学方面，她指出了胰岛素受体的研究前景，在胰岛素受体定位的放射自显影方面取得一定的突破。在衰老生物学方面，20 世纪 60 年代起，便开始对猕猴主动脉的年龄变化及自发性动脉粥样硬化进行研究，在理论和医学实践上均有重要意义。她还建立了多种动物模型，如利用家蚕作为实验动物模型，成

1957 ~ 1958年，陆元九夫妇于北京

功地研究了奴佛卡因、对氨基苯甲酸对家蚕不同年龄期生长的影响，为老年生物学积累了丰富的资料。20 世纪 80 年代后，王焕葆主要从事细胞和分子水平研究，深入探讨衰老的机理，应用体外培养人胚肺成纤维细胞探索前列腺素、ATP 酶对细胞衰老的作用机理，还研究了中药维尔康和人参皂甙对家蝇及小鼠衰老过程的影响等。她曾多次参加国内外老年学会议并宣读论文，为发展老年生物学做了大量的组织管理和人才培养工作，发表论文译作 30 余篇，1991 年获国务院政府特殊津贴。

王焕葆从不炫耀自己的家庭背景，也不抱怨命运的不公，脚踏实地默默走来，十分称职地担当起一个动物学家、一个母亲、一个风雨同舟的院士夫人的角色。

王焕葆是蒙荷利山大学毕业的第一位中国研究生。20 世纪 80 年代初，所有申请该校的中国学生都要由她在家中面试，可见蒙荷利山大学在她离开近 40 年后，对她仍然十分尊敬。每次面试，她都会认真准备，写下完整的推荐材料。一些经她面试的学生，后来成为她家中的朋友。王焕葆当时尚未退休，做这些事都是在业余时间义务完成的，也可算是她对母校培育的一种回馈和报答。

1987年，陆元九夫妇分别出国，在纽约街上短暂相遇

三年自然灾害期间，有位老人在王焕葆住的楼门口讨饭，她下班回家正好遇到。老人问："有没有馍（馒头）？"因他口音重，王焕葆听成了萝卜，便回到家中拿来萝卜给老人，老人说没有牙，只能吃馒头，她这才搞清楚老人要的是什么，马上转身回家向保姆要馒头。当时粮食供应不足，保姆不愿意给，但她还是坚持拿了几个馒头给这位讨饭的老人。这种善举，在那个饥荒年代非常难能可贵。

王焕葆回国后处人生最困难的时期，当属"文革"动乱身受冲击的岁月。"文革"初期，红卫兵抄家成风，当时陆元九仍在长春工作。一天晚上，家里突然闯入了一个同楼的"革干子女"和她带来的北京大学附属中学的红卫兵，还有一帮摇旗呐喊的小孩。他们对王焕葆蛮横无理，指手划脚，高喊"打倒资产阶级"。王焕葆坚决不同他们一起举手喊口号，她看似柔弱，内心却十分坚强，与这些狂热的年轻人据理力争。红卫兵最后用大字报把她家里朝南的窗户全糊上。第二天一大早，王焕葆拖着瘦弱的身躯赶到中关村派出所，要求将大字报从窗户上撕去，没得到应允，回家后便自己将窗上的大字报全部撕掉。孩子们放学后远远看到家里窗户大开，心里非常高兴。王焕葆还写了一份大字报，贴在外墙:“我们只拿工资，从未剥削过人，没有定息，不是资产阶级。”当时北京红卫兵运动恐怖袭人，一个月中，已多次传闻有人被活活打死。王焕葆置个人安危于不顾，敢于挑战红卫兵，她用非凡的勇气给孩子们上了一堂“威武不能屈，贫贱不能移”的善恶教育课。

王焕葆堪称标准的大家闺秀，气质高雅，但心态平和，她的挚友很多。“文革”中，中国科学院动物所的大字报铺天盖地，但她这个海外归来的“臭老九”却没摊上几张，有的刚贴上，就被路见不平的同事用另外的大字报给盖上了。那时，陆元九单位的造反派来到王焕葆的工作单位搞外调，要求把王焕葆也关入牛棚，当即遭到了王焕葆所里人的拒绝。所以，“文革”中王焕葆没受到什么冲击，连下放“五七”干校也未轮上，只是将她的室副主任给罢免了。

培根说过：一个打扮并不华贵，却端庄、严肃而有美德的人，是令人肃然起敬的。王焕葆就是这样一个人，在她的周围形成了一个充满友情的团队。当年动物所一个研究室的同事，如今都已退休，每隔一段时间，他们都会来王焕葆家里一聚，然后一帮人高高兴兴地逛玉渊潭、电视塔、世界公园等。他们相识在20世纪50～60年代，如今人人年过花甲，不常谋面，但友谊却使他们永远都不分开。

前几年，陆元九的子女们回国探亲，正赶上他们团聚。他们坐在母亲王焕葆身边，聊得兴高采烈，印证了一个情深谊长的美丽故事。

4. 此情绵绵无绝期

王焕葆在儿女眼中是质朴、亲和与平凡的慈母，也是一位每日拉着他们的手，一起静静地在阳光下执著前行的良师益友。

刚回国时，几个子女因年纪太小，生活习惯突变而不适应，身体状况变差，三个孩子先后得了肺结核。在中国科学院职工居住较集中的中关村，医院刚刚建立，儿子和二女儿便“光荣”地成了医院的第一批病人。全家至今仍记得，儿子的病历号是44号，二女儿的病历号是69号，医院挂号室的护士说他们的病历，厚得像一本书。大女儿初中时，因离家住校，生活不习惯，也经常生病，有时一病就是一个星期。孩子们每次去医院，都是父母用自行车推着去，从家里到医院，得走半个小时，有时一天跑几次。有时几个孩子一块病，家里成了医院病房。很多时候，王焕葆、陆元九夫妇白天忙于工作，晚上和周末就在家里团团转地照顾生病在床的孩子。他们不仅放弃了国外的优越生活，而且还勇敢地挑起因之而来的沉重的家庭负担。“爱国”两个字绝不是空泛的概念，其中的困苦和艰辛，只有他们心里知晓。

王焕葆外表文静，但内心刚强，她的大善大勇一直是全家的楷模。当年送二女儿去东北时，北京火车站里人山人海，突然间一种悲戚的声音不约而同地隐约升起，原来那是周围送行的人们的哭声。火车开动时，原本压抑的呜咽即刻转变为嚎啕大哭，撼魂摄魄，撕心裂胆。站台上，追着列车缓缓前行的家人们，千叮咛万嘱咐的声音，埋在人们心底几十年，时至今天，仍仿佛能感受到那声震云天的爱的力量。

正是这火车站送知青的哭声，唤起了人们对“文革”最初朴素的反思与批判。当时王焕葆一滴眼泪也没流，她带着儿子和小女儿急步从车站走出，踏着工地的瓦砾，深一脚浅一脚地走向回家的电车站。一路上，她一次也没回头，毅然前行，两个孩子跌跌撞撞地跟在后面。那时儿子正在上初中，小女儿正在读小学，在“文革”的苦难中磨砺，王焕葆的心思是让“穷人的孩子早当家”。

王焕葆大女儿上初一时，刚开始是乘公共汽车，挤车很不方便。一天晚上暮色苍茫，王焕葆尚未归家，孩子们觉得很奇怪。过了一会儿，门开了，只见王焕葆推着一辆绿色的新永久牌女自行车进来。原来，她想给大女儿买辆自行车，在中关村家附近的商场没有选到合意的，便坐车去20多里外的王府井百货大楼选了一辆，而后一路骑了回来。王焕葆那时每天骑车上下班，从未骑过这么远的路。可为了给女儿挑一辆满意的自行车，她勇敢地骑了一个多小时，才从王府井回到家。后来她又教女儿如何安全骑车，如何用闸等。女儿第一次骑车上学，是由王焕葆陪着去的。

20世纪70年代初，王焕葆做了子宫切除手术，两个女儿已下乡到黑龙江生产建设兵团，接受再教育，这时，亦特地先后从东北请假回来照顾她。谁知在王焕葆出院后不久，二女儿便复发了哮喘和肺气肿，这使康复阶段身体尚弱的王焕葆急得团团转。“文革”中，三轮车被取缔，王焕葆用自行车也推不动病人，只好骑上自行车去单位搬救兵。同事来后，将二女儿送到医院输氧，且天天要去打针。王焕葆手术后一直不敢骑车，怕影响伤口痊愈，可为了女儿，她还是骑车到单位求助，早已把自己的安危抛之脑后。

小儿子上中学时，班主任老师因受极“左”思潮影响，批评儿子看书太多，产生了“资产阶级”思想。老师让他把家里所有的书全列出来，看看有什么毒草，其实都是些《少年文艺》《儿童文学》一类的书，大多数小说早被烧掉。后来王焕葆来开家长会，老师明确地告诉她：“你儿子读了不少坏书，一定要加强教育。”儿子当时还是班干部，从门缝中偷听到了这些只言片语，心想回家后肯定会受到母亲的批评。谁想，王焕葆到家后竟一句话也没提，就像什么事也未发生过一样。即使儿子追问，她也一笑了之。后来儿子终于懂得，开卷有益，母亲是赞成多读书的，但在那读书无用的年代又不便直说，便用这种方法暗中鼓励。王焕葆在大是大非面前旗帜鲜明，给孩子们留下了很深的印象。

小女儿上小学一年级时，一次，老师组织学生看电影，每人交一毛钱。第二天，小女儿将钱放在铅笔盒里，课间便出去玩了。当她回到教室时，看到班上一个同学正匆忙地盖上她的铅笔盒，她立即检查自己的铅笔盒，发现里面的钱没了。老师收钱时，她对老师说，钱被那个同学拿走了，那个同学听后，脸一下子就红了，但并不承认。回到家里，小女儿和王焕葆谈起此事，王焕葆马上批评了小女儿，说："没有证据，便不应怀疑同学，即便知道是谁拿的，也要私下去说，不能当众揭别人的短，同学年龄都还小。另外，出了事应该先从自己身上找原因，不要动不动就指责别人，如果自己当初将钱收好，也不会出事。"王焕葆最后要小女儿写一封道歉信给这位同学。这件小事反映了王焕葆善解人意、以他人为重的处事原则，她希望子女从小就培养这些品质。

王焕葆对孩子考试的分数并不特别看重，但对老师给子女有关品德方面的评语则分外注意：是不是劳动积极？能否虚心接受老师的批评？有没有骄傲的习气？等等。一旦发现问题，她都会耐心地同孩子们谈心，帮助他们认识存在的问题。王焕葆从不允许孩子将吃饭米粒掉在桌上，也不允许饭不吃完剩在碗里。她告诉孩子们，当年抗战时在四川上学，很少的一点猪油加酱油拌的一碗米饭，就是一顿美餐。

王焕葆的教养极好，她也希望子女成为有礼貌、守规矩的人。她教育子女不要大声喧哗，不要一边走路一边吃东西，不要手插在裤兜里逛街等。王焕葆在孩子们上大学时，鼓励他们都参加献血，为国家分担责任。小女儿开始没报名，她便多次催促，直到发现她身体不合格才作罢。儿子在大学主动献血，王焕葆很高兴地表扬了他。

20世纪90年代，王焕葆去美国探亲前，专门到首饰店，想给几个孩子买些金项链。可能是王焕葆穿着过于朴素，售货员开始还不敢拿真金饰品给她看。王焕葆买了几条金项链送给子女，但她自己一生从未有过一件金首饰。有一年，二女儿为她收拾抽屉，看到一枚又大又重的金戒指，王焕葆说那是当年外公帮助别人，人家生活好了用此来还情的，而她却随随便便地把它放在抽屉里，并不当个宝贝看。

20世纪90年代初期，陆元九做了腰椎手术，子女们当时都不在身边。手术前后，王焕葆每天从中关村挤公共汽车去北京医院看望他，当时出租汽车还不普及。从家里到医院，一路颠簸，对王焕葆这样一个70岁的老人来讲十分辛苦，但她生性豁达，从不抱怨，和子女通信和电话中总是报喜不报忧，寄给子女的照片也总是笑眯眯的。

在王焕葆眼中，生活中不存在过不去的坎儿。2003年3月，王焕葆做了癌症手术，住院达半年之久。儿子从美国赶回来看她，她却从没给儿子讲过治疗和手术的痛苦。回美国的前一天，儿子去医院和她话别，她坚持要送儿子到电梯口。她的病房在走廊尽头，离电梯较远，但她和儿子一步一步地走到电梯口。当电梯门马上要关上时，年近半百的儿子想到明天的远行，想到又要与慈母隔海相望，看到母亲颤悠悠地举起手和自己挥手告别，心里的酸楚难以言表，眼里不禁热泪盈眶。儿子深深感到母亲真的老了，心中不禁充满惆怅，今后还能再有和父母一起旅游的机会吗？子女们多想和父母结伴远足，去看看黄石公园那神奇的“老忠实”喷泉，去逛逛旧金山太平洋岸边那热闹繁华的渔人码头，或漫步于佛蒙特那一望无边的绿色田野，透过百年农舍的窗户，遥望那层林尽染的万顷红枫……

儿子心中珍藏着许多为父亲和母亲精心编制的计划，都只能在万里之遥的大洋彼岸魂牵梦绕了。

良好的家教，使得王焕葆、陆元九的儿女们有着突出的感恩情愫：当父母年迈行动不便时，在旅游非常时尚的异国，他们很少度假，却在国外把不多的假期积攒起来，以便回国时照顾父母。尽管母亲思维和记忆欠佳，但他们也总是经常打越洋长途，一聊就是很长时间。

陆元九的父亲出身寒门，王焕葆的父亲3岁丧母，父辈都有着共同的坎坷童年以及通过奋斗取得的事业成功。也许正是父辈的坎坷经历和与命运抗争的不屈精神，奠定了陆元九夫妇牢不可破的婚姻根基，共同的多难的家境，使他们唇齿相依的爱情不断得到升华。

1968 年秋到 1969 年 5 月，陆元九曾因清理阶级队伍，被关进“牛棚”达半年之久。“文革”期间，陆元九有 10 多年被剥夺了工作的权力。在那段不堪回首的日子里，有人曾劝过王焕葆:“跟老陆（元九）划清界限，干脆离婚算了。”王焕葆承受了常人难以承受的压力，她深知“美德藐视人间的一切讥嘲，清白愈受到诽谤身价愈高”。她旗帜鲜明地表示:“我们结婚又不是一天两天了，哪能说离就离。我了解他，他没问题。事情早晚会搞清楚的。”

她坚信萨迪说的话:“好人如果受到恶人攻击，不必沮丧，也不必在意；石头虽能撞破一只金杯，金杯仍有价值，石头仍是低微。”夫人的支持是陆元九的精神支柱，他也知道应该如何关爱夫人。1973 年，王焕葆做手术，两个女儿尚未回京，由陆元九陪护，晚上三个女病人的房间，陆元九无法立足，为了照顾夫人，许多天，他都是坐在走廊里度过漫漫长夜。

前几年，陆元九夫妇也曾结伴出门，虽然有时要忙于谈话应酬，但同事们戏称王焕葆总在陆元九关爱的雷达能覆盖的几十米的视线内。

王焕葆 2003 年因癌症动了两次大手术，疾病在夫人身上，痛苦却在陆元九

1995年，陆元九夫妇在美国化石林国家公园

1997年，陆元九夫妇在慕田峪长城

心头。看到夫人经受折磨，他心疼极了。他模仿欧阳修在醉翁亭一文中的名句“太守之乐，乐其乐也”，用“自己之苦，苦其苦也”表达自己的心情。

爱之深，痛之切，他焦虑得彻夜不眠，精神几近崩溃，后来竟患上了焦虑性抑郁症，险些送掉生命。那时是一边看着夫人受苦，他实在难以承受；一边又是自己的焦虑症失眠，使得他苦不堪言，痛不欲生，他真的不想活了。陆元九说：“要不是考虑老伴儿的病需要人照顾，我真的会寻短见。”

远在万里之外的儿女们一再在电话里恳求他：“爸爸，您千万要挺住，不能出事，您出问题，我们家就破了！”儿女们的话语，加深了他照料好老伴的责任感。王焕葆第二次动手术，通过直肠造口排便，伤口有炎症，不能用通用的粪袋，导致伤口经常发炎。陆元九想：“求谁去？医院也没办法。”为了保护伤口，陆元九为老伴设计了一种专用粪袋，就是用手纸卷成四边形，当时还真解了燃眉之急。

陆元九践行了哲人说的“我宁肯为我所爱的人的幸福而千百次地牺牲自己的幸福。”

王焕葆手术已过10年，痛不欲生的陆元九通过调整生活方式，找到了帮手，逐渐适应了新的情况。看着身上挂着个粪袋、患有脑萎缩但生活比较正常

2000年，陆元九80岁生日与夫人在家中

2005年，陆元九夫妇在山东威海

的老伴儿，陆元九内心感到十分欣慰。

人们都赞叹陆元九：“对老伴儿照顾得好。”医生讲：“像她这样年纪的老人，直肠癌患者术后恢复得这样好，寿命这么长，很不容易。”可陆元九说：“思想转变了，心里放松了，就能乐于照顾家庭。帮助她、照顾她，变成了我的乐趣，

2006年，陆元九夫妇在陕西黄帝陵

2007年，陆元九夫妇在河北承德

助人为乐，我能从中获得快乐，就不觉得累和苦了。”

“爱一个人意味着什么呢？意味着为她的幸福而高兴，为使她能够更幸福而去做需要做的一切，并从中得到快乐。”年已90岁的陆元九，常年陪伴

2009年，陆元九的儿女在家中庆贺父母钻石婚

和悉心照顾着交流困难的老伴，并作出以苦为乐的辩证诠释，怎不令人肃然起敬！

王焕葆是幸运的，病中享受了陆元九这样的无私关爱；王焕葆又是应该得到感激的，在陆元九到长春工作期间，1972 年前后寄居服装厂的日子里，以及在 1978 ~ 1983 年，陆元九虽在北京工作，却常年住在研究所忘我工作的岁月里，是王焕葆独自支撑起家庭的大船，劈波斩浪地前行。

在陆元九蒙受不白之冤时，是王焕葆忠于爱情，坚定信念，与陆元九共同走进科学的春天，并支持他为航天事业作出巨大的贡献。正如莎士比亚的诗句："爱是亘古长明的灯塔，它定睛望着风暴却兀不为动。"这一灯塔照耀着他们在 2009 年度过了钻石婚庆的美好时光。

人们见证了陆元九夫妇"穷则独善其身，达则兼济天下"的赤子情怀。

人们赞扬这对科坛伉俪博学慎思、报国笃行、老而弥坚的智者风范。

——仁者寿，陆元九、王焕葆夫妇桑榆未晚，科学的青春永驻！

——行者健，人们替这两位学者祈福：快乐安康，寿比南山！

不幸的是，2011 年 8 月，王焕葆因脑萎缩症恶化，失去吞咽功能，被迫住进医院。2014 年 6 月 22 日，王焕葆因多器官衰竭辞世，享年 91 岁。

陆元九

陆元九院士传记

Academician Lu Yuanjiu's Biography

第二十五章

桃李不言蹊自成

光阴荏苒，大洋阻隔。如今，陆元九的儿女们虽已大多年逾半百，但父母家教的往事仍历历在目。风雨洗礼，冲刷岁月的印痕，但父母无私的关爱却更加清晰、感人。

陆元九、王焕葆夫妇十分注重对儿女们的教育，用克己奉公、达观慎独、虚怀若谷、守望相助的好品德，影响着晚辈；用“知识改变命运”的理念，激励着4个儿女。在历尽“文革”动乱等磨难，在经历上山下乡及工厂锻炼后，儿女们坚持走进知识的殿堂，并学有所成：三个女儿分别获得了美国和加拿大电子工程、计算机科学、电机工程硕士学位，儿子获得了美国化学工程博士和经济管理硕士学位。

1. 等闲名利若浮云

在儿女的眼里，陆元九的事业心极强，对祖国无限忠诚，把自己的一切毫无保留地献给了国家的科技事业。子女小的时候，陆元九每天晚饭后从7点到9点半大都要去所里加班，且风雨无阻。那时社会风气好，他的工作热情也高，从未听说他喊累。因陆元九回家晚，子女们便每天和母亲撒娇，不肯按时上床睡觉，一直拖到陆元九快进门时才快快地钻进被窝。儿子那时年纪小，也不懂什么叫加班，他经常和班里的同学说“我爸爸晚上还上班”，大家都惊讶不已。

“文革”前，陆元九有近一年时间，在中国科学院长春光学精密机械研究所工作，很少回家。长春光学精密机械研究所的生活条件并不理想，他住在办公室，每天只能吃食堂的大锅饭。午餐尚可，晚餐因就餐人员少，厨师便将中午的剩菜大锅一烩，一人一份。

那个年代，国家仍是一穷二白，加上东北又非“鱼米之乡”，陆元九生活之艰苦不难想象。陆元九每次回家，都要买几盒夹心巧克力带往东北，他的几个孩子还偷偷地在底下议论说：“爸爸能吃这么多巧克力？”当时没有蜂王浆一类的营养品，这些巧克力便是陆元九自备的最高档的补品。后来才知道，陆元九买巧克力是为了与同事共享。在天寒地冻的东北，在顿顿残汤剩饭的晚餐后，有时大家便用巧克力聊作夜宵了。长春光学精密机械研究所的王大珩院士有时会在周末将陆元九接到他的家中“打牙祭”，对于此事，陆元九在多年后还常常提起。

“文革”前一段时间，陆元九在长春工作，夫人在安徽参加“四清”运动，家里所有事务便全交给保姆管理。那时，陆元九的大女儿陆惠在中国人民大学附属中学住校，周末才回来。二女儿陆忻和儿子陆中在小学读书，最小的女儿陆其上全托幼儿园。陆元九夫妇为事业奔波，连家里未成年的孩子也顾不上。当时子女们年幼，不懂世故，现在回想起来自己的父母当初真不容易。王焕葆参加“四清”难以回家时，子女们以为陆元九这时总可找个理由暂回北京工作，以便照顾家庭。但陆元九并未向国家伸手，而是自己克服困难，他总把国家的利益放在首位。当时发生了一件有趣的事，王焕葆从安徽农村来信说，天气已热，开始穿单衣。因“单”字写成连笔，像个“草”字，儿子还问过保姆，母亲为什么要穿“草衣”？

“四人帮”被粉碎后，陆元九调到七机部（后改为航天工业部）13 所工作。本来所里安排有专车每天接送他上下班，但他觉得每日回家，一来浪费时间，二来消耗汽油，便决定住在单位。就这样，他住在所里的“单身宿舍”，每周回家一次。所里照顾他，给他一套煤气灶，这在当时还属金贵之物。他的生活又

1995年，陆元九夫妇与子女们合影

像回到当年在长春光学精密机械研究所的日子：中午吃食堂，他拒绝了厨师为他单炒另做的好意，与大家同吃大锅菜，晚上则吃剩饭。有时候，他的邻居包饺子时亦让他去“打牙祭”。比起当年，陆元九经历了“文革”的折磨，人又老去 10 多岁，但每次周末回家，他总是高高兴兴，根本没有劳苦的迹象。那时国家百废待兴，他有许许多多的事要做，虽苦犹乐。

陆元九办事从来都十分认真，无论事情大小，都不马虎，高标准、严要求，力争干得最好。他的工作虽然较为繁忙，但却时常抽出时间来辅导儿女们学习，教育孩子们无论做什么事，都要牢记“认真”二字。他的这种工作态度，影响了子女们的一生。

在国内，陆元九的孩子们上大学前都是单位里的先进生产者。如今在海外，大家也都在各自不同的岗位兢兢业业，对工作认真负责，有一分热发一分光。人的能力有大小，但只要认真做人、认真做事，即便不能金榜题名，也能像父母那样无愧于生活、无愧于人生。

陆元九的大女儿上小学四年级时，曾因算术课中的公制与市制换算、摄氏度和华氏度换算而烦恼。陆元九夫妇便利用晚上与周末的时间为她补课，一遍遍地给她讲解换算的要领与窍门，直到她彻底弄懂为止，一点都不马虎。当时正值三年自然灾害时期，供电不能保证，晚上学习经常要用蜡烛。在漆黑的夜晚，伴着昏暗的烛光，父母耐心且反复地为女儿讲解运算规律，辅导女儿做大量的课外习题，后来，女儿的数学成绩一直不错。此情此景，常在孩子们的脑海里涌现，就像发生在昨天。

大女儿在东北兵团一共呆了 6 年，兵团位于中苏边境的虎林县一带。她在冬闲回家过春节时，总愿意在家里多呆上几天，一来是恋家，一个人在万水千山之外干的是最辛苦的农活；二来是东北冬季天寒地冻，田里没什么活，超期几日并不影响工作。有一年，她超假后，陆元九便每日催她返回。陆元九认为无正当理由，超假是不对的，即便农活不忙也应守在自己的工作岗位上。因同行的几位北京同学都不急于赶回去，大女儿只能天天去催他们快些去买票，为此，她心里感到委屈，和陆元九起了一场大争论。女儿离京时，陆元九为她提着行李，一起挤车去火车站。在站台上，陆元九一直目送着火车呼啸远去。望着远赴北国的女儿和她的同学们在车窗口痛哭不已，陆元九也为自己近乎苛刻的“认真”感到一丝内疚。

作为归侨，大女儿 1974 年被特殊照顾回到北京，被分配到北京电机厂作维修电工。那时正是“读书无用论”盛行的时候，许多人对业务学习没兴趣，而维修电工却是一个技术性较强的工种。她的工厂位于东郊大山子，每周星期六休息一天，她星期五晚上便骑自行车回家。吃过晚饭过 8 点，便马上和父亲坐在一起开始学习。陆元九每周教她电工基础知识，后来又上升到晶体管半导体知识，同时还补习高等数学。这些业务学习，对大女儿从事维修工作有所帮助，更重要的是为她日后的进一步深造打下了一定的基础。

陆元九的二女儿有幸成为家中第一位大学生，陆元九为此兴奋不已，他那时还戴着“特务”的帽子，没有分配工作。二女儿寒暑假回家时，陆元九要求她放假也要坚持学习，不能天天混日子。为了保证她在家有充裕的学习时间，陆元九免除了她的一切家务。她的专业是计算机科学，当时陆元九的孩子们也没有什么计算机方面的知识，后来竟发现陆元九的桌上也有一本计算机基础知识的书，他在单位里无所事事，便在家中自学起了计算机，以和女儿齐头并进。

陆元九的儿子作为“文革”中北京市恢复高中的第一批高中生，原以为可以毕业后直接上大学，不料毕业前数月，“白卷英雄”发表了臭名昭著的“零分万岁”的一封信，使他好端端的读书前程被断送。高中毕业后，陆元九的儿子到工厂开的是生产汽车零件的立式刨床，虽是普通工人的职业，陆元九也不忘教导他要干一行爱一行，即使上不了大学也不能荒废学业。陆元九为儿子买来许多关于车床、刨床、铣床的专业书籍，希望儿子认认真真地钻研技术，直到现在，陆元九的儿子仍记得当年从父亲那里学到的齿轮工作原理。因齿轮间有缝隙，反转时有一小段会空转，所以，在手表调时时，若有反转，一定还要正转一下最后确定。

陆元九的小女儿上中学时，有一次考试，做错了一道小题，她的解释是因一时粗心，但陆元九却希望她能从另一方面进行思考。陆元九认为粗心只是问题的表面，在它的下面掩藏着对题意缺乏理解。陆元九认为如果习惯于用“一时马虎”来解释错误，往往会掩盖对知识的一知半解，这不是一种认真学习的态度。

谈话虽简短，却对孩子们的触动很大。她引以为诫，在以后的学习和工作中，有目的地逐步克服了办事马虎的毛病。

2. 心底无私天地宽

陆元九是个性格耿直、坚持原则的人，为人处世皆力求正直、老实。子女们小的时候，父母千叮咛万嘱咐，要他们做人诚实，撒谎是绝不允许的，哪怕是童趣小事，这对孩子们人生成长产生了极大的影响。长大后，陆元九的子女们都做老实人，办老实事，努力自立，从不占他人和集体的便宜，既不会吹吹拍拍，也不会狐假虎威，虽有悖于当下一些时髦的潮流，但也享受到生活中珍贵且难得的一份安宁。

陆元九的二女儿当年在东北兵团，遇上粮荒，便时常陷入吃不饱的困境。她的同学中有的写信回家诉苦，她们家人便赶快买了挂面寄去，为孩子充饥。人吃不饱，万般无奈向家里求助，实乃人之常情，但即使是这样的事，陆元九的二女儿都不曾做过。她觉得把粮荒的实情捅出去，是给连队、兵团丢脸，而且自己要自立，有困难也不能向备受“文革”摧残的双亲伸手。后来，母亲从同事处（孩子写家信告知实情）了解到了这件事，一句话都没说，只是深深地叹了一口气。

“文革”中父母身心疲惫，没有精力照顾孩子，陆元九的儿子和二女儿便在一个周末带着他们的小妹妹去颐和园玩，回来时乘车因人多太挤，二女儿无法挤到前门去买票，车很快便到了中关村。回家后，她向父母说起此事，陆元九严厉批评了她，并让她带着弟弟走回了车站，等下一辆 332 路公交车来，向售票员说明情况，承认错误，并一分钱不少地补了票。售票员直夸陆元九的子女们懂事。

陆元九的儿子当年在工厂，为上夜班方便，曾想去住集体宿舍。陆元九对儿子说，住在集体宿舍，对学习没有什么要求，但陆元九要儿子记住一件事：不能学抽烟。那时陆元九的儿子未满 20 岁，刚参加工作，对一切事物都感到很新鲜，包括抽烟。然而，陆元九用自己曾抽烟，后来戒掉的经历告诫儿子，希望儿子不要重蹈覆辙。从那时至今，陆元九的儿子从未染上抽烟的习惯。在美国，到处都是禁烟区；回到国内，大街小巷烟雾缭绕。所以，陆元九的儿子万分庆幸，在父亲的严格要求下，儿子养成了不吸“人间烟火”的好习惯。

改革开放之后，陆元九应邀参加许多成果评审会。有一次，家中来了一位外地客人，带着一些家乡特产要送给陆元九，以感谢陆元九在评审会上对他们项目的支持。陆元九毫无回旋余地地谢绝了这些并不贵重的礼品，并诚恳地告诉来者，他之所以推荐他们的项目，是因为他们的工作达到了应有的标准。这样的事发生在陆元九身上，一点也不让人称奇，陆元九的孩子们从来没见过家里曾有外人送的什么礼品，那类东西和陆元九的家无缘。

由于陆元九有麻省理工学院的学习和工作背景，不少人渴望得到陆元九的亲笔推荐，以便获得出国深造的机会。其中，有些是亲朋关系，有些是上司相托，但陆元九从不在这种事上“以情为重”。他对报来的材料都要仔细审阅，不管是什么人，有什么背景，标准都是一样的，他只推荐那些他认为合格的人选。他深知他是在为国家未来的建设挑选良将，一切须以国家利益为重。

3. 撒向人间都是爱

陆元九内心深含博爱，他把这种爱无私地惠及到许许多多他生活中见过或者从未见过的人，这其中包括当年在国内、后移居国外的他的老师，单位里共事多年的朋友、服务员、司机，甚至包括千里之外农村乡下的男女老幼。

深受父母关爱他人的品质的影响，陆元九的几个子女后来都形成了一些共同的特点：待人热情，珍惜友谊，既易于相处，又乐于助人。陆元九的孩子们虽在国外居住了 20 余年，但回国时仍和童年的玩伴、工厂职工等旧友聊得热火朝天。

陆元九的子女们记忆中的童年最美好的时光是父母一有空，便给他们讲小人书上的故事。因那时还不能认得小人书上的全部文字，几分钟就翻完了，然后等着父母一页一页地讲。好看的小人书有时要讲好几遍，一个孩子错过了，还要重讲一遍。不管家里再吵再闹，一听说父母要讲小人书，大家便全都安静下来，像着了魔一样。这样的事情一直持续到上小学二三年级后，大家可以自己阅读为止。

“文革”前，陆元九子女们最大的财产，也是邻居孩子和同学颇为羡慕的，就是家里的几百本小人书。当时孩子们十分爱惜这些小人书，一次次地给它们编号分类。但当有别人家的孩子想来分享这宝贵的精神食粮时，陆元九的子女们都是来者不拒。

20 世纪 60 年代初的一天，父母忽然让孩子们从这些小人书中挑出自己喜爱的。儿子当时年幼不懂事，只挑了薄薄的一本《母猪回社》，讲的是公社里的一头肥猪跑到苏联专家的宿舍，又被平安送回的小故事。不想几天后放学回家，儿子发现书架全空了。原来父母把孩子们的全部小人书都捐给了安徽农村的小学校。当年，那里的许多小孩连小人书都没见过。这之后，家里又陆续买了几百本小人书，可惜“文革”中全被付之一炬。“文革”后，家里又开始买小人书，那时陆元九的孩子们都已先后上大学，但全家对小人书的迷恋仍不减当年。当孩子们留学海外后，父母又将家中近千本的小人书，一次性地全部捐给了“希望工程”。这些小人书给陆元九的子女们的童年、少年，甚至青年时代都带来了无限的快乐，伴着他们一同走过了十几年的宝贵时光。现在回家后，再也看不到它们的身影，心里难免惆怅。但想到父母所具有的慈爱情怀，他们真诚助人的心愿，以及遥想到那些刚刚有了温饱生活的农村孩子，能够像自己一样尽情地从这些小人书中汲取知识、获得快乐，陆元九子女们的心中豁然开朗起来。

“文革”中，上山下乡运动开始后，像陆元九的大女儿这样“臭老九”的子女在多次表示决心后，才被允许登上去东北兵团的列车。当时对于每位去农场的知青，由国家补助 15 元钱和 26 尺布票。当大女儿把钱和布票拿回家交给陆元九时，他马上要求她将其退回给老师和支左的解放军，用来支援更困难的同学，同时也给国家减少一份负担。陆元九那时顶着“反动学术权威”的大帽子，有时挨批判，自顾不暇，但他心里仍然没有忘记助人为乐，实在令人敬佩。

孩子们听父母说，当年回国时因考虑到国内尚无电视台，便未将家里的电视机带回。当北京有了电视台时，陆元九便很快去买了一台电视机。开始时，电视信号接收不稳，他就站在桌子上，手举天线，为的是让几个孩子高高兴兴地看节目，但子女们还不知父亲的辛苦，老嚷嚷“举高点”。后来把天线安在窗户外，电视才逐渐清楚起来，但从此家中便不得安宁了。当时不仅在国内，就连陆元九住的楼里大多数人家也没有电视。经常在晚饭后，保姆收拾好饭桌，摆上大小板凳，家里便成了公共影院。楼里的老老少少都来看电视，常常看到“观众明天见”。“文革”期间，陆元九夫人单位的同事也常常带着孩子一起来看电视，一有阿尔巴尼亚歌舞或朝鲜电影，家里总是坐得满满的。当时家里的住房由原来的五间变成了三间，十分拥挤。陆元九女儿们从东北回来都没有床睡，只能将两个箱子拼起来当床用。即便这样，来看电视的男女老少，都舒舒服服地挤在床上、椅子上、小板凳上，高高兴兴地分享那个年代难得的一点文艺生活。

“文革”中，陆元九被下放到工厂，过春节时，竟有一屋子的工人师傅来给他拜年。大家说说笑笑，吃着瓜子、糖果，随随便便地就像一家人。在当时“文革”的高压气氛中，单位里的同事根本就不来，可仅仅相处了数月的工人师傅却都欢欢喜喜地跑来看一个头带“特务”帽子的“臭老九”。陆元九的子女们当时躲在屋里，还悄悄地分享了一阵被信任的“幸福”，暗自猜想“这么多人来看父亲，看样子他的问题一定都解决了”。

从这类事情中，一方面可以看出工人师傅朴素的情感，另一方面也说明由于陆元九努力工作、真诚待人，他又一次赢得了人们的尊敬。

1976 年唐山大地震后，中关村也有不少危房需要加固。陆元九的一位同事就住在一座危楼里，当时住房紧张，单位也没有闲房能解燃眉之急。陆元九便决定将孩子们的一间住房腾出来，让同事一家五口到自己家暂住。虽然两家各自都挤了些，但住得安全、安心，人多了还添了几分热闹，同事一家一直住到一年后他家楼房加固完工后才搬走。搬走后，陆元九单位又曾有一家四口无房住，陆元九将他们请来在家中小住数月。在别人危难之时，他多次伸出援手。

孩子们看到，父母对家中的保姆也十分关心，曾多次相助。“文革”开始后，家里照顾子女们的保姆被赶走，保姆回老家已无亲人，只能投奔在新疆兵团的儿女。当时陆元九仍在长春，陆元九的夫人亲自骑车去银行取钱，给保姆买火车票。那时红卫兵打、砸、抢成风，孩子们看到母亲冒着风险，尽力帮助受难中的保姆，实为大德大爱。

“文革”后，这位保姆利用回北京的机会，还专门来拜访陆元九一家。后来，陆元九身边也有保姆照顾他们夫妇的起居，每逢年节，陆元九都要请保姆的家人一起来聚餐，以示关心。平日里也常叮嘱保姆出门要注意安全，保姆生病时，陆元九夫妇还四处为她们找药解难。

记得在1977年高考前，陆元九儿子高中的一位同学找到陆元九，希望帮她补习基础物理。这位同学在高中时数学不错，但物理水平恐怕过不了大学理科的入学门坎。陆元九并不因她起点低而应付了事，而是整整抽出几个晚上，为她讲解高中基础物理知识，认认真真地像教大学生一样，最后这位同学当年就考上了大学。

4. 金马玉堂不入梦

古人云：“善谋生者，但令长幼内外，勤修恒业，而不必富其家；善处事者，但就是非可否，审定章程，而不必利于己。”

陆元九夫妇都是艰苦朴素、不追求生活享受的人。“文革”前，他们的工资都属高薪阶层，但陆元九的子女们从来不记得，父母有什么高档的衣服、昂贵的首饰，或是家里有什么华丽的装饰，陆元九的子女们小时候的衣着打扮，和班里的同学大同小异。长大后，也不讲吃讲穿，对钱财并不看重。没钱时，不去做纸醉金迷的美梦；有钱时，也懂得节省，并和父母一样，对亲戚朋友，该花钱时毫不犹豫。每次陆元九的子女们回国探亲，给亲朋带的东西往往占了一半，虽不是什么值钱的大件，但可称得上“千里送鹅毛”。

陆元九的手表都是当年从美国带回的自动表，一直用到坏得不能再修为止。“文革”后期，他开始接待外宾，但却没有一件像样的衣服可穿，以前的西服已不再合身。“文革”中又从未做过新衣服。20 世纪 80 年代初，有人到陆元九家，问陆元九的儿子：“为什么你母亲总是穿着一件蓝色的外衣？”陆夫人当时只有两件外衣，一件灰色的，一件蓝色的，换来换去，当然很容易让人在不同的时间看到她穿同一件衣服。

陆元九冬天常戴的一顶棉帽子，就像当年八路军戴的那种款式，他还给儿子买了一顶，儿子上小学时还戴过。上中学后，儿子看到班里的同学都带着长毛绒的帽子，觉得这顶棉帽子太落伍了，便拒绝再戴。

陆元九的二女儿在东北兵团时，因东北冬季天寒地冻，便写信向家里要帽子，陆元九便给她买了一顶棉帽子寄去，结果陆元九的二女儿发现别的同学家中寄去的大都是皮帽子，至少是长毛绒的，这种档次的棉帽子根本没人戴。当陆元九戴着他那顶心爱的棉帽子去中关村茶点铺买点心时，服务员以为他是一位“老农民”，可能买不起，对他的态度很是冷淡。这件事在家中引为笑谈。

每次回国，陆元九的子女们都会给父母买些衬衣、裤子，以备急需。说出来可能令人难以相信，陆元九的衬衣领子都是磨破了翻过来缝好再穿，连从农村来的保姆都抱怨，有时领子破得很难再缝了，他还舍不得扔掉。陆元九的棉毛裤也是穿到破得松紧口全坏了才肯换新的。袜子更是千缝万补，舍不得扔掉。更叫人不可思议的是，他现在穿的袜子还有一小部分是 1956 年回国时带回的。他认为这些袜子陪他走过 50 多年的路，有纪念意义，因此舍不得扔掉。为此，几个子女说他，他也不爱听，却告诫孩子们“不要忘记过去那些生活艰难的日子”。

陆元九深知萨迪这话的哲理：“谁在平日里节衣缩食，在穷困时就容易渡过难关；谁在富足时豪华奢侈，在穷困时就会死于饥寒。”父母用行动为子女们诠释了“成于忧患，败于安乐”的意义。

陆元九是个闲不住的人，凡能自己动手干的活，他都要“小试牛刀”。“文革”前的周末，一有时间，他便和夫人一起收拾屋子，打扫卫生，而不是把家务全推给保姆。他和夫人经常教育子女们要热爱劳动，不要养成娇气、好吃懒做的坏习惯。在父母的长期影响下，陆元九的子女们都养成了勤劳、爱动手、不懒懒散散的生活习惯。同时，陆元九还要求孩子们在可能的条件下，多出去闯荡，经风雨见世面，不要像温室里的花朵那样生活。

家里曾有一个大碗柜，放在走廊里，装了多余不用的厨房用具以及一些粉丝、木耳之类的干货。原来柜中只有两层，利用率不高。陆元九便抽出两个周末的时间，又锯又刨，亲手将大柜改成了四层。改后的大柜，外表没变，但里面可装的东西增加了一倍。陆元九非常欣赏自己的杰作，这个大柜从中关村搬到了航天工业部，用了30余年，直到2004年那次搬家，他才将含有自己劳动汗水的大柜淘汰。很难想象，一个航天专家拿起锯子来，也可以变成一个业余木工的样子。

陆元九的子女上小学时，陆元九就要求他们做家务。除了每顿饭后要帮着擦桌子、扫地外，每隔一段时间，他们还要擦窗户玻璃。陆元九的家当时住一楼，陆元九的子女们便爬到窗台上，先用水擦一遍玻璃，再用旧报纸擦一遍。陆元九的儿子当时年纪小，还不能上窗台，便在地下给姐姐们洗抹布。那时子女们年幼单纯，擦玻璃也是一件好玩儿的事，说说笑笑之中既干了家务，又体验了共同劳动的乐趣。

三年困难时期，家里的院子种上了白薯。陆元九曾骑车带孩子们去捡马粪，为白薯上肥，记得走得还挺远。有人在路上看见陆元九的子女们拾粪，便招呼他们“这儿有，到这儿来捡。”这是陆元九的子女们生活中从未有过的经历。陆元九的儿子和二女儿坐在车梁上很是兴奋，他让孩子们不要乱动，以免滚到身边的汽车轮子下面。谁能想到在首都公路上捡粪种地的，竟是留洋回国的航天科学家。

“文革”初期，安徽合肥武斗正凶，陆元九的夫人十分挂念在那里的弟弟一家。大人当时行动都受限制，不能去探视，便让二女儿一人前往代致问候。陆元九的二女儿当时年仅十三四岁，一个人乘火车就出发了。母亲一夜不曾入睡，忧心忡忡，直到第二天收到平安抵达的电报后才开怀大笑。

陆元九儿子初中二年级放暑假时，陆元九让他去东北兵团看望大姐、二姐。儿子要坐火车从北京出发，先到哈尔滨，再换车去东北西部的北安（五大连池）看望二姐；然后再回到哈尔滨，换车去东部的牡丹江，再换车去迎春看大姐。陆元九问儿子，一个人敢不敢去，儿子当时心里忐忑不安地点了点头。

儿子拿了大大小小许多包上了火车，其中有一个网兜里装了一饭盒新做的肉丸子，因为当时兵团里不是经常能吃到肉。到北安时，陆元九的二女儿来车站接弟弟，旅途一切还算顺利，可带的肉丸子却已发霉变质不能吃了。到迎春时，因电报发晚了，大姐没能赶到车站。陆元九的儿子便自己坐上一辆北京知青开的运货卡车，人家绕路把陆元九的儿子送到了大姐的宿舍门口。当时大雨倾盆，陆元九的儿子坐在驾驶室里，心中暗暗为“他乡遇老乡”而庆幸。

陆元九的儿子在东北兵团看望姐姐的日子里，坚持每天写日记，回京后，儿子的日记还曾在老师们手中传阅。当时因是“家庭出身不好”的人，老师不便公开在课堂上大加赞赏，但私下里，老师都说陆元九儿子的日记写得情真意切，十分感人。

5. 舐犊情深慈父心

陆元九虽然严厉且不苟言笑，但他绝对不是一个冷漠无情的人。许许多多发生在陆元九子女们身边的小事，宛如晶莹的水滴，清晰地折射出陆元九慈爱与热情的光辉。

三年自然灾害期间，陆元九的子女们在幼儿园里也经历了食品短缺的困难。儿子当时上日托，只在幼儿园吃中饭，晚上回到家中，父母便会问他中午吃了什么。有一段时间，中饭天天吃茄子，当时的孩子也不挑食，回到家里便如实说每天都吃茄子，有一天当儿子再说吃茄子时，父母便大笑起来，儿子也丈二和尚摸不着头脑，不知吃茄子有什么好笑。从那之后一直到高中毕业，儿子便一直很少主动吃茄子，那时实在是吃怕了。

父母那时经常带子女们去逛颐和园和动物园。当时公共汽车少，人又多，起点站的乘客排队排得很长，但父母从不嫌麻烦，坚持定时带子女们出门。一家人去挤公共汽车，只为了过一个愉快的周末。童年时，子女们也不知去了多少次颐和园和动物园，班里的同学都十分羡慕他们。

“文革”中，陆元九被剥夺了工作机会，这反而使他有机会待在家中，与家人一起享受难得的天伦之乐。因他们夫妇都是南方人，绝大多数时间都吃米饭，他们不太会做面食。有一次，陆元九夫妇给孩子们烙饼吃，算是打牙祭。父亲问大家好不好吃，大家就说外面烤黄的地方好吃。陆元九说“这好办，先吃外面，里面的重新烤黄了再吃”。就这样，陆元九的子女们便吃了一顿有着一层又一层焦黄外壳的大饼晚餐。在“文革”那个动荡的日子里，难得父母能想出这样的方法让全家欢乐。

“文革”前，陆元九的家居住条件好，做饭的灶可以同时用来烧热水。但在“文革”中没了保姆，这灶没人会弄，常常熄灭，造成吃饭困难。陆元九夫人便每天中午下班后，去食堂排队买菜，然后带回来给大家吃，家里只热一点主食。有时食堂卖炸酱面，没有菜，母亲只能空手而归。有一年大年三十，家里午饭准备了一只鸡，但因灶火灭了，没法做，只好等邻居家做完饭后，用别人家的炉子烧了半小时。吃午饭时，面对一只根本嚼不动的鸡，配上白米饭，陆元九的子女们苦中有乐地调侃：“大年三十没菜吃。”

陆元九从“牛棚”出来后不久，正赶上小女儿过生日。本可以在家里稍稍庆祝一下，或买点小礼物马虎对付一下，但陆元九并没有这样做，他把小女儿带到当时北京享有盛名的莫斯科餐厅，专门让她吃了一顿猪排大餐。这是她一生中第一次吃猪排，很难忘却。多年后，她在加拿大多次吃猪排，说其口味永远比不上她生日吃的那一顿特殊的猪排。在“文革”岁月里，陆元九颇有“乱云飞渡仍从容”的心态，尽可能用双手保护着自己的孩子，让他们能得到本来就应属于他们的童年欢乐。

陆元九一次外出回来，带着一个花纸包着的大盒子，他让小女儿猜里面是什么东西，盒子足有半米长，看来装的是一个不平常的东西。当时物资匮乏，小女儿也没有见过什么好东西，便猜是玩具枪、花瓶、笛子之类的东西。陆元九晃了晃盒子，里面发出“咪咪”的声音，小女儿马上猜是小鸡，当盒子最后打开时，陆元九的孩子们惊喜地发现，里面装着的是一个会睁眼、会出声的大娃娃。这种娃娃对小女儿来讲真是太珍贵了，她从来没玩儿过。这个娃娃陪伴她走过从童年到少年的美好时光，直到她上大学后，陆元九才将其送人。小女儿还记得陆元九出差时为她买的吸铁石铅笔盒，在当时这也算是一件高科技产品了，市面上没有这种商品，她让班里的同学羡慕了好长一段时间。

“文革”前，陆元九遇到高兴时，便会在家中放声唱歌，那时他的嗓子不错，他最常唱的是《草原上升起不落的太阳》，也很喜欢唱《我们走在大路上》和《石油工人之歌》。有一次，他在唱《我们走在大路上》时，儿子也跟着用在学校里小孩瞎唱的调子大声唱“我们走在大街上”，陆元九马上停止了歌唱，严肃地对儿子说“大路上”和“大街上”是不同的，《我们走在大路上》这首歌有着特别的含义。儿子当时也是似懂非懂，但至少知道了不是什么事都可以开玩笑的，其中包括唱歌。

陆元九的身体不错，这和他多年坚持锻炼有关。孩子们小的时侯，他曾和他们一起踢毽子、跳绳，还表演一些他自己发明的新花样给孩子们看。他还和儿女们一起打羽毛球，鼓励他们学游泳、学滑冰。

陆元九的记忆力非常好，子女们到国外后，哪年、在什么地方为他和夫人或为家里买的东西，他都记得，特别是二女儿刚到美国时用打工挣的小钱为他买的笔筒，他一直视为珍爱，认为特别有纪念意义。笔筒是塑料的，时间一长已开裂，但他一直用着。后来儿女们生活好了，为他买了呢子大衣一类的，他却反倒不在乎了。每年子女们回国探亲时，他都专门穿上孩子们各自带回的衣服，以表达对他们的深深关爱。陆元九的全家 1995 年在美国团聚时，陆元九从头到脚地将自己装扮一新：大女儿买的裤子，二女儿家买的衬衫，儿子家送的帽子、领带，小女儿家送的鞋和袜……陆元九开心地说，他把孩子们的爱全穿戴在身上，珍藏在心里。

6. 老时跪谢师母恩

改革开放后，最初陆元九去美国均是公事访问，来去匆匆，时间上和经济上都不允许有自由行程，能和子女们一聚已实属不易。20 世纪 90 年代中后期，陆元九夫妇赴美探亲休假，终于能和子女们整日相伴，大家一起度过了平常人家平和而温馨的美好时光。这也是他们全家 20 多年来的第一次大团圆。

子女们当时想带父母外出旅游，但陆元九则认为游玩是第二位的，第一位的是要去拜访几位以前国内的恩师，他们现已高龄，应该尽早去了却自己多年的夙愿。

1998 年，陆元九 78 岁时到美国探亲，第一件事就是让二女儿开车带他们到马萨诸塞州西部的州立大学看望胡思齐的夫人胡师母。胡老师是陆元九初中时的几何老师，已过世多年，胡师母当时仍健在。

分别多年之后，陆元九第一次见到年迈的胡师母，百感交集。进门后，这个身高一米八而且腰还有毛病的老院士，慢慢弯下身躯，双膝着地，按中国老传统行下跪礼，并说："请师母大人受弟子一拜"，诠释了一个年近八旬的老学者的感恩情怀。这情景，今天想起来都让人落泪。在随后的交谈中，陆元九多次深情地回忆起胡先生教书育人的往事，不胜感激。

拜访的另一位是重庆中央大学的恩师、当时住在马里兰州的柏实义先生。他当时已从大学退休。陆元九记得柏先生喜欢喝茶，便专门从国内带去清茶一罐相送。见面时，陆元九对柏先生弯腰相拜，连声问安。陆元九说当年若不是

1995年，陆元九全家在美国合影

1998年，陆元九夫妇在美国马萨诸塞州州立大学看望初中几何老师的爱人胡师母（中）

柏先生在学业上为他指引方向，他迷失的不仅是学习上而且是人生中的许多重要目标。当离开柏先生家时，陆元九在屋前脱帽向柏先生夫妇弯腰90度鞠躬告别。看到陆元九和柏先生这两位白发苍苍的大学者互敬互勉，便深深体会到中国人"一日为师，终生为父"的哲理。而短短一年之后，柏先生就去世了。

陆元九总想着帮助别人，但他却不喜欢麻烦别人。他在子女小的时候就教育他们不要凡事都靠别人帮忙，要自己尽力去做自己能做的事。

1996年，陆元九夫妇带领子女看望中央大学空气动力学老师柏实义教授（左一）

每次陆元九用公车出门，不论早晚，也不管夏热冬寒，他总是提前站在门口等车，而不让司机等他。子女们出国后刚开始总托人给家里捎东西，陆元九便批评他们说：“别人回国一次不容易，不要占用人家的时间精力，为自己办这办那。”

陆元九从来都把给灾区捐钱捐物视为大事。一听到单位组织捐赠，就毫不犹豫地把从未穿过的新衣、新被都捐出去。他还让子女们回国时不要给家里买东西，腾出箱子来带回可捐赠的衣物。有时子女们回国竟一人装回近10件用来捐赠的毛衣和夹克。

陆元九常对家人们说：“我们的生活够好了，不要再买一大堆用不着的东西。有许多人生活仍很困难，要多想想他们。”

7. 隔代教育有成效

陆元九对自己的儿女要求严格，对孙辈却十分宠爱。21世纪初期，他的小女儿回家探亲，在北京给她的小孩买了一个电动火车，陆元九看到后，联想起箱子里有一套当年从美国带回来的玩具火车。他亲自翻箱倒柜地将火车找出，一节一节地将铁轨接好，修好了长年不用的变压器，全部安好后摆满客厅一地。

然后，陆元九和夫人高高兴兴地和小女儿一家，玩儿了大半天这有着50年历史的电动火车。陆元九最后将这珍贵的玩具送给了孙辈，孩子们后来在加拿大家中玩儿起这个既能冒烟又能轰鸣的蒸汽电动火车时，仍兴奋不已，早已忘了她妈妈从北京为她新买的电动火车了。

2002年12月，陆元九夫妇与外孙、外孙女在一起

2002年12月，陆元九与外孙、外孙女在北京家中

陆元九与女儿陆其及外孙、外孙女

陆元九对孙辈的教育也像对儿女一样，要求他们多参加各种活动，多见世面，不要娇气。在他的建议下，他的小女儿让孩子从小就参加中文、绘画、游泳、钢琴、打球等多种课外活动，既学到了技艺，广交了朋友，也培养了活泼开朗的性格。陆元九外孙女的蛙泳成绩在加拿大同龄组排名第一；外孙从小喜欢艺术绘画，很有创意，还参加了加拿大 2008 年的“我爱奥运”儿童绘画比赛并荣获金奖，中国奥运福娃的设计者之一吴冠英先生在加拿大亲自为他颁奖。

小女儿一家 2008 年夏回国探亲，也想借此机会观看奥运会。陆元九全力以赴，动员亲戚朋友帮着上网订票，最终买到了三场比赛的入场券。

陆元九还努力争取到了中国国家大剧院、天桥剧场、保利剧院等的门票，他一心想让孙辈回京在观赏到奥运盛况的同时，也领略一下中华民族文化艺术的绚丽。

陆元九的妹妹有个孙女，名叫吉陆，1984 年出生，称陆元九夫妇为“大舅爷、大舅奶奶”，2009 年已获英国数学经济硕士。吉陆出国前，逢年过节经常来陆家，陆元九夫妇基本是看着她长大的。吉陆聪明乖巧，加之是祖父辈兄妹四人的长孙女，小时候，陆元九夫妇等长辈对她喜爱有加。陆元九工作很忙，与自己的子女这一代成年人已不多开玩笑，但当有第三代小孩来家中时，陆元九却由衷地高兴，一扫严肃正规的面容，忘情地和孩子们开玩笑，用各种姿态、玩具逗他们乐，有时全家人都会随之捧腹大笑。

吉陆家住北京西边的公主坟，离陆元九夫妇的住处航天桥较近，她便成为来陆家次数最多的“80后”。吉陆上中学后，萌生了出国读书的想法，但对自己的外语和在外的生存能力心存疑虑。当她向陆元九谈了自己的想法后，陆元九以很平等的口吻向吉陆介绍了国外读书与国内上学的差别，以及出国所需要做的在精神、物质、能力、语言、知识等方面的准备，吉陆感觉受益匪浅。

此后，吉陆几次登门咨询出国事宜，请陆元九夫妇辅导英语。她带着在考试中遇到的难题，或英语读物中难以理解的文章来找陆元九，这些大多是语法比较复杂、难以读明白的整篇文章。陆元九总是采用启发式的教学，耐心地辅导这个侄孙女。他一般先不讲，让吉陆自己试着翻译、试着讲，然后根据吉陆的难点和问题，用提问的方法一点一点细抠，一句一句分析。吉陆后来不仅中学英语成绩在班级名列前茅，而且顺利地通过了语言关的雅思考试，得了 6.5 分，出国后很快便适应了英国的求学生活。吉陆几年后还说：“别看大舅爷平时和我们总是逗乐、开玩笑，但一到了学习上，那真是一丝不苟，我能在较短的时间适应英国的学习和生活，和大舅爷的帮助有很大的关系。”

陆元九的言传身教，对“80 后”一代做人的品质培养起到了潜移默化的教育作用。吉陆准备出国时年仅 17 岁，陆家（包括吉陆家）在英国既无亲戚，又无朋友。一个小鸟依人的女孩子能在那儿独立地生活下去吗？陆元九向吉陆讲述了他当年在美国读书时自强自立、艰苦奋斗的故事：“在西方国家，年满 18 岁的孩子就要离开家，自己工作挣钱支撑自己的学习和生活。如果上大学，大都也会向父母借钱，将来还不还是另外一回事。但 18 岁了还依赖父母，就会被人认为是耻辱的事，并非别人家庭不富裕，而是青年成人后应当自立。人要有一种精神，靠自己的勤奋和劳动，年轻时自食其力，人的一生都会受益。”陆元九给吉陆讲述了自己在国外的学校食堂里收盘子、洗碗、搞卫生，自己动手做小书桌的往事，使吉陆理解到，到国外读书并非易事，并不是享受，而是一种磨炼，因此，在思想上有了吃苦耐劳的准备。

在认真做事方面，陆元九的言行也深深地影响到第三代。一次辅导吉陆时，陆元九对她说：“不要小看做错一道题。当学生做习题，错了能改，错 10 次都能改，但是到了工作中，就会造成严重的错误。我是搞航天工程的，算错一道题，就可能导致试验的失败，给国家带来巨大的损失。”吉陆出国多年，对大舅爷的这些教诲仍记忆犹新。

陆元九非常崇尚实际工作能力，他经常向孩子们讲述一些自己动手、亲自实践的事，鼓励孩子们凡是自己有能力动手完成的事，就要尽可能自己干。家里的一个茶几就是陆元九在美国上大学时自己画图纸、买材料、加工制作的，一直用到现在。

吉陆耳闻目睹这些事例，使她做人做事的理念发生了积极的变化，为出国做好了充足的思想准备。到英国后，她参加了为后进少年义务补习功课、组织留学生迎春晚会等志愿者活动。近年来，她每次回国，都到北京的志愿者协会或到与经济、外语相关的单位实习。她曾在汇丰、花旗银行的北京办事处见习，在一家涉外咨询公司干过活，也曾在2003年中国网球公开赛、2006年中国国际美术双年展中担任翻译志愿者，还担任过2008年北京奥运志愿者英语测试的组织人员和考官等。她乐此不疲地干着这些并无报酬的工作，就是想通过参加社会实践，增强自己的才干，为将来适应工作、适应社会奠定基础。

吉陆印象最深的是在出国前一天，她向陆元九夫妇辞行。面对这个不满18岁的侄孙女，陆元九坚定地说："相信自己！既然选择了这条路，就勇敢地走下去，任何困难都挡不住你！去吧，孩子，一定会成功的。"陆元九这番话，给了吉陆极大的鼓舞和勇气。

吉陆独闯英伦，一切生存、学习、打工中的问

陆元九与侄孙女吉陆

题都靠自己解决，她的性格中多了几份勇敢和坚强。面对读书、考试、生病、找工作和衣食住行等诸多问题，她努力奋斗，低调做人，极少有牢骚和埋怨情绪。特别是受长辈影响而提升的“实战”能力，使她在就业道路上领先一步。距离毕业还有 10 个月，就有几家金融机构接受了她的申请，使她有机会选择合适的岗位，参加工作。

每当吉陆向大舅爷、大舅奶奶报告自己的实践活动和所获成果时，都会得到陆元九夫妇的充分赞赏和鼓励。

陆元九

陆元九院士传记

Academician Lu Yuanjiu's Biography

第二十六章

旧雨新朋庆九十

自信人生二百年，会当击水三千里。志存高远的陆元九有着“老骥伏枥，志在千里”的情怀，但岁月无情催人老。感谢中国航天科技集团公司科技委这个大家庭的照顾，为陆元九排忧解难，不断续写人生的精彩乐章。

2010年1月9日是陆元九的90岁寿辰，他现在及过去的工作单位、同行专家、同事、学生等，分别以聚会、座谈会、登门拜访等形式向他表示祝贺。抚今追昔，回忆并肩作战的岁月，或细说陆老的教诲和业绩，旧雨新朋，济济一堂，其乐融融。

1. 华诞盛会百家才

2010 年 1 月 9 日，中国航天科技集团公司科学技术委员会，为陆元九举办了祝寿聚会。来宾中有原教育部部长、时任中国工程院党组副书记、现任中国工程院院长周济院士，时任中国航天科技集团公司总经理马兴瑞、副总经理吴燕生，科技委主任王礼恒院士，集团公司顾问白拜尔，总工程师金其明等领导，以及老院士庄逢甘、梁思礼、张履谦、崔国良等几十人。

王礼恒院士在会上介绍了陆元九几十年的工作情况，盛赞陆老现在还坚持上班、参加一些重点攻关的活动。

周济院士宣读了中国工程院院长徐匡迪的贺信。

集团公司总经理马兴瑞说，自 20 世纪 80 年代在哈尔滨工业大学求学时期，就通过学习《陀螺及惯性导航原理》间接认识了陆老总，直到现在大家一同工作。马总回忆第一次见到并亲身体验陆老总的严谨、细致，是在20世纪90年代初留校工作期间，受委托携带学校计划推荐几位教授为院士候选人的有关材料，到中关村陆老总的家中，请他审阅并提出修改意见。

这些材料涉及面广、专业性强，陆老总还是耐心地看了几天并提出了中肯意见，马兴瑞总经理以一位教授的一项成果为例说明："该项成果是解决了生产实践中一种大型蒸汽汽轮机——发电机组合的振动问题。陆老总要求，把生产中如何发现问题，如何通过反复试验及理论分析确定问题所在，并提出技术解决方案和工程改进措施，再经过实践证明措施有效，使问题得到解决，等等，用不到100字把要点概括清楚，务必使该项成果中每一句话都有证明材料。通过这一个例子可以看出陆老总理论联系实际的科研作风，对待工作的认真态度，这些都是航天精神的实质内容。能够拥有像陆元九这样德高望重、学识渊博的专家是中国航天的一大幸事，正是因为有了这些世界一流水平的大师奠定的坚实基础，才有了中国航天今天辉煌的成就。"

陆老首先感谢各级领导至今还安排他参加一些重要的任务和攻关工作，使

20世纪90年代，陆元九在哈尔滨工业大学某专项课题评审会上

2006年6月29日，陆元九在科技委工作年会上

他精神有所寄托，有机会做一些力所能及的工作，发挥余热并享受工作的乐趣。空巢家庭的陆老，子女都不在身边，他感谢大事小事都得到科技委这个大家庭的照顾，才使他无后顾之忧和夕阳更红。

2. 旧雨归来三百杯

惯性导航专业的同行们也在陆老90华诞的喜庆日子里，为他祝寿。

13所夏刚所长在主持中国惯性技术学会、中国航天科技集团公司502所和13所的聚会时说——

1978年3月到1983年12月，陆元九院士担任了13所的第二任所长，主持了新一代运载火箭惯性制导方案的论证，采用以新型支承技术为基础的单自由度陀螺构成平台——计算机方案；同时倡导要跟踪世界尖端技术，并在型号研制工作中贯彻“完善一代、研制一代、探索一代”的精神。在他的领导下，13所先后开展了静压液浮支承技术等预研课题以及各种惯性测试设备的研制工作。由于他的努力，国家批准建立了北京惯性导航系统测试中心，为我国惯性导航系统的研制奠定了坚实基础。

作为全国惯导与惯性技术专业组副组长、技术咨询分组组长，陆元九院士力主统筹规划，明确各研究单位的发展方向，防止低水平重复，为 13 所承担国家重点型号的研制奠定了坚实的基础。

陆元九院士在科研工作的同时，更注重人才培养。在他的努力下，航天系统自培高学历人才已成风尚，一批高学历、高素质的中青年科技骨干活跃在我国航天科研、管理领域，为我国航天事业的持续发展开创了良好的局面。

陆元九院士在 80 岁高龄时，仍不忘航天科技人才和科研作风的培养，多次到 13 所为年轻科技骨干就科研作风和惯性技术开展讲座和交流。近年来，13 所承担了惯性技术领域“973”基础科研项目，陆元九院士作为该项目专家组成员，对项目的进展给予了极大的关注，指出惯性技术的研究工作应“注重基础研究、加快科技创新、推动航天惯性技术更快更好地发展”，使项目得以圆满完成。

2004 年 3 月 16 日，陆元九（前排右二）在新一代运载火箭评审会上

夏刚所长动情地说，陆元九院士的足迹诉说着20世纪一代中国知识分子求索报国的曲折多艰，他的追求诠释着科学赋予人格的坦荡之美。

惯性技术学会第一任理事长丁衡高院士回忆了20世纪70年代末他与陆元九院士等出国考察并设法采购引进设备等有趣往事。

惯性技术学会理事长、中国民航信息集团公司总裁徐强，是在13所读研并获得博士学位的。他毕业后曾留所，后来任13所所长、院领导以及集团公司总工程师，他深情地回忆了与陆老师的相处，陆老师使他在学业及科学作风上受益匪浅，调到新单位，仍对惯性技术怀有深厚感情。

502所张笃周所长在致辞中说，陆先生在502所工作期间，主持研制了液浮积分陀螺，组建了研制液浮惯性导航平台技术的157工程研究室，在液浮陀螺、液浮加速度计与陀螺平台技术方面取得了许多关键的技术进步，为我国惯性技术的发展作出了突出的开创性的贡献。

陆先生非常重视人才培养，对提高青年人的学术水平，培养严谨的工作作风倾注了大量心血。他曾经给入所不久的青年人亲自讲解多门基础课，对研究生的学习、论文选题给予悉心指导，帮助他们分析研制工作中遇到的难题，从而迅速地提高了他们的科研能力，其中许多人已成为一些研制单位的栋梁之材。

参加座谈会的同志纷纷发言，回顾过去几十年与陆元九院士相处的往事，历历在目。记忆犹新的是陆元九院士帮助解决攻关难题的历程。

大家赞扬陆元九院士的真刀真枪的硬功夫。陆院士开玩笑地说:“我没有‘特异功能’，对待工作的特点就是两个字‘认真’。遇到不清楚的问题，绝对不含糊，分析清楚问题的实质，装在头脑里的‘存贮器’中，经常思考谋求答案。有时参观相关产品展，易得到启发；有时参加学术会议，与别人讨论时，也可获得线索。更重要的是与具体工作人员仔细分析设计报告和试验数据，在实践中加深认识，使问题逐步得到解决。”

2004年7月30日，陆元九（前排中）在某型号出厂评审会上

参加座谈会的还有汪顺亭院士、冯培德院士，中国航天科工集团公司科技委花禄森主任、易生总师，中国惯性技术学会常务副理事长宋有山所长、副理事长郑辛所长、付梦印教授，船舶兵器有关研究单位以及清华大学、北京航空航天大学、北京理工大学等的领导、专家和教授。

春风一杯酒，风雨十年情。忆往昔岁月峥嵘，大家展望中国航天事业更加美好的未来，更加激情满怀。

3. 寸草春晖师生情

中国科技大学自动化系首届（58级）同学以致电、写信、赋诗、作画等形式，祝贺陆元九院士90华诞。

北京、保定、石家庄等地的30多位同学相聚北京，给陆元九院士祝寿。王裕群代表全班致贺词，她说——

1958年金秋时节，我们走进中国科技大学校园，第一次见到了敬爱的陆元九教授，他为我们做专业介绍，告诉我们自动化系是一个理工结合的学科，对专业基础特别重视，学习任务很艰巨。从那时起，5年的大学生活，我们所有的课程设置完全都是由陆老师精心安排的。从那以后，我们凭着年轻人无穷的精力，不知疲倦地投入紧张的重、紧、深的学习中。

我们能够从茫然不识成长为一名懂得自动控制理论和技术的新型知识分子，

每一点进步都离不开老师们的辛勤栽培。

在课堂上，陆老师用他的心血和才智全心全意地教导我们。他总是那么和蔼而循循善诱，深入浅出地引导我们思维，以真才实学，用融会贯通、灵活变换的方法，让我们热爱自动控制事业，掌握高深的控制理论及陀螺原理和特性。陀螺这个关键的航天器件，在我们心中成为一个性格独特、脾气倔强的活生生的生命。他引导我们走进神秘的坐标变换世界，把我们的视野扩展到广袤的宇宙空间。听他的讲课，每次都像是在欣赏一段富含哲理的讲学，享受一次智慧的遨游。

陆老师经常出一些思考题。记得在“运动学”结课时，陆老师给我们出了一道别出心裁的考题，他让我们列出如下的方程式：一只蚂蚁在顺着自行车的辐条爬行，而自行车在向前行进，车轮在滚动，请问蚂蚁运动的轨迹是什么？这道题难住了我们大多数同学，有人直到晚饭时还没有交卷。可是我们非常欣赏这样的问题，这多么有趣，如果你能完美地解答出来，你是多么聪明啊！

陆元九老师曾对我们讲过他回国的经历。每一位能放弃国外良好的工作条件、舒适的生活、高薪待遇，而回到当时还是贫穷、落后的祖国的知识分子，他们是怀着多么大的勇气和热忱啊！为此，他们值得敬爱，值得尊重！可是，“文革”中，陆老师受到严重的迫害。当我们看到陆老师被迫拿着大扫帚打扫卫生，只能默默张望而低头无言。陆老师以他的耿直、他的坚强、他的刚直不阿，挺过了“文革”的劫难。“文革”后，陆老师又以更高的热情投入到航天事业中来。至今他仍然精神矍烁，身体健康，虽 90 岁高龄，仍然承担着国家重任！我们由衷地为他骄傲，更由衷地敬佩他！

中国有句古话：“滴水之恩，当涌泉相报。”今天我们却只能用这菲薄的语言，向曾经谆谆教诲我们的陆老师表达一点我们发自内心的、久久不能忘怀的感激之情。

如今，“神舟七号”已成功升空，当年老师和同学们的梦想已经成真。我们知道，这里面有陆老师的心血，有陆老师的重要贡献！

“老夫聊发少年狂”，聚会席间，年过七旬的学生，有的还惟妙惟肖地模仿陆老师当年上课时的动作和表情。

这些同学多才多艺，乔素清通过努力还成为工艺美术大师，特地精制了一幅布贴寿星画送给老师；张春华毕业后分配到 502 所，曾在陆老师的领导下从事惯性导航工作，“文革”期间曾目睹老师受冲击的情景，后来到河北大学任教授，特地写了一首祝寿诗：

碧波垂柳游南湖①，
中关村头打小球②。
“四人帮”除举国庆，
海顺居里吃喜酒③。

---

① 1965 年张春华跟随陆先生到长春光机所参加“157”工程，该所位于南湖边，在陆先生带领下，他们每日下湖游泳。

② 在中关村 502 所工作期间，每到工间休息，张春华必和陆先生一起打乒乓球，谈笑风生，至今难忘。

③ 1976 年粉碎“四人帮”举国欢庆，陆先生在海顺居餐厅请客，502 所惯性器件工程组 30 余人参加，大家开怀畅饮，一醉方休。

"文革"不忘报国志，

科研育人从未休[①]。

燕赵村童成"教授"，

先生铺成前进路[②]。

德才双馨称师表，

桃李满园功千秋。

老当益壮是典范，

寿比南山海长流。

上海的全体同学也发来了贺信：50 年前我们中国科学技术大学 58 级学生有幸在教室里听您讲课，您严谨的学术风格和严格的治学态度，给我们留下了深刻印象。尽管我们现在都已年过古稀，但我们多想再在教室里听您讲述各种"原理"。去年中国科学技术大学 50 周年同学聚会上，看到了陆老师与会，大家希望能在 60 周年同学聚会上再见到老师。

---

① "文革"期间，陆先生长期未被正式安排工作，在此不公正待遇下，陆先生从不消沉，不忘科技报国、培育人才、指导科研工作，还给大家讲外语、数据处理和科研方法。大家有幸近距离聆听陆先生教诲，受益终生。

② 张春华来自古称燕赵之地的河北农村，一个乡野村童能当上大学教授，陆先生的谆谆教诲功不可没。

尾声

“莫道桑榆晚，为霞尚漫天。”

而今已逾九旬的陆元九先生，践行了莎士比亚的格言：“上天生下我们，是要把我们当火炬，不是照亮自己，而是普照世界。”

他擎起生命的晚霞，酷似“普照世界”的火炬，给前行者力量，照耀他们踏平坎坷，勇敢前行。

黑格尔说：一个真正的美的心灵，总是有所作为而且是一个实实在在的人。几十年来，科技专家陆元九踏踏实实，始终如一地燃烧自己、照亮别人，不断地把人们引向事业成功的峰巅。

我国航天事业自1956年开始创建，迄今已在导弹、火箭、卫星，以及载人航天工程、嫦娥探月工程等诸多方面和领域取得了一系列重要成就。中国航天之所以能够取得如此辉煌的成就，与几代中国航天人艰苦卓绝的努力是分不开的。

2007年中国的“嫦娥一号”奔赴月球，绕月飞行。2008年的金秋，中国的“神舟七号”把三位航天员送上太空，并以首次完成空间出舱活动的壮举，再次向世界昭告：中国已经跻身世界航天大国之列。中华民族再也不是那个被人称为“东亚病夫”的民族！今天的中国比过去任何时候更强大，也更值得骄傲和自豪！

中国已经有了200余次航天发射，至今，陆元九没有为了参加任务去过一次发射场，但是应该说，每一次航天器成功发射和正常飞行的辉煌里，都有陆元九的智慧在闪光。

那是多么激动人心的场面——

2005年，陆元九（右七）在“神舟六号”发射成功庆祝会上

人们静静地等待着这载入史册的时刻，随着倒记时“5、4、3、2、1，点火！”指令的发出，发射架下火焰托起巨大的运载工具，徐徐插入苍穹，各地传来的“跟踪正常”“运行正常”等一系列的报告，其中就有他开创的陀螺及惯性导航技术的不可磨灭的功绩。

正像一个设计汽车控制方向系统的人，每一次汽车在面前疾驶，看到方向盘，他应该感受成功的快感。尽管陆元九在航天系统没有得过奖，没有立过功，但是这位航天巨擘的贡献是不能忽视的，陆元九无愧于航天界的科学大家的称号！

而今，他也有着如同居里夫人当年那样的感慨：“我只惋惜一件事，日子太短，过得太快。一个人从来看不出做成了什么，只能看出还应该做什么……”

几十年来，陆元九不辞劳苦，不计名利，不懈探索，勇于超越，艰苦奋斗，默默耕耘，他忍辱负重，无怨无悔，呕心沥血，矢志不渝，忘我地为我国惯性

2006年，陆元九在香港中文大学

2006年，陆元九参加珠海航展

技术和航天事业的发展作出了突出的贡献，并载入了中国航天的光辉史册，铭刻在人们的心中。

我国航天事业开创者之一的陆元九院士，而今更有着诗人陶渊明那样的感慨:“盛年不重来，一日难再晨。及时当勉励，岁月不待人。”

虽已年逾九旬，但他仍然以壮心不已的情怀和岁月易逝的紧迫感，或殚精竭虑地参与顶层设计，“运筹于帷幄之中”，或步履匆匆地奔波于大江南北的基层单位和实验车间，“决胜于千里之外”。在不出差的日子里，人们几乎每天上班时间，都能看到他在办公室忙碌的身影……只是而今，他因年迈不便下楼，在家里做事和锻炼。

——这就是杰出航天人陆元九院士默默耕耘、无私奉献的感人风采！

——惯性导航巨擘陆元九无怨无悔的人生，堪称三代航天人的缩影！

陆元九大事年表

1920 年
1 月 9 日，生于安徽滁县。

1930 年　10 岁
入安徽省立第八中学（现为安徽省立滁州中学）初中学习。

1933 年　13 岁
入江苏省立南京中学高中学习。

1937 年　17 岁
入重庆中央大学航空工程系学习，后获工学学士学位。

1941 年　21 岁
先后在重庆中央大学航空工程系、四川乐山武汉大学机械系做助教。

1945 年　25 岁
在美国麻省理工学院航空工程系读研究生兼助教，获博士学位。

1949 年　29 岁
任美国麻省理工学院副研究员、研究工程师。

1954 年　34 岁
任美国福特汽车公司科学实验室研究工程师、主任工程师。

1956 年　36 岁
任中国科学院自动化研究所室主任、副所长、研究员。

1958 年　38 岁
任中国科学技术大学自动化系副主任。

1959年　39岁

任中国自动化学会常务理事。

1963年　43岁

任中国航空学会理事、常务理事。

1964年　44岁

任第三届全国人民代表大会代表。

1968年　48岁

任第七机械工业部502所研究员。

1978年　58岁

任第五届全国政治协商会议委员，第七机械工业部13所所长、研究员。

1980年　60岁

任中国科学院技术科学学部委员（后改称中国科学院院士）

1981年　61岁

任第七机械工业部总工程师。

1982年　62岁

任航天工业部总工程师。

1983年　63岁

任第六届全国政治协商会议委员。

1984年　64岁

任航天工业部科技委常委、中国宇航学会理事。

1985年　65岁

任国际宇航科学院院士。

1986年　66岁

任中国惯性学会常务理事、副理事长。

1987 年　67 岁

任国际宇航联合会副主席。

1988 年　68 岁

任第七届全国政治协商会议委员。

1994 年　74 岁

任中国工程院院士。

1997 年　77 岁

任中国航天工业总公司科技委顾问。

1999 年　79 岁

任中国航天科技集团公司科技委顾问。

任中国航天科工集团公司科技委顾问。

后　记

应中国航天科技集团公司科学技术委员会之邀，撰写航天大师《陆元九院士传记》。这是个真正意义上的艰巨而又艰难的任务。

说其艰巨，是因为陆元九先生是个泰斗级的学者，当年为了出国留学和回国效力，历尽艰辛；而今虽已年逾九旬，依然不惮劳苦地为航天事业奔忙。他饱经忧患，历经沧桑，像个精神富矿，挖掘他的精神世界，真怕挂一漏万，影响了全面展现陆院士的感人风采。

论及艰难，是因为航天尖端科技的保密性质，许多情节不能公开。常常处于欲言又止、吞吞吐吐的境地。某些精彩情节，最能表现陆先生的学术成就和大家风范，却由于保密原因，不能触及。

"文似看山不喜平"，而不能写的结果是文章难免显得空泛，就像制作精美的项链，不能把绝好的珍珠用上去，这条项链的华美没法不受到影响。

尽管如此，我亦力图以知识性、趣味性、史料性、文学性之笔，尽传陆先生科研业绩和人格魅力之神，不知读者以为然否?

"文章千古事，甘苦寸心知"。接受陆先生传记写作任务之后，写写停停，业已经年，其中不乏寒夜通宵的劳作，今天总算交出可能是缺少某些精美珍珠的项链，其中错谬之处，尚祈指正。

由衷地感谢中国航天科技集团公司给本书撰写提供的资助。

付梓之际，也真诚感谢中国宇航出版社副社长张铁钧、编辑黄莘，科学出版社编辑张凡，中国航天科技集团公司科技委办公室主任杨利伟，陆先生的家人、同事、学生、亲属，北京聚源创新产业公司以及作者家人等为此书写作提供的帮助。

刘茂胜

2016年4月于北京